全国商业职业教育教学指导委员会组编

国家文化产业资金支持媒体融合重大项目

职业教育教学改革融合创新型教材 · 市场营销

Guanli Jichu

管理基础

混合式教学编写设计

第三版

杜明汉　主编　孙金霞　副主编

东北财经大学出版社
Dongbei University of Finance & Economics Press
大连

图书在版编目（CIP）数据

管理基础 / 杜明汉主编. —3版. —大连 : 东北财经大学出版社，2022.9
（职业教育教学改革融合创新型教材 · 市场营销）
ISBN 978-7-5654-4624-5

Ⅰ.管…　Ⅱ.杜…　Ⅲ.管理学-职业教育-教材　Ⅳ.C93

中国版本图书馆CIP数据核字（2022）第147327号

东北财经大学出版社出版
（大连市黑石礁尖山街217号　邮政编码　116025）
网　　址：http://www.dufep.cn
读者信箱：dufep@dufe.edu.cn
大连天骄彩色印刷有限公司印刷　　东北财经大学出版社发行

幅面尺寸：185mm×260mm　字数：418千字　印张：19　插页：1
2022年9月第3版　　2022年9月第1次印刷

责任编辑：张旭凤　张晓鹏　赵宏洋　　责任校对：石建华　孟　鑫
封面设计：冀贵收　　版式设计：原　皓

定价：42.90元

教学支持　售后服务　联系电话：（0411）84710309

如有印装质量问题，请联系营销部：（0411）84710711

富媒体智能型教材出版说明

“财经高等职业教育富媒体智能型教材开发系统工程”入选国家新闻出版广电总局新闻出版改革发展项目库，并获得文化产业专项资金支持，是“国家文化产业资金支持媒体融合重大项目”。项目以“融通”“融合”“共建”“共享”为特色，是东北财经大学出版社积极落实国家推动传统媒体与新媒体融合发展的重要举措之一。

“财济书院”智能教学互动平台是该工程项目建设成果之一。该平台通过系统、合理的架构设计，将教学资源与教学应用集成于一体，具有教学内容多元呈现、课堂教学实时交互、测试考评个性设置、用户学情高效分析等核心功能，是高校开展信息化教学的有力支撑和应用保障。

富媒体智能型教材是该工程项目建设成果之二。该类教材是我社供给侧结构性改革探索性策划的创新型产品，是一种新形态立体化教材。富媒体智能型教材秉持严谨的教学设计思想和先进的教材设计理念，为财经职业教育教与学、课程与教材的融通奠定了基础，较好地避免了传统教学模式和单一纸质教材容易出现的“两张皮”现象，有助于教学质量的提高和教学效果的提升。

从教材资源的呈现形式来说，富媒体智能型教材实现了传统纸质教材与数字技术的融合，通过二维码建立链接，将VR、微课、视频、动画、音频、图文和试题库等富媒体资源丰富呈现给用户；从教材内容的选取整合来说，其实现了职业教育与产业发展的融合，不仅注重专业教学内容与职业能力培养的有效对接，而且很好地解决了部分专业课程学与训、训与评的难题；从教材的教学使用过程来说，其实现了线下自主与线上互动的融合，学生可以在有网络支持的任何地方自主完成预习、巩固、复习等，教师可以在教学中灵活使用随堂点名、作业布置及批改、自测及组卷考试、成绩统计分析等平台辅助教学工具。

富媒体智能型教材设计新颖，一书一码，使用便捷。使用富媒体智能型教材的师生首先下载“财济书院”App或者进入“财济书院”（www.idufep.com）平台完成注册，然后登录“财济书院”输入教材封四学习卡中的激活码建立或找到班级和课程对应教材，就可以开启个性化教与学之旅。

“重塑教学空间，回归教学本源！”“财济书院”平台不仅仅是出版社提供教学资源和服务的平台，更是出版社为作者和广大院校创设的一个自主选择和自主探究的教与学的空间，作者和广大院校师生既是这个空间的使用者和消费者，也是这个空间的创造者和建设者，在这里，出版社、作者、院校共建资源，共享回报，共创未来。

最后，感谢各位作者为支持项目建设所付出的辛劳和智慧，也欢迎广大院校在教学中积极使用富媒体智能型教材和“财济书院”平台，东北财经大学出版社愿意也必将陪伴广大职业教育工作者走向更加光明而美好的职教发展新阶段。

东北财经大学出版社

第三版前言

我们要坚持以习近平新时代中国特色社会主义思想为指导，深入贯彻党的十九大和十九届六中全会精神，坚定社会主义办学方向，始终围绕立德树人根本任务，全面贯彻党的教育方针，培养德智体美劳全面发展的社会主义建设者和接班人。十九届四中全会明确提出，必须坚持社会主义基本经济制度，充分发挥市场在资源配置中的决定性作用，更好发挥政府作用，全面贯彻新发展理念，坚持以供给侧结构性改革为主线，加快建设现代化经济体系。要毫不动摇巩固和发展公有制经济，毫不动摇鼓励、支持、引导非公有制经济发展，坚持按劳分配为主体、多种分配方式并存，加快完善社会主义市场经济体制，完善科技创新体制机制，建设更高水平开放型经济新体制。这说明随着我国社会主义市场经济的快速发展和社会经济发展模式的转型升级，完善制度、规范管理在社会经济活动中的作用越来越突出，特别是在企业生产、经营、服务一线，需要更多既懂专业又懂管理的高素质技术技能型人才。怎样培养这样的复合型管理人才，是职业教育教学实践中需要不断探讨的问题。要培养复合型管理人才，必须构建高效课堂。那么，优质的教材就是不可或缺的条件。一本好的教材一定要让学生知道学什么、怎么学，要让教师知道如何组织教学、如何引导和指导学生学习、如何通过课程思政落实立德树人的根本任务，本次修订依据这样的思路对30处素质目标进行了修订，新设计了26个互动问题，更换了6个实例和7个“善恶研判”背景与情境资料，新设计了30个价值引领背景与情境资料，为深化职业教育教学改革进行了积极探索。

一、关于学什么

通过走访校企合作企业，拜访基层一线管理人员，编者获得了第一手资料，编写组的成员把调查材料融入管理概述、管理理论的形成和发展、管理的基本原理和方法、管理道德和管理责任、计划职能、组织职能、领导职能、控制职能和管理创新9个项目、30个任务的编写中，使教材更贴近管理实际，具有更强的实践指导意义。每个任务就是一个独立的学习模块，用时2课时，每个学习模块按照一线管理人员的管理需要，本着“理论知识够用，突出管理技能培养”的原则设计，把教、学、做融为一体，做到知行合一。

二、关于怎么学

针对目前高职学生思想比较活跃、喜欢探究、信息面广的学情，本着以做促学促教、注重实效的思路，我们把每个任务按“任务目标”“能力评估”“知识学习”“能力分析”“能力应用与训练”5个模块进行设计。

“任务目标”主要从素质、知识、能力3个方面设计。每个任务都有明确的学习目标，特别在素质目标中融入课程思政元素，既为学生学习指明了方向，也为教师教学方案设计提供了参考。

“能力评估”是为激发学生学习热情而设计的，针对本任务的学习内容，每个任务前设计了5个与本任务素质、知识和能力相关的评估问题，评估学生对管理素养、知识和能力的掌握程度和水平。通过自测，让学生明确自己的差距和问题，从而调动学生学习的积极性，也为教师有针对性的教学提供了依据。

“知识学习”围绕任务精选管理知识，让学生掌握基本的管理理论知识，这部分内容根据各校教改情况，可以让学生全部自学或部分自学，积极探索线上线下混合式教学模式，对其中的“互动问题”，我们结合当前改革发展新形势进行了更新，提高了互动问题的时代性。可以组织学生开展自主学习、小组讨论、合作探究等教学活动，以提高知识学习的有效性。

三、关于怎么练

这部分设计了“能力分析”和“能力应用与训练”两部分训练内容。

“能力分析”又分为“小组讨论”和“善恶研判”2个训练项目。“小组讨论”是让学生依据给定的背景与情境资料，结合问题进行讨论，共享交流学习成果。“善恶研判”是让学生依据给定的背景与情境资料，结合问题运用管理道德和社会关注做出个人的道德研判，并说明个人的道德研判所依据的管理道德规范。本次修订结合社会热点问题对部分内容作了调整。这一栏目主要培养学生运用道德观念对管理实践中常见问题进行分析评价的能力，提高作为管理者的职业敏感性。

“能力应用与训练”中将“应用问题”调整为“价值引领”。“价值引领”以最近几年党和国家的方针政策以及社会热点问题等作为背景与情境资料来开展训练活动。首先，由每位同学仔细阅读背景与情境资料，或通过信息化手段查找相关资料，提出自己对该问题的解决方案或思路；其次，开展小组讨论，形成小组方案或思路；再次，各组推荐1名同学代表小组在全班陈述本组的方案或思路；最后，老师结合各组同学的方案或思路进行点评。这种训练主要培养学生正确的政治观念、科学的管理理念，培养同学们沟通能力、团队合作能力以及对问题的探究能力。“能力训练”是基于实际管理问题的训练项目，主要通过小组形式走访和调查，撰写报告或形成方案，学生边学边练、边学边做，从而提高正确认识管理问题、科学分析管理问题和解决实际管理问题的能力。

四、关于怎么教

根据高等职业教育课程改革的基本要素“价值引领、知识学习、能力提升、项目载体、成果评价”的思路，教师要重点关注教学方案设计、教学过程组织和学生学业评价这些方面。

从教学方案设计看，教师可根据“管理基础”这门课的性质，将教材中“任务目标”“能力评估”“知识学习”“能力分析”“能力应用与训练”5项内容作为教学设计的基本框架。在“任务目标”前加上“教学准备”，在“能力应用与训练”后加上“教学反思”，基本上就是一个完整的教学设计方案。30个教学任务，基本可以满足一学期每周4课时的教学要求。

从教学过程组织看，教学改革的实践证明，有效课堂必须要有明确的任务讲解示范、合作学练、评议展示、总结提升等环节，所以对于已经深入开展教育教学改革的学校，建议“任务目标”可以通过信息化途径学习，“能力评估”可以让学生运用信息化手段测评，“知识学习”可以让学生课前自主学习、课上提出问题，教师结合“知识学习”解答问题或对关键问题进行讲解和示范。课堂上应留出足够的时间，由教师和学生一起进行“能力分析”和“能力应用与训练”，完成合作学练、评议展示、总结提升等教学活动，这样有利于实践线上线下混合式教学模式，提升教学信息化水平。对于教学改革刚刚起步的学校，建议首先讲清“任务目标”的具体内容，“能力评估”可在课堂上统一组织测试（也可利用现代化信息手段组织测试），在“知识学习”后进行“能力分析”和“能力应用与训练”，随着学习进程开展，再逐渐增加“能力应用与训练”的时间。

从学生学业评价看，一是要关注形成性考核和结果性考核相结合。每个任务，可以通过学生在“互动问题”“能力分析”学习中的表现对学生平时成绩进行考核，“能力应用与训练”可作为平时实践活动内容进行考核；每个项目后的“思考与训练”有单项选择题、多项选择题、判断题和思考题，可作为期末考试的试题库进行结果考核。二是要关注考核评价的多元化。每个任务后的“能力应用与训练”栏目中设计了“能力训练”。“能力训练”是一个综合性项目，包括“训练内容”“训练目标”“训练过程”“训练成果”“成果评价”5项内容，在训练评价表中，可以从素养培养、能力提升、知识应用和项目成果展示4个方面进行评价。每个成果都有个人自评、小组互评、教师评分，基本实现了素质、能力、知识的全面评价，既体现了评价主体的多元化，也体现了以学生发展为核心的评价体系，为教学评价模式改革创造了较好的条件。

本次修订注重探索课程和思政育人的结合，注重培养学生正确政治观念和科学管理理念的结合，注重培养学生职业管理素养和实际管理能力的结合，通过这样的教育教学探索全面落实立德树人的根本任务。

本教材由杜明汉教授担任主编，孙金霞教授担任副主编。山西金融职业学院郝春霞副教授编写了项目一、项目二，杜明汉教授编写了项目七、项目九，山西财贸职业技术学院孙金霞教授编写了项目三、项目四，李光伟副教授编写了项目六，杜焕香副教授编写了项目五、项目八。本教材此次修订先明确了修订的目标和思路，后由各位编写者对本人负责的项目进行修订，在各位编写者修订的基础上，由杜明汉教授和孙金霞教授总纂定稿。

在本教材修订过程中，参考借鉴了大量同行、专家有关管理方面的著作、教材和案例，在此一并表示感谢。我们也努力把近两年来职业院校教学改革的成果以及中国经济发展过程中本土企业的典型管理案例融入教材中，但由于水平有限，难免有疏漏和不足，恳请专家、同行和读者批评指正。

编　者

2022年6月

目 录

微课资源目录

项目一

管理概述

任务一 管理

任务目标

素质目标：通过知识学习（互动问题）、能力分析（善恶研判）、能力应用与训练（价值引领）等教学活动，培养同学们具有管理思维的同时，能够具有创新意识，并且有责任与担当，树立全局意识。

知识目标：通过学习，能够清晰地描述管理的概念、管理的二重性、管理的职能、管理系统的具体内容。

能力目标：通过能力分析和能力应用与训练，培养同学们会用管理二重性、管理的科学性和艺术性分析管理中的一些基本问题的能力。

能力评估

管理认知能力评估见表1-1。

表1-1 管理认知能力评估表

序号	评估内容	评估等级				
		非常不同意	比较不同意	一般同意	比较同意	非常同意
1	管理是科学，领导是艺术					
2	管理的核心是处理各种人际关系					
3	任何管理都是在某一特定组织中进行的，是为特定组织服务的					
4	管理普遍适用于任何类型的组织					
5	管理就是让别人完成事情					

注：能力评估采用五等级量表，选项越靠近“非常同意”项，说明你对管理的基本范畴的相关知识了解越多。

知识学习

我们要从事管理工作就要学习一些管理学基础知识，就要认知什么是管理、管理有什么性质、管理的职能与管理系统有什么等。

一、管理

（一）管理的概念

自从有了人类社会，就有了管理。管理活动作为人类的基本活动，广泛存在于社会的方方面面。管理是人类共同劳动的产物。当从事集体劳动时，为使劳动有序进行，获得人们期望的劳动成果，就必须搞好分工协作，进行组织与协调，这就产生了管理。中国的长城、埃及的金字塔、古罗马的供水渠等宏大工程的建设，在没有现代化设备的年代，没有有效的分工与合作、组织与协调是难以完成的。

“管理”一词，从字面上可以理解为“管辖”和“治理”。“管辖”是指管理所达到的范围，是权限；“治理”是指管理权限的运用。综合起来理解，管理是在一定范围内对人员和事务的安排和处理。我们认为，管理就是管理者在特定的环境下，对其所辖范围内组织资源有目的地进行计划、组织、指挥和控制，通过组织资源（包括人、财、物、时间、信息和技术）的优化配置，有效实现组织目标的社会活动。

根据管理的概念，我们可以得出如表1–2所示的关于管理概念的具体理解。

表1–2　关于管理概念的具体理解

含义	具体理解
管理的主体	管理者
管理的客体	管理对象（以人为中心的组织资源与职能活动）
管理的目的	有效地实现组织目标
实现管理目标的手段	计划、组织、指挥和控制
管理的本质	协调

实例1-1　大学生创业

小露从福建农林大学的农学院毕业后决定回家乡发展。家里种植的20多年的樱桃树因树龄太老，樱桃产量已经在下降，而且品质不够好，品种还是市面上的常见品种，也卖不上好价。于是，她将这些樱桃树砍掉，研究樱桃种植，与学校研究所的老师沟通后向其请教选品，调研半年后，最终在北京找到了无菌砧木和樱桃专家所推荐的新品种——黑金。

今年是黑金正式挂果的第一年，品质颇佳，远超红灯、水晶、拉宾斯，而且商品性也很强，果形均匀，耐储运。由于该品种属于稀缺品种，并且品质优良，还没成熟就受到了众多有眼光的采购商的青睐。

在黑金樱桃成熟前两个月，小露联合线上商家，提前在社区平台进行了新品宣传推广预售活动。在线上，消费者可以通过VR影像进行“亲身体验”。线上线下同时销售，20亩地，分级之后达到商品标准的3万斤黑金樱桃，在其他品种卖99元3斤的时候，卖到了198元3斤，预售7天即售罄！

资料来源 小故事看懂大道理：农产品撇脂定价法［EB/OL］.［2017-03-31］. https：//www.sohu.com/a/131140491_497270.有删改.

思考：本实例对你最大的启发是什么？试用4句话来说明。

（二）管理的性质

管理具有二重性。一方面，管理是人类共同劳动的产物，是有效组织共同劳动所必需的，具有同生产力和社会化大生产相联系的自然属性；另一方面，管理体现着生产资料所有者指挥劳动、监督劳动的意志，又同生产关系和社会制度相联系，并且具有维护和巩固生产关系、实现特定生产目的的社会属性。管理的二重性是相互联系、相互制约的。管理的二重性对我国的管理理论和实践的发展有重要的指导意义，学习和运用管理理论必须结合实际情况。

（三）管理的科学性和艺术性

管理是一门科学，作为一个实践活动过程，它存在着一定的客观规律。以反映管理过程中的客观规律作为指导思想，有助于分析、解决管理中发生的问题。同时，管理理论作为普遍适用的原理、原则，必须在管理实践中发挥积极性、主动性，只有因地制宜将管理知识与具体的管理活动相结合，才能实现有效的管理。

管理又是一门艺术。管理虽然可以遵循一定的原理或规范办事，但它绝不是按图索骥的照章操作。管理者在实际工作中，面对千变万化的管理对象，应因人、因事、因时、因地制宜，灵活应变、创造性地运用管理知识和技能，解决实际问题，从而在实践与经验的基础上创造性地进行管理。

管理是科学与艺术的结合。管理既是科学，又是艺术，而管理中的科学与艺术的划分是模糊的，并没有明确的界限。说它是科学，是强调其客观规律性；说它是艺术，则是强调其灵活性与创造性。而且，这种科学性与艺术性在管理的实践中也并非截然分开，而是相互作用的，共同发挥管理的功能，促进管理目标的实现。

互动问题1-1

有人对管理的理解为：世界上存在的一切问题，归根结底都是管理问题。你认为正确吗？应该如何理解？结合你的观察作答。

二、管理职能

管理职能是指管理的职责和权限，即管理者为了有效地管理必须具备的能力，或管理者在履行其职务时应该做的工作。管理理论的最新发展及管理实践证明，管理活动最基本的职能有计划职能、组织职能、领导职能、控制职能和创新职能，如图1-1所示。

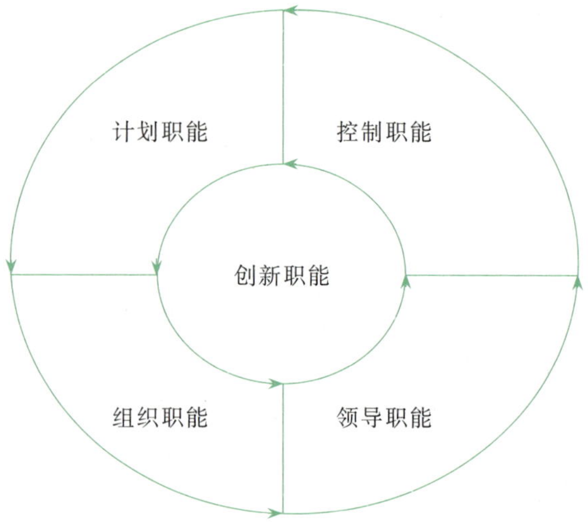

图 1-1　管理职能循环图

（一）计划职能

计划职能是指对未来发展目标及实现目标的活动所进行的设计、谋划及具体的部署安排。计划职能一般包括决策、计划、目标管理等一系列工作，决定干什么、为什么干、如何干、什么时候干及由谁干等问题，保证活动有条不紊地进行。计划职能是管理的首要职能。

（二）组织职能

组织职能是指管理者为实现组织目标而建立与协调组织结构的工作过程。组织职能一般包括设计与建立组织结构、合理分配职权与职责、人员的选拔与配置、团队建设、组织文化建设等。组织职能是保证计划有效、组织目标实现的一种功能。任何一项管理活动，只有建立一个高效的组织并稳定地运行，才能取得预期的效果。

（三）领导职能

领导职能是指管理者依据组织所赋予的职位权力和非职位权力去指挥、命令、引导和激励下属实现组织目标的过程。一般包括领导方式的选择、员工的激励、有效沟通、冲突和压力管理等。凡是有下属的管理者都要履行领导职能，不同层次、不同类型的管理者领导职能的内容及侧重点有所差异，管理者要具备与所从事领导职位相应的领导素质与领导艺术。领导职能是管理过程中最常见、最关键的职能。

（四）控制职能

控制职能是管理者为保证工作与计划目标一致而采取的活动，一般包括制定标准、衡量工作、纠正偏差等工作过程。如企业管理者在管理活动中，总是希望管理对象的经济活动过程发生符合目标的变化，为此企业管理者需要采取绩效评估和绩效奖励等必要的手段对管理对象进行动态监控。

（五）创新职能

创新职能是指管理者为适应环境的变化，将创新手段与管理紧密结合，以更有效的方式融合组织内外资源去达成组织目标的活动。创新职能一般包括创新的原则、创新的领域、创新的过程、创新的策略、创新的技法等。从管理的动态角度看，创新职能在管理循环之中处于轴心的地位，成为推动管理活动的原动力。

三、管理系统

管理系统是指由相互联系、相互作用的若干要素和子系统，按照管理的整体功能和目标结合而成的有机整体。管理系统包括管理目标、管理主体、管理对象、管理媒介、管理环境5个要素，整个管理系统就是管理主体在特定的管理环境中，借助管理媒介，运用组织中人、财、物、信息等管理资源和管理对象共同实现管理目标的过程。在这个系统中，离开任何一个要素，管理行为便无法产生。

（一）管理目标

组织目的决定组织目标，组织目标由管理主体根据组织目的而制定，组织目的只有分解为具体的目标才能成为组织行动的指南。管理目标就是管理者在预定的时期内对组织活动所预期达到的目标或水平。管理目标不仅为组织的前进指明了方向，也为组织的活动确定了发展路线。

确定目标是组织制定战略、计划和安排其他各项工作的基础，只有把笼统的目标分解为具体的目标，组织才有较大的希望实现预期的效益。对管理者来说，目标就好比路标，它指明了组织努力的方向，确定了组织取得成就的标准，管理者在管理实践中要想得到满意的效益，就不能停留在目标制定阶段，而应上升到自觉追求目标的阶段。

一个组织必须有明确的、既定的目标，任何管理系统也都应该有明确的目标，目标不确定，或者混淆了不同的目标，都必然会导致管理混乱。任何管理活动都必须把制定目标作为首要任务。管理目标的重要性表现在以下两方面：首先，管理目标为组织与成员的考核提供了主要依据；其次，组织目标可以为管理者运用人、财、物等资源提供依据和标准。

管理目标是管理系统建立与运行的出发点和归宿。一般而言，管理目标有定性与定量之分。但为了便于考核，在管理中要用数据说话，改变经验管理，管理的目标应尽可能定量化。管理目标从内容上讲有两个方面：一是物质性目标，即一个组织通过管理在物质生产、劳务活动等方面所要达到的效益和效率；二是社会性目标，即一个组织通过管理所要实现的在维护生产关系或调整人们的社会关系以及对社会的责任等方面所要达到的程度。

（二）管理主体

管理主体即管理者，是管理系统中最核心、最关键的要素。配置资源、组织活动、推动整个系统运行、促进目标的实现，所有这些管理工作都要靠管理主体来实施。管理主体是整个管理系统的驾驭者，是发挥系统功能、实现系统目标最关键的力量。管理主体既表现为单个管理者，又表现为管理者群体及其所构成的管理机构。

互动问题1-2

习近平总书记强调："我们挑选优秀年轻干部，千条万条，第一条就是看是否对党忠诚；我们培养优秀年轻干部，千条万条，第一条就是教育他们对党忠诚，坚决防止政治上的两面人。"请你想想，习近平总书记为什么要做这个强调。

（三）管理对象

管理对象作为行为受作用的一方，对管理成效以及组织目标的实现具有重要的影响。管理对象既包括不同类型的组织，也包括各组织的构成要素及职能活动。

（四）管理媒介

管理媒介主要指管理机制与方法。管理机制与方法是管理主体作用于管理对象的过程中的一些运作原理与实施方式或手段，通常包括管理运行机制、管理动力机制和管理约束机制等。管理机制在管理系统中具有极为关键的作用，它是决定管理功效最关键、最核心的因素。管理方法一般包括经济方法、行政方法、法律方法和社会心理学方法等。管理方法是管理机制的实现形式，是管理的直接实施手段。

微课1-1

新时代背景下的管理

（五）管理环境

管理环境是指实施管理过程中的各种内外部条件和因素的总和，包括经济、自然、科技、政治、法律、社会、文化等。管理行为依一定的管理环境而存在，并受到管理环境的影响，管理环境是管理系统的有机组成部分。

能力分析

1.小组讨论

背景与情境：A是某建筑公司安装部经理，B是A下属的管道安装队队长。上个月，A吩咐B带领一班人去某工地安装一套管道系统。在工程验收时，发现这套管道存在严重的渗漏现象。公司经理认为A应该对此负责，哪怕管道安装时A正出差在外。同样，A认为B必须对此负责，哪怕B不拿扳手干活。

问题：A和B为什么要对这一问题负责？他们究竟该负什么责任？

分析要求：每5～6人分为一个小组进行讨论，形成小组讨论意见；班级交流，各小组选派代表在班级陈述本组讨论意见；教师对各小组陈述的讨论意见进行点评；把经过修改且附有教师点评的各小组讨论意见报告展示在班级本课程平台上。

2.善恶研判

经理的处分

背景与情境：某宾馆经理接到处分员工王大成的要求，但是他对事情的具体情况并不太清楚，于是就先作了一番调查。事实是，王大成的母亲患病住院了，想喝鸡汤。王大成由于白天上班，晚上去医院陪母亲，连去市场买鸡的时间都没有。在这种情形下，他在餐厅里偷了一只鸡，犯了错误。经理了解了情况以后，批准了餐厅对王大成记大过一次、扣发当月奖金。然后，经理带着慰问品去医院看望了王大成的母亲，并对她说："王大成在工作中表现很好，在家里对您也很孝顺，他是您的好儿子。"患病的母亲含笑听着。次日，经理找王大成谈话，先肯定了他的工作表现很好，接着又指出偷公家东西是十分错误的做法，同时征求王大成对处分的想法。

王大成对这种赏罚分明、合情合理的处理十分感动，表示自己错了，愿意接受这个处分。这时，经理离开座位说："你母亲生病半个多月，我们都不知道，没有给予关心，我们很对不起你。"之后，经理毕恭毕敬地向王大成鞠了一个躬。

资料来源 作者根据相关资料整理而成。

问题：1.本案例中存在哪些道德伦理问题？

2.试对上述问题做出你的道德研判。

3.对照教材和网络搜集的资料，说明你的道德研判所依据的管理道德规范。

分析要求：每个学生结合善恶研判案例问题，拟出分析提纲；小组讨论，形成小组善恶研判案例分析提纲；班级交流，各小组选派代表在班级陈述本组善恶研判案例分析提纲观点；教师对各小组陈述的观点进行点评；各小组把经过修改附有教师点评的善恶研判案例分析报告展示在班级本课程平台上。

能力应用与训练

1.价值引领

背景与情境：

三湾改编中的管理哲学

1927年，秋收起义失败，毛泽东率领部队来到了永新县三湾村。当时，部队没有建立基层党组织，党不能切实掌握部队，加之作战失败，毛泽东在三湾村召开会议，提出了三个议题：一是整编部队；二是党支部建在连上；三是建立士兵委员会，实行官兵平等。此次会议最重要的内容是要加强党对军队的绝对领导。

党的十八大以来，习近平总书记在多个场合重提"支部建在连上"的原则，要求全党弘扬"支部建在连上"的优良传统，把全面从严治党落实到每个支部、每名党员，推动全党形成大抓基层、大抓支部的良好局面。

问题：运用你学习的管理职能，分析"支部建在连上"的原因和必要性。

讨论分析：

个人：每位同学仔细阅读背景与情境资料，查找相关资料，陈述自己对该问题的认知。

小组：每5～6名同学为一组，组内交流各自的认知，小组成员共同讨论，形成小组基本观点。

全班：各组推荐1名同学，在全班陈述本组的观点。

老师：结合各组同学的观点进行点评。

2.能力训练

●训练内容：找一个熟悉的组织（你的学校、班级、社团，或是亲戚的企业）进行调查，了解并分析该组织的管理的基本职能。

●训练目标：

素质目标：通过分析该组织管理的基本职能，培养学生具有管理的意识。

知识目标：通过调查组织中管理的基本职能，加深学生对管理的基本职能知识的理解。

能力目标：通过分析该组织管理的基本职能，培养学生应用管理的基本职能进行分析问题、解决问题的能力。

●训练过程：

（1）请同学们每5人为一组，认真学习管理基本职能的相关知识。

（2）通过调查，讨论分析该组织中的一些管理活动各属于哪些管理职能，总结归纳这些管理职能。

（3）根据分析，撰写《××组织管理职能分析报告》。

●训练成果：每组撰写一份《××组织管理职能分析报告》。

●成果评价：管理职能调查训练评价表见表1-3。

表1-3　管理职能调查训练评价表

项目（分值）	评价标准	个人自评（30%）	小组互评（30%）	教师评分（40%）	得分小计（100%）
素养培养（30分）	参与了解××组织的管理基本职能训练的积极性较高				
	调查、分析的准备工作充分				
	撰写分析报告认真、细致、用心				
能力提升（20分）	对××组织管理职能调查详细、分析准确				
	××组织的管理职能基本体现了管理基本职能的要求				
知识应用（20分）	对管理基本职能内容理解准确				
	对撰写分析报告的相关知识了解清楚				
项目成果展示（30分）	《××组织管理职能分析报告》展现形式有创意				
	报告内容撰写规范，排版符合要求				
	《××组织管理职能分析报告》内容无雷同现象				
合计（100分）					

任务二　管理者

任务目标

素质目标：通过知识学习（互动问题）、能力分析（善恶研判）、能力应用与训练（价值引领）等教学活动，培养同学们管理的基本素质，提升自我管理的意识和能力，成为对社会有用的人才。

知识目标：通过学习和理解管理者的含义，能够明确管理工作的对象，掌握管理者的层次、素质和技能等具体内容。

能力目标：通过能力分析和能力应用与训练，培养同学们会从管理者的角度认识和分析管理中的实际问题。

能力评估

管理者认知能力评估见表1-4。

表1-4　管理者认知能力评估表

序号	评估内容	评估等级				
		非常不同意	比较不同意	一般同意	比较同意	非常同意
1	你是否同意一个有效的管理者在管理活动中花费时间最多的是沟通					
2	管理在于充分而有效地利用资源					
3	你是否同意管理者的首要职能是计划					
4	高层管理者：做正确的事；中层管理者：正确地做事；低层管理者：把事做正确					
5	管理者在进行经营决策时扮演的角色是企业家					

注：能力评估采用五等级量表，选项越靠近“非常同意”项，说明你对管理主体与管理对象的相关知识了解越多。

知识学习

我们从事管理工作既要学习管理的概念、性质、职能、目标等，还要学习组织中的管理者的相关知识。管理者是组织管理的主体，任何组织的管理活动都与管理者密切相关。所以，对于组织来说，管理者的作用相当于人体的心脏和大脑。管理者对组织的生存发展起着至关重要的作用，其工作绩效的好坏直接关系着组织的兴衰与成败，下面我们一起学习管理者的相关知识。

一、管理者的概念

管理者是指组织中指挥他人完成具体任务的人，如企业的厂长、学校的校长、机关的处长等。管理者区别于其他人员的显著特征是管理者拥有直接下属，负有直接指挥下属开展工作的职责。

二、管理者的分类

（一）按在组织中所处的地位划分

1. 高层管理者

高层管理者是指负责制订组织的发展战略和行动计划，有权分配组织拥有的一切资源的管理人员，如总经理、厂长、首席执行官（CEO）、首席运营官（COO）、首席财务官（CFO）等都属于高层管理者。

2. 中层管理者

中层管理者是指负责制订具体的计划及有关细节和程序，贯彻执行高层管理者做出的决策和计划的管理人员，如大型组织的地区经理、分部负责人、重大项目主管等都属于中层管理者。

3. 基层管理者

基层管理者即一线管理人员，他们的主要职责是传达上级指示，落实计划，直接分配每一个成员的工作任务，随时协调下属的活动，控制工作进度，解答下属提出的问题，反映下属的要求，如工厂的班组长等就属于基层管理者。

（二）按职责任务划分

1. 决策指挥者

决策指挥者是指在组织各层次中拥有决策指挥权的管理人员。他们的基本职责是负责组织或组织内各层次的全面管理任务，拥有直接调动下级人员、安排各种资源的权力。

2. 职能管理者

职能管理者是指负责某一专门管理职能的管理人员，如计划管理人员、财务管理人员、生产管理人员等。

3. 决策参谋人员

决策参谋人员是指为各级决策指挥人员提供决策建议的智囊人员。决策参谋人员的职责是收集、整理和提供与决策相关的各种信息，为决策者提供合理的建议或方案。

互动问题 1-3

习近平总书记指出，在党员干部中，“有的一切从本本出发，唯上、唯书、不唯实”，“有的不按客观规律办事，急功近利，急于求成以至蛮干、瞎干，有的为了迎合或满足某种需要，说假话、大话、空话，甚至弄虚造假”，“有的不喜欢听真话、实话，不愿意修正错误、择善而从”。请结合你所学习的管理者的知识和个人理解谈谈习近平总书记对党员干部提出的要求。

（三）按管理工作范围与职责领域划分（如图1-2所示）

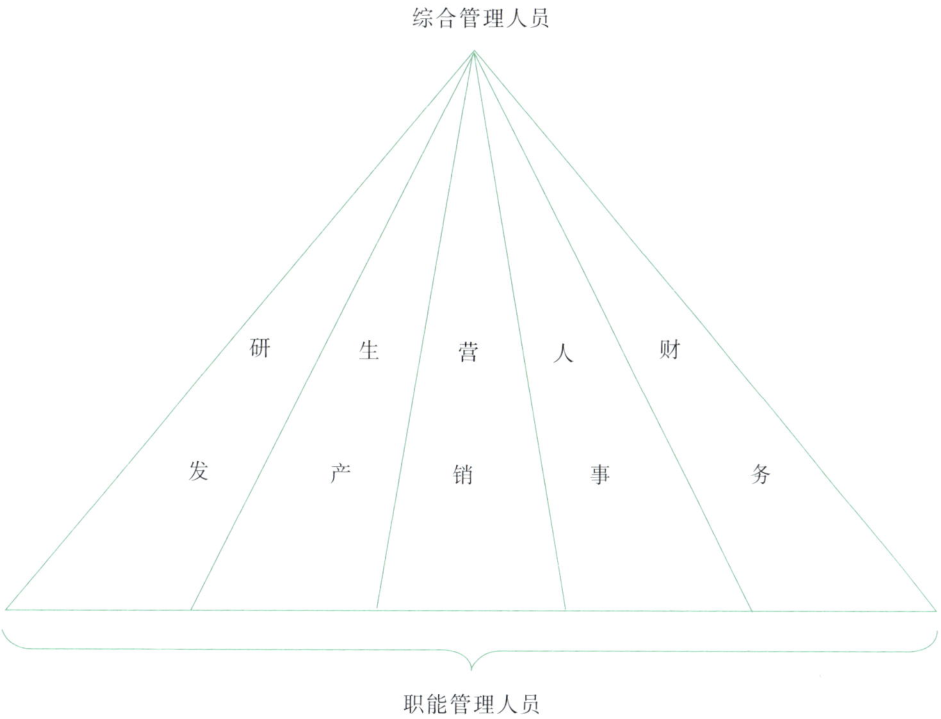

图1-2　管理者按管理工作范围与职责领域划分

1.综合管理人员

综合管理人员是指负责整个组织或部门全部管理工作的管理人员。他们是一个组织或部门的主管，对整个组织或该部门目标的实现负有全部责任；拥有领导该组织或部门所必需的权力，有权指挥和支配该组织或部门的全部资源与职能活动。

2.职能管理人员

职能管理人员是在组织内只负责某种职能的管理人员。这类管理人员只对组织中某一职能或专业领域的工作目标负责，只在本职能或专业领域内行使职权或指导工作。职能管理人员大多具有某种专业优势或技术专长。

三、管理者的素质与技能

由于管理者担负着特殊的职能，因此对他们的素质和能力也有特殊要求，管理者素质与技能的优劣，关系到他所辖组织效能的高低。一般地说，管理者的素质与技能要求包括以下内容：

（一）管理者的素质要求

1.政治和文化素质

它是指管理者应具有的政治修养水平和文化基础，包括世界观、人生观、价值观、道德观、法制观、责任感、精神素质（创新精神、合作精神、奉献精神等）、人文修养和文化认知。

2. 知识和专业素质

它是指管理者做好工作所必须具备的基础知识与专业素质，具体来说，管理者所应具备的基础知识包括政治学、法学、经济学、管理学、心理学、社会学和工程技术等方面的知识，这是提高管理水平和管理艺术的基础。管理者所应具备的专业素质主要指管理能力，如科学决策能力、知人善任能力、组织协调能力、开拓创新能力等。

3. 身心素质

它是指管理者本人的身体状况与心理条件，包括健康的身体、坚强的意志、开朗乐观的性格、广泛而健康的兴趣等。

（二）管理者的基本技能

管理者的基本技能主要体现为把各种管理理论与业务知识应用于实践，解决实际问题。管理者应具备3种基本的管理技能：技术技能、人际技能和概念技能。

1. 技术技能

它是指从事自己管理范围内的工作所需要的技术和方法。例如，监督会计人员的管理者必须懂会计。

2. 人际技能

它是指与上下左右的人打交道的能力，包括联络、处理和协调组织内外人际关系的能力，激发组织内人员的积极性和创造性的能力，正确地指导和指挥组织成员开展工作的能力。

3. 概念技能

它是指一个管理者进行抽象思考、形成概念的能力。概念技能包括对复杂环境和管理问题的观察、分析能力，对全局性的、战略性的、长远性的重大问题的处理与决断能力，对突发性紧急处境的应变能力等。其核心是一种观察力和思维力。这种能力对于组织的战略决策和发展具有极为重要的意义。

上述3种技能，对任何管理者来说都是必备的。但不同层次的管理者，由于所处位置、作用和职能的不同，对这3种技能的需要程度则明显不同。高层管理者尤其需要概念技能，而且，所处层次越高，对概念技能要求越高。概念技能的高低，成为衡量一个高层管理者素质高低的最重要的标准。而高层管理者对技术技能的要求就相对低一些。与之相反，基层管理者更重视的是技术技能。由于他们的主要职能是现场指挥与监督，所以若不掌握技术技能，就难以胜任管理工作。当然，相比之下，基层管理者对概念技能的要求就不必太高。不同层次管理者对管理技能需要的比例如图1-3所示。

四、管理者的工作范围

管理者的工作范围是指管理者的主要工作是什么，以及他们如何工作。

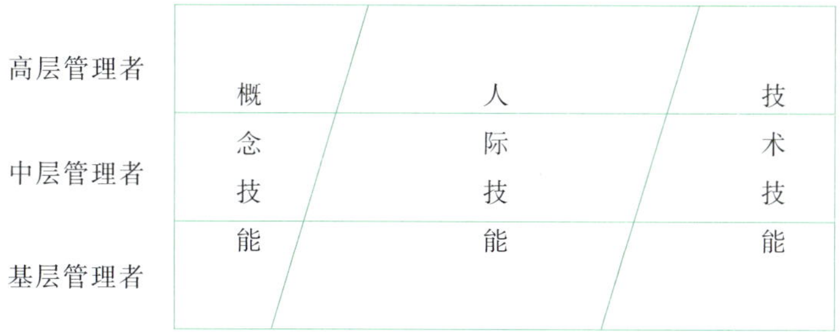

图 1-3　不同层次管理者对管理技能需要的比例

20世纪60年代，亨利·明茨伯格对5位总经理的工作进行了仔细的研究，他发现，所调查的总经理们几乎很少有时间坐下来认真地思考，他们经常陷入变化很快、无一定模式、持续时间很短的活动中，甚至有半数的管理者一项工作持续的时间少于9分钟。在调查研究的基础上，亨利·明茨伯格提出了他所创建的管理者角色理论，见表1-5。

表1-5　亨利·明茨伯格的管理者角色理论

角色		描述	特征活动
人际关系方面	1.代表人	象征性的首脑，必须履行许多法律性的或社会性的例行义务	迎接来访者，签署法律文件
	2.领导者	负责激励和动员下属，负责人员配备、培训和交往	实际上参与有下级参与的活动
	3.联络者	维护自行发展起来的外部接触和联系网络，向人们提供恩惠和信息	发感谢信，参与外部委员会工作，参与其他有外部人员参加的活动
信息传递方面	4.监督者	寻求和获取各种特定的信息（其中许多是即时的），以便透彻地了解组织与环境；作为组织内部和外部信息的神经中枢	阅读期刊和报告，保持私人接触
	5.传播者	将从外部人员和下级那里获得的信息（有些是关于事实的信息，有些是解释和综合组织中有影响的人物的各种价值观）传递给组织的其他成员	举行信息交流会，用打电话的方式传递信息
	6.发言人	向外界发布有关组织的计划、政策、行动、结果等信息；作为组织所在行业方面的专家	举行董事会议，向媒体发布信息
决策制定方面	7.企业家	寻求组织和环境中的机会，制订“改进方案”以发起变革，监督某些方案的策划	制定战略，检查会议决议执行情况，开发新项目
	8.危机处理者	当组织面临重大的、意外的动乱时，负责采取补救措施	制定战略，应对危机
	9.资源分配者	负责分配组织的各种资源，作出组织所有的重要决策	调度、询问、授权、从事涉及预算的各种活动和安排下级的工作
	10.谈判者	在主要的谈判中作为组织的代表	参与工会活动，进行合同谈判

实例 1-2　　领导小故事

有一个人，从小就非常渴望成为领导者，长大成人后他进入了父亲的企业工作。几年后，父亲提拔他做经理，他担心不能胜任，于是就问父亲该如何当领导。

父亲拿出一根30厘米长的绳子放在桌上，叫他用手拿着绳子的一端向前推，看能不能让绳子往前移动。结果他怎么向前推，绳子也不往前移，只是歪歪斜斜地在原处扭动。

父亲问他怎么才能改变现状？他拿着绳子，调了个方向，然后向前拉，绳子竟然直直地向前走了，轻轻松松地解决了这个问题。

资料来源　佚名．领导的秘诀［EB/OL］．［2019-09-27］．https：//www.sohu.com/a/343925560_99946912.

思考：本实例对你有什么启发？试用3句话来说明。

互动问题 1-4

管理学家彼得·德鲁克说过，如果你理解管理理论，但不具备管理技术和管理工具的运用能力，那么你还不是一个有效的管理者；反过来，如果你具备这样的能力，而不掌握管理理论，那么你充其量只是一个技术员。结合管理主体知识和个人理解对此进行解释。

微课 1-2

新时代背景下管理者的素质

能力分析

1.小组讨论

背景与情境：王强是某新华书店邮购部经理。该邮购部每天要处理众多的邮购业务，在一般情况下，登记订单、按单备货、发送货物等都是由部门中的业务人员来承担。

但在前一段时间，邮购部接连发生了多起A要的书发给了B，B要的书却发给了A之类的错发事件，引起了顾客极大的不满。今天又有一大批书要发，王强不想让此类事件再次发生。

问题：邮购部经理的职责是什么？王强应该亲自核对这批书，还是仍由业务人员来处理？

分析要求：每5～6人分为一个小组进行讨论，形成小组讨论意见；班级交流，各小组选派代表在班级陈述本组讨论意见；教师对各小组陈述的讨论意见进行点评；把经过修改附有教师点评的各小组讨论意见报告展示在班级本课程平台上。

2.善恶研判

时代楷模徐立平

徐立平心怀航天强国梦，坚守在极其危险的固体火箭发动机燃料药面整形岗位，为火箭上天、导弹发射、神舟遨游、嫦娥探月等重大任务“精雕细刻”，让一件件大国重器华丽绽放，被誉为雕刻火药的“大国工匠”。

徐立平完成的固体火箭发动机燃料药面整形产品始终保持着100%的合格率、安全事故为零的纪录。0.5毫米，是固体发动机燃料药面精度允许的最大误差，而徐立平操作的精度达到0.2毫米。数不清的极致精细和急难险重任务，将他一步步磨练成为中国固体推进剂整形技术领域的领军人物之一。

问题：1. 本案例中体现了哪些道德伦理问题？

2. 试对上述问题做出你的道德研判。

3. 对照教材和网络搜集的资料，说明你的道德研判所依据的管理道德规范。

分析要求：每个学生结合善恶研判案例问题，拟出分析提纲；小组讨论，形成小组善恶研判 案例分析提纲；班级交流，各小组选派代表在班级陈述本组善恶研判案例分析提纲观点；教师对各小组陈述的观点进行点评；各小组把经过修改附有教师点评的善恶研判案例分析报告展示在班级本课程平台上。

能力应用与训练

1. 价值引领

背景与情境：重庆市巫山县的下庄村，曾经极度偏僻、交通不便，被“锁”在“天坑”之中。1997年起，时任下庄村党支部书记的毛相林带领村民问天要路，以血肉之躯，在绝壁上凿出了一条长8千米的出山路。出山公路修通后，他又带领村民披荆斩棘、攻坚克难，历经13年时间探索培育出“三色”经济，并于2016年在全县率先实现整村脱贫。多年以来，毛相林带领村民奋进在脱贫致富达小康的路上，也铺出一条建设美好生活的道路。

问题：运用你学习的管理者知识分析，在毛相林带领下庄村村民脱贫致富达小康的事迹中，我们应该学习他的什么精神？

讨论分析：

个人：每位同学仔细阅读背景与情境资料，查找相关资料，形成并表述自己对该问题的认知。

小组：每5～6名同学为一组，组内交流各自的认知，小组成员共同讨论，形成小组基本观点。

全班：各组推荐1名同学，在全班陈述本组的观点。

老师：结合各组同学的观点进行点评。

2. 能力训练

● 训练内容：针对在任务一中调查的组织，进一步调查其不同层次的管理者所具备的素质与技能。

● 训练目标：

素质目标：通过调查了解某组织不同层次的管理者所具备的素质与技能，使同学们提升自我素质与素养。

知识目标：通过调查了解某组织不同层次的管理者所具备的素质与技能，让同学们加深对管理者具体角色的理解。

能力目标：通过调查了解某组织不同层次的管理者所具备的素质与技能，培养同学们从管理者的角度分析问题、解决问题的能力。

●训练过程：

(1) 请同学们每5人为一组，认真学习管理者的相关知识。

(2) 深入调查某组织的管理者，讨论分析目前该组织中各层次管理者所具备的素质与技能，以及需要加强努力的方向。

(3) 根据上述调查及分析结果，撰写《××管理者调查报告》。

●训练成果：每组撰写一份《××管理者调查报告》。

●成果评价：管理者素质与技能调查训练评价见表1-6。

表1-6　管理者素质与技能调查训练评价表

项目（分值）	评价标准	个人自评（30%）	小组互评（30%）	教师评分（40%）	得分小计（100%）
素养培养（30分）	对完成该训练积极性较高				
	调查分析认真，准备工作充分				
	撰写调查报告认真细致、精心设计				
能力提升（20分）	对该组织中管理者的基本素质及技能分析准确				
	需要加强努力的方向正确体现了管理者素质与技能的思想和要求				
知识应用（20分）	对管理的主体内容理解准确				
	对撰写调查报告的相关知识了解清楚				
项目成果展示（30分）	《××管理者调查报告》展现形式符合规范				
	报告撰写规范，排版符合要求				
	《××管理者调查报告》内容无抄袭				
合计（100分）					

任务三　管理环境

学习目标

素质目标：通过知识学习（互动问题）、能力分析（善恶研判）、能力应用与训练（价值引领）等教学活动，培养学生理解管理环境并具有适应管理环境的意识，使学生实现自我认知，避免随波逐流和生活的盲目性，树立关爱社会、关爱他人、关爱环境的价值观。

知识目标：通过学习能清晰地描述管理环境、外部环境、内部环境的具体内容，学习SWOT分析法，了解管理环境理论对管理工作提出的新要求。

能力目标：通过能力分析和能力应用与训练，培养同学们能通过分析具体企业的外部环境和内部环境，确定企业所面临的不确定性环境的类型，针对管理中的基本问题用SWOT分析法进行企业内外部环境分析。

能力评估

管理环境认知能力评估见表1-7。

表1-7 管理环境认知能力评估表

序号	评估内容	评估等级				
		非常不同意	比较不同意	一般同意	比较同意	非常同意
1	经济环境是影响组织活动的最直接的环境因素					
2	危机不仅带来麻烦，也蕴藏着无限商机					
3	预防是处理危机的最好方法					
4	无法评估，就无法管理					
5	不创新就死亡					

注：能力评估采用五等级量表，选项越靠近“非常同意”项，说明你对管理环境的相关知识了解越多。

知识学习

我们学习了管理及管理者的相关知识后，还需要学习有关管理环境方面的知识。环境是组织生存的基础，它既为组织活动提供条件，也对组织的活动起着制约作用。组织要想生存、发展，就必须认真研究组织环境的构成，正确处理组织与外部环境的关系，使内部条件适应外部环境的变化。任何管理活动都是在一定的环境中，合理运用组织资源，实现组织目标的过程。

一、管理环境的含义及构成

管理环境是存在于社会组织内部和外部，影响组织管理实施和管理功效的各种力量、条件和因素的总和。

组织的环境分为外部环境和内部条件。外部环境、内部条件和管理工作这三者共同决定了一个组织的总体绩效水平，决定了一个组织的生存发展能力。

（一）外部环境

在社会中，任何组织都不是独立存在的，更不可能自我封闭，组织的管理工作是在一个开放系统里开展的。组织外部的各种自然条件、社会条件与因素是管理的外部环境。外部环境既可以为组织的经营管理工作提供资源，也是组织产出的接受者。外部环境中对管理者行为产生影响的因素主要有宏观环境、中观环境和微观环境3大类。

1.宏观环境

宏观环境指的是对组织产生影响的政治、经济、法律、技术、社会、文化等各方面的因素。在大多数情况下，特定组织的管理者不可能影响和控制宏观环境，只有尽可能地适应它、利用它。

2.中观环境

中观环境是介于宏观与微观之间并与二者有密切联系的客观环境，包括组织所在行业的环境、组织所在的地理环境以及与组织经营有关的部门和机构。

3.微观环境

微观环境又称市场环境，是与组织生产经营活动直接发生关系的客观环境，主要包括直接与市场有关的顾客、供应者、竞争者和同盟者等各种因素。

实例1-3 “健康码”助力疫情防治工作

新冠肺炎疫情出现后，“健康码”在全国推广使用，助力疫情防控工作。健康码是以真实数据为基础，由个人自行完成网上申报，经后台审核后即可生成的属于个人的二维码。该二维码作为个人在本地区出入通行的一个电子凭证，实现一次申报，全市通用，旨在将通行证电子化，实现“绿码、红码、黄码”三色动态管理。也就是说，健康码是进入相关地区的通行证，适用于所有在相关地市活动的人员。

资料来源 作者根据相关资料整理而成。

思考：本实例对你最大的启发是什么？试用3句话来说明。

（二）外部环境的不确定性分析

稳定的环境有利于组织发展。但是，组织所面对的外部环境是经常变化的，具有不确定性。环境的不确定性，使组织的经营管理也充满不确定性，这会限制管理者行动选择的自由，也会影响组织的命运。所以，组织的管理者必须关注、了解环境的变化，以便采取相应的措施和策略，通过自己的努力将环境的不确定性降至最低程度。

外部环境的不确定性程度会对组织的经营活动产生重大影响。根据组织所面临环境的复杂性和变化程度，外部环境的不确定性有4种情况，如图1-4所示。

1.低不确定性环境

低不确定性环境即简单而稳定的环境，复杂性和变化程度都比较低。例如，容器制造商、软饮料生产商等产品相对固定的企业即处于这种环境中。

2.低-中程度不确定性环境

低-中程度不确定性环境即复杂但稳定的环境。随着组织所面临环境因素的增加，环境的不确定性程度相应升高，但其变化速度较慢，且这种变化是可了解或可预见的。例如，医院、大学、保险公司等经营规模较大的组织就常处于这种环境状态中。

图 1-4　外部环境不确定性分析矩阵图

3.高-中程度不确定性环境

高-中程度不确定性环境即简单而变化的环境。环境复杂性不高，但由于环境中某些因素的变化性大，因此环境的不确定性升高。例如，唱片公司、玩具制造商和时装加工企业，虽然生产技术、设备、材料等复杂性不高，但内容、款式等变化快，从而使得这些企业常处于这种环境中。

4.高不确定性环境

高不确定性环境即复杂而变化的环境。组织面临的环境因素很多，并经常发生难以预见的重大变化，这种环境的不确定性程度最高，对组织管理者的挑战最大。例如，电子行业、计算机软件公司、电子仪器制造商等，由于其技术、设备、工艺都较复杂，且发展变化相当快，所以经常要面对难以应对的环境。

（三）内部条件

内部条件不仅主要指社会组织履行基本职能所需要的各种内部资源及条件，还包括人员的社会心理、组织文化等因素。任何组织都是资源和能力的结合体，这一结合体形成管理工作的基础。由于各个组织的资源和能力各不相同，即使处在同一外部环境，并采取相似的管理方法、管理措施开展经营、生产活动的组织，取得的绩效也不一定相同。在组织内部条件中，资源、能力和核心竞争力是关键要素。

1.资源

资源是企业在生产经营过程中的投入。企业资源分为有形资源和无形资源。财务资源（现金、有价证券等）、实物资源（土地、厂房设备、原材料等）、技术资源（专利、商标和专有技术所有权）、劳动力状况等属于有形资源；员工的知识和智慧、相互间的信任和协同工作的方法、企业在社会上的声誉及对外联系的特有方式则属于无形资源。企业所拥有的资源是其独特能力的基本来源。

2.能力

能力是能胜任某项任务的主观条件。企业中各种有形资源与无形资源的有机组合、不断融合，会形成一种企业能力，这种能力是企业所特有的、与众不同的能力。

3.核心竞争力

核心竞争力是指能为企业带来相对于竞争对手更具持久优势的资源和能力，亦称核心能力。核心竞争力不仅能使企业现有的生产和经营产生超额利润，还能使相关的或新创的业务获得这种能力延伸后的效果。因此，培育、发展和运用企业的核心竞争力应成为管理者开展管理工作的重点。

外部环境对社会组织所产生的影响，必须通过组织的内部条件起作用。因此，组织管理者只有结合自己组织的内部条件来认识外部环境对于本组织的机会和威胁，并通过改善和提高组织自身的内部条件，使本组织所拥有或将拥有的资源以及特有的能力与外部环境尽可能相匹配、相适应，才有可能抓住机遇，防范风险。

互动问题 1-5

有人进行企业调查时发现这样一种现象：同样是先进的生产设备，我国中西部地区的生产效率和产品效益却很难达到深圳、广州的水平。请结合管理环境和个人思考解释这种现象。

二、SWOT分析法

SWOT分析法是用来分析企业优势S（strength）、劣势W（weakness）、机会O（opportunity）、威胁T（threat），即对企业内外部条件各方面内容进行综合和概括，进而分析组织的优劣势、面临的机会和威胁的一种方法。通过分析可明确企业的优势和劣势，了解企业所面临的机会和挑战，从而制定企业战略。

（一）SWOT分析基本步骤

1.收集信息

对企业外部环境和内部条件资料进行收集，主要包括宏观环境信息的收集、中观环境信息的收集和微观环境信息的收集。

2.信息的整理与分析

把收集到的信息分别归类到宏观环境、中观环境和微观环境后，再分析信息的含义，看其是否反映出了企业所面临的机会或遭遇的威胁，是否反映了企业的优势与劣势，据此列出企业的内部优势与劣势以及面临的外部机会与威胁。

优势（S），是企业的内部因素，具体包括有利的竞争态势，充足的财力来源，良好的企业形象、技术力量、产品质量、成本管控、广告攻势，较大的经营规模，较高的市场份额等。

劣势（W），也是企业的内部因素，具体包括设备老化、管理混乱、缺少关键技术、研发落后、资金短缺、经营不善、产品积压、竞争力差等。

机会（O），是企业的外部因素，具体包括新产品、新市场、新需求、外国市场壁垒解除、竞争对手失误等。

威胁（T），也是企业的外部因素，具体包括新的竞争对手、替代产品增多、市场紧缩、行业政策变化、经济衰退、客户偏好改变、突发事件等。

3.SWOT分析表

将外部环境与内部条件归类列表，按重要程度将各因素罗列出来。在此过程中，将那些对组织发展有直接的、重要的、大量的、迫切的、长远的影响因素优先列出来，而将那些间接的、次要的、少许的、不急的、短暂的影响因素列在后面，见表1-8。

表1-8　SWOT分析表

优势S 1.列出优势相关内容 2.…	劣势W 1.列出劣势相关内容 2.…
机会O 1.列出机会相关内容 2.…	威胁T 1.列出威胁相关内容 2.…

4.拟订战略方案

通过SWOT分析，便可以将表1-8内列举的各种环境因素相互匹配起来加以组合，从而构思出一系列企业未来发展的战略方案，如图1-5所示。制订战略方案的基本思路是：发挥优势因素，克服劣势因素，利用机会因素，化解威胁因素；考虑过去，立足当前，着眼未来。

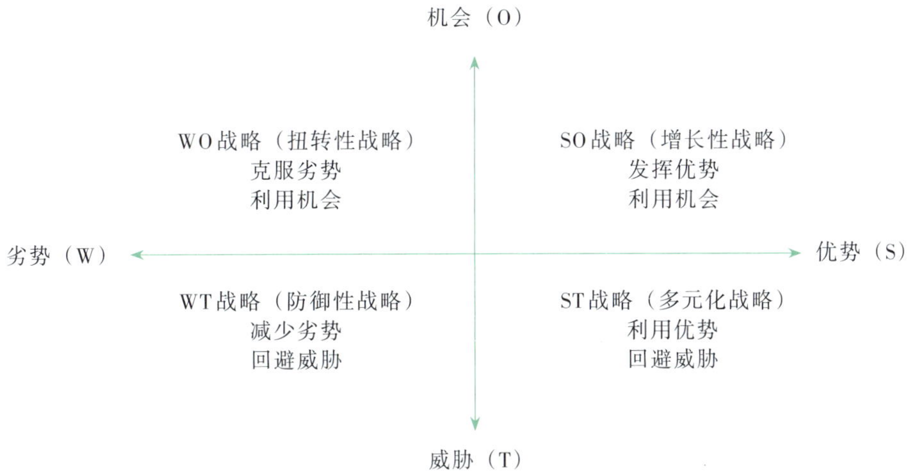

图1-5　SWOT分析模型图

（二）SWOT分析的4种战略类型

1.优势-机会（SO）战略

这是一种发展企业内部优势与利用外部机会的战略，是一种理想的战略模式。当企业具有特定方面的优势，而外部环境又为发挥这种优势提供有利机会时，可以采取该战略。

2.劣势-机会（WO）战略

这是利用外部机会来弥补内部劣势，使企业改变劣势而获取优势的战略。企业存在外部机会，但由于企业存在一些内部劣势而妨碍其利用机会，可采取措施先克服这些劣势。

3.优势-威胁（ST）战略

这是指企业利用自身优势，回避或减轻外部威胁所造成的影响。

4.劣势-威胁（WT）战略

这是一种旨在减少内部劣势、回避外部环境威胁的防御性战略。当企业存在内忧外患时，往往面临生存危机，降低成本也许是改变劣势的主要措施。

互动问题1-6

突发的新冠肺炎疫情带来的影响是巨大的，在抗疫防控期间，科大讯飞迅速反应，开发AI线上教学平台保障“停课不停学”，先后在湖北、安徽等21个省、自治区、直辖市的6 500余所中小学提供人工智能教育产品和服务，为疫情后的业务发展进一步打磨产品并积累良好的客户口碑奠定了基础。请结合管理环境分析科大讯飞的此项举措对你的启发。

能力分析

1.小组讨论

背景与情境：某烟草公司通过信息系统了解到以下动向：

（1）有些国家政府颁布了法令，规定所有的香烟广告及包装上都必须标明关于吸烟危害健康的警告。

（2）有些国家的某些地方政府禁止在公共场所吸烟。

（3）许多国家的吸烟人数在下降。

（4）该烟草公司的实验室发明了用莴苣叶制造无害烟叶的方法。

（5）有些国家的吸烟人数迅速增加。

据估计，中国目前有4亿多人吸烟，吸烟者中青年人占比最高。

问题：结合这些动向，请你为该公司做管理环境分析。面对这些环境，企业应采取什么对策？

分析要求：每5～6人分为一个小组进行讨论，形成小组讨论意见；班级交流，各小组选派代表在班级陈述本小组讨论意见；教师对各小组陈述的讨论意见进行点评；把经过修改附有教师点评的各小组讨论意见报告展示在班级本课程平台上。

2.善恶研判

举国同心抗击疫情

背景与情境：新冠肺炎疫情暴发以来，全国上下。十天时间，火神山、雷神山两座医院拔地而起，大规模改建16座方舱医院，迅速开辟600多个集中隔离点；54万名湖北省和武汉市医务人员同病毒短兵相接，346支国家医疗队、4万多名医务人员奔赴前线，很多人在万家团圆的除夕之夜踏上征程，驰援湖北，各行各业都自觉扛起责任，国有企业、公立医院勇挑重担，460多万个基层党组织冲锋陷阵，400多万名社区工作者在全国65万个城乡社区日夜值守，各类民营企业、民办医院、慈善机构、养老院、福利院等积极出力，广大党员、干部带头拼搏，数百万快递员冒险奔忙，180万名环卫工人起早贪黑，千千万万志愿者和普通人默默奉献。依靠非凡的组织动员能力，我们在短时间内把数量庞大、构成多元的社会群体团结凝聚起来，使全国人民心往一处想、劲往一处使，万众一心。在抗疫形势最严峻的时候，经济社会发展不少方面一度按下“暂停键”，但群众生活没有受到太大影响，社会秩序总体正常。

资料来源：徐宏玲，等. 管理学课程思政案例集［M］. 成都：西南财经大学出版社，2021.

问题：1.本案例中存在哪些道德伦理问题？

2.试对上述问题做出你的道德研判。

3. 对照教材和网络搜集的资料，说明你的道德研判所依据的管理道德规范。

分析要求：每个学生结合善恶研判案例问题，拟出分析提纲；小组讨论，形成小组善恶研判 案例分析提纲；班级交流，各小组选派代表在班级陈述本小组善恶研判案例分析提纲观点；教师对各小组陈述的观点进行点评；各小组把经过修改附有教师点评的善恶研判案例分析报告展示在班级本课程平台上。

能力应用与训练

1.价值引领

背景与情境：新冠肺炎疫情既是一次危机，也是一次机遇。新冠肺炎疫情给企业带来短期危机。从产业来讲，消费需求短期内下滑，其中旅游业、餐饮业和航空业受影响最大。由于快递畅通性下降，因此包括网购在内的商业零售业也受到较大影响。人员流动性受限，还直接或间接导致全国物流成本上升，在短期内推高物价的同时，抬升企业生产成本，一些小微服务型企业因难以承受短期冲击而倒闭。新冠肺炎疫情期间的外贸出口和投资活动也受到一定影响。

新冠肺炎疫情也给企业带来机遇。在新冠肺炎疫情影响下，电子商务、电子政务、居家办公、虚拟会务/商务、线上教学等新业态和新模式迎来新一轮快速发展，基于互联网、人工智能、大数据等前沿技术的应用，其进一步向大众生活、企业经营、政府管理、教育培训等各个领域渗透和扩展。新冠肺炎疫情在给一些行业带来负面影响的同时，也未必不是为行业整合升级提供一个时机。

问题：根据背景与情境和目前各行业的现状，为目前经营比较困难的线下零售业、餐饮业、旅游业（任选一个行业）提出自己的解决方案。

讨论分析：

个人：每位同学仔细阅读背景与情境资料，查找相关资料，拿出自己对该问题的解决方案。

小组：每5～6名同学为一组，组内交流各自的认知，小组成员共同讨论，形成小组基本观点。

全班：各组推荐1名同学，在全班陈述本组的观点。

老师：结合各组同学的观点进行点评。

2.能力训练

●训练内容：用SWOT分析法为所在学校进行管理环境分析，并制作管理环境分析报告。

●训练目标：

素质目标：通过为学校进行管理环境分析，使同学们具备管理环境分析与思考的基本素养。

知识目标：通过为学校进行管理环境分析，加深同学们对管理环境具体内容的理解。

能力目标：通过为学校进行管理环境分析，使同学们学会用SWOT分析法进行环境分析，提高同学们管理环境分析的能力。

●训练过程：

（1）请同学们每5人为一组，认真学习管理环境的相关知识。

（2）讨论分析目前本学校所面临的外部环境及内部条件，进而分析这些环境中哪些是学校所面临的机会，哪些是威胁，学校有哪些优劣势，进一步思考后为学校提供应对的策略。

（3）根据上述分析，结合目前学校的管理资源和相关管理制度，撰写管理环境分析报告。

●训练成果：每组设计一份关于学校的管理环境分析报告。

●成果评价：管理环境分析训练评价见表1-9。

表1-9 管理环境分析训练评价表

项目（分值）	评价标准	个人自评（30%）	小组互评（30%）	教师评分（40%）	得分小计（100%）
素养培养（30分）	对完成本次训练任务积极性较高				
	对查阅资料、原因分析等工作准备充分				
	训练工作中认真、细致地分析，精心撰写报告				
能力提升（20分）	对学校所面临的各种环境分析准确				
	SWOT分析法使用正确				
知识应用（20分）	对管理环境内容理解准确				
	熟练掌握SWOT分析法				
项目成果展示（30分）	管理环境分析报告展现形式符合规范				
	报告撰写规范，排版符合要求				
	管理环境分析报告内容无抄袭行为				
合计（100分）					

思考与训练

项目一
扫码答题

1.选择题

□ 单项选择题

（1）管理者的管理目标是（　　）。

A.组织资源　　B.提高效益
C.正确决策　　D.有效领导

（2）管理者的首要职能是（　　）。

A.计划　　B.领导
C.控制　　D.组织

（3）高层管理者的主要工作是（　　）。

A.领导　　B.协调
C.决策　　D.控制

（4）与基层管理者和中层管理者相比，高层管理者更需要具备的技能是（　　）。

A.人际技能　　B.领导技能
C.技术技能　　D.概念技能

（5）管理者在作为组织的代表履行礼仪性和象征性义务时，其扮演的角色主要基于（　　）。

A.人际关系方面　　B.信息传递方面
C.决策制定方面　　D.组织管理方面

□ 多项选择题

（1）管理的二重性是指管理的（　　）。

A.科学性　　B.艺术性　　C.自然属性
D.社会属性　　E.实践性

（2）管理的科学性强调（　　）。

A.管理具有系统性　　B.管理学是完整独立的学科
C.管理具有实践性　　D.管理具有艺术性
E.管理具有随机性

（3）管理的职能包括（　　）。

A.计划职能　　B.组织职能　　C.激励职能
D.领导职能　　E.控制职能

（4）管理者在管理过程中承担的职责是（　　）。

A.提出目标　　B.制订计划　　C.合理组织
D.指挥部署　　E.协调统一

（5）按所从事管理工作的领域，管理人员可以分为（　　）。

A.高层管理者　　B.中层管理者　　C.基层管理者
D.综合管理者　　E.专业管理者

2.判断题

（1）任何管理都是在某一特定组织中进行的，是为特定组织服务的。 （ ）

（2）管理的有效性在于充分利用各种资源，以最少的消耗正确地实现组织目标。 （ ）

（3）管理的对象是组织的全体成员。 （ ）

（4）企业的大量日常管理在很大程度上要由中层管理人员直接负责进行。（ ）

（5）组织虽然存在于环境之中，但环境对组织产生的影响并不大。 （ ）

3.思考题

（1）学校的教师是管理者吗？为什么？

（2）小企业老板的工作与大公司总裁的工作有哪些相似和不同之处？

（3）管理的基本职能之间有什么关系？

（4）为什么说管理工作既是科学又是艺术？

（5）成功的管理者和有效的管理者是怎样利用他们的可支配时间的？

项目二

管理理论的形成和发展

任务一　早期的管理思想

任务目标

素质目标：通过知识学习（互动问题）、能力分析（善恶研判）、能力应用与训练（价值引领）等教学活动，使学生了解中国传统文化中蕴藏的管理理论和实践，增强学生的家国情怀和文化自信。

知识目标：通过知识学习能够清晰地陈述中国早期管理思想与外国早期管理思想的主要内容。

能力目标：通过能力分析和能力应用与训练，培养同学们对早期的管理思想进行去芜存菁的分析判断能力。

能力评估

早期的管理思想认知能力评估见表2-1。

表2-1　早期的管理思想认知能力评估表

序号	评估内容	评估等级				
		非常不同意	比较不同意	一般同意	比较同意	非常同意
1	管理追求的是无为而治、大智若愚					
2	己所不欲，勿施于人；己所欲，亦慎施于人					
3	管理就是先管好自己					
4	管理无定式，事事皆学问					
5	君视臣如草芥，臣视君如寇仇					

注：能力评估采用五等级量表，选项越靠近“非常同意”项，说明你对早期的管理思想的相关知识了解越多。

知识学习

管理理论是如何形成和发展的？我国早期的管理思想有哪些内容？国外的早期管

理思想有哪些内容？了解这些相关知识，有助于我们系统掌握管理知识，下面我们一起学习中外早期的管理思想。

一、中国的早期管理思想

中国古代关于管理的论述比比皆是，《论语》《孙子兵法》《三国演义》《资治通鉴》等著作中对管理的精彩论述，至今仍备受世界管理学界的重视。

（一）中国早期管理思想体系

纵观中国早期管理思想的发展历史，我们可以将其分为3个部分：一是治国学，主要是对社会人口、田制、生产、市场、财税、漕运、人事、行政和军事等方面进行管理的学问；二是治生学，主要是对农副业、工业、运输业、建筑工程、市场经营等方面进行管理的学问；三是治身学或称人为学，主要是研究谋略、人为、为人、用人、激励、修身、公关、博弈、奖惩、沟通等方面的学问。

（二）中国早期管理思想的要素

中国早期管理思想主要包括道、变、人、威、实、和、器、法、信、筹、谋、术、效、勤、圆15个方面。

（1）“道”是指治国之道，即治国应该遵循一定的客观规律。

（2）“变”是指应变，要根据事物的发展规律随机应变，采取灵活的战术。

（3）“人”是指做任何事都要以人为本，研究如何取得人心，如何得人才、用人才。

（4）“威”是指“权威”，这是管理的基础。它要求管理者应具有权威，问题要靠权威来解决。

（5）“实”是指办事要从实际出发，实事求是。

（6）“和”是指以人和为贵，事情成功要靠天时、地利、人和。

（7）“器”是指重器。“工欲善其事，必先利其器”。

（8）“法”是治国之本，包括公开性的“明法”、统一性的“一法”、稳定性的“常法”。

（9）“信”是指守信、诚实，强调治理国家要取信于民。

（10）“筹”是指要善于运筹帷幄，即治国、治生、治军，甚至办任何事，都要制定全面的战略。

（11）“谋”是指“凡事预则立”，即做任何事都要有预见性，预谋乃预测、决策之核心。

（12）“术”即运术，是指管理者要讲究策略和方法，认为治国有术、治生有术、治军有术方能成事，只有正确运术，才能转弱为强、克敌制胜、化不利为有利。

（13）“效”是指办事注意提高效率和效益。治国要有一套办事效率高的领导班子，治生要“用财少，而为利多”。

（14）“勤”是指勤俭，此乃“治生之正道也”（《史记·货殖列传》）。民生在勤，节俭是企业家应有的精神，是致富的要素。

（15）“圆”是指“圆满”，中国早期管理的目标是使事物处于圆满的状态。

互动问题 2-1

习近平总书记在参加十二届全国人大三次会议上海代表团审议时的讲话中谈到：“鱼和熊掌不可兼得，当官就不要发财，发财就不要当官，这是两股道上跑的车。对领导干部配偶和子女等经商办企业，党纪国法都有明确规定，问题是没有落实好。对领导干部，要求就是要严一些，正所谓‘其身正，不令而行；其身不正，虽令不从’”。请你谈谈这些话中包含了什么管理思想。

（三）中国早期管理思想中古为今用的内容

1.关于人为学说，即行为管理的思想

现代管理中很注重研究管理哲学，强调以人为中心的管理，重视调动人的积极性。西方现代行为科学很重视对人的“激励”的研究。其实，早在2000多年以前，中国古代思想家就开始对人类行为进行研究。中国古代行为学说可供现代管理借鉴的内容可归纳为10个方面：

（1）关于人的行为规律问题的研究。《韩非子・扬权》中指出：“天有大命，人有大命。”意思是，天有天的规律，人有人的规律。孙武提出：“人情之理，不可不察也。”这些说明，在管理中，要重视研究人的规律，要根据一定的规律去满足人的需求，这样办事情才能符合客观实际。

（2）关于发挥人的主观能动性问题的研究。《荀子・天论》中指出：“天有其时，地有其财，人有其治，夫是之谓能参。舍其所以参，而愿其所参，则惑矣！”这说明人有掌握天时、使用地利的办法。如果放弃人的努力，期望天地的恩赐，那就太糊涂了。

（3）关于“人的本性”问题的研究。荀子的性恶论、孟子的性善论等，都是研究“人的本性”的学说。明末清初的思想家王夫之提出的人性“日生日成”的学说，说明人性不是一成不变的，而是在新故相推的环境中变化发展的。

（4）关于人的欲望和人的需要问题的研究。《荀子・礼论》中记载：“人生而有欲，欲而不得，则不能无求”。荀子把人的各种需要分成几个层次，类似于马斯洛提出的人的需求层次理论。

（5）关于奖励和惩罚问题的研究。《荀子・富国》中指出：“赏不行，则贤者不可得而进也；罚不行，则不肖者不可得而退也。”这就是说，要用赏赐鼓励人们不怕牺牲、为国立功，用刑罚使干坏事的人害怕，并得到约束。

（6）关于“人和”思想的研究。古代中国很讲究“人和”，认为只有“人和、气顺”，才能实现发展。“人和”就是《论语・学而》中提出的“和为贵”。《孟子・公孙丑下》中也指出：“天时不如地利，地利不如人和。”

（7）关于群体行为和组织行为思想的研究。《荀子・富国》中指出：“人之生，不能无群，群而无分则争，争则乱，乱则穷矣。”这里，荀子提倡的就是集体行为，他认为群体生存是人类本性之一，人为了生存不能没有组织。

（8）关于用人问题的研究。《荀子·王制》中指出："贤能不待次而举，罢不能不待须而废。"这就是说，对于有贤德、有才能的人，要破格提拔，疲沓无用的人要立即免职。

（9）关于领导行为问题的研究。荀子提出的"纂论公察""赏克罚偷""兼听齐明""度己以绳""必先修正"等，都告诉人们怎样做一个有效的领导者。

（10）关于运用权力问题的研究。《荀子·强国》中指出："威有三：有道德之威者，有暴察之威者，有狂妄之威者。"荀子强调领导者必须具有道德威力，认为道德威力的结果是国家强盛，而强权威力的结果是国家灭亡。

互动问题 2-2

《韩非子·显学》中"宰相必起于州部，猛将必发于卒伍"是什么意思？它包含了什么管理思想？

2.关于经营管理思想

中国古代管理思想中有许多值得探讨的经营学问，如《孙子兵法》中可供现代企业经营管理借鉴的内容就十分丰富，这里仅介绍其中的一些观点。

（1）经营战略思想。现代企业经营战略强调目标、能力和环境要素，而《孙子兵法·始计篇》中所说的"道"，就似现代企业经营战略强调的目标，"天"和"地"似时机和环境，"将"和"法"似经营能力。

（2）经营预测思想。《孙子兵法·始计篇》中的"七计"，就是通过敌我比较预测战争胜负的思想方法。其一，"主孰有道"，即比较谁得民心，现代企业经营管理学提倡的"目标管理"是实现这一目的的一种方法；其二，"将孰有能"，即比较谁的将帅有才能，这相当于现代企业经营管理学中强调的企业经营好坏取决于厂长（经理）素质的观点；其三，"天地孰得"，即比较谁拥有更好的天时地利，正如现代企业经营管理学所强调的企业家必须能动态地理解和运用"天时地利"的内外环境；其四，"法令孰行"，即比较谁认真执行法令，我国实行的经济责任制就是"法令孰行"的体现；其五，"兵众孰强"，即比较谁的兵力强大，这是强调员工队伍的素质和人才开发的重要性；其六，"士卒孰练"，即比较谁的士兵训练有素，这是强调培训对提高职工队伍素质的重要性；其七，"赏罚孰明"，即比较谁的赏罚分明，这是调动企业职工积极性的一个重要因素。

（3）经营对策思想。《孙子兵法·虚实篇》中提出了"因敌变化"的对策思想，这正如现代企业要求在制订计划时树立随机应变、以需定产的思想等。

以上都说明了《孙子兵法》的观点对现代企业经营管理具有重要的参考价值和意义。

3.关于时效观念，即时间与效益的问题

现代管理科学很讲究时间和效益。翻开《红楼梦》，我们可以看到王熙凤的一套管理手段也很讲究时间和效益。王熙凤一上任就采取了三项措施：一是理出头绪、树立威信；二是建立岗位责任制，把任务落实到人；三是加强监督检查，讲究时效。王熙凤通过严密的布置、严格的要求和严肃的处理三者有机结合的管理术，扭转了宁国府那种“软、懒、散”的局面，变乱为治。

4.关于管理规范

在中国古代管理思想中，涉及管理规范的典章制度和法律条文相当丰富。例如，《管子》中所载齐国用“券契之齿”向民间订货，这可以说是承包合同的创举；《秦律》中有“上计制度”和丰富的经济法规；诸葛亮写下了有关兵器质量管理的《作斧教》《作钢铠教》等文章；《资治通鉴》中载有唐代（刘晏）创设的历史上第一个商业情报网和“独立的审计机构”；宋代颁布了有关建筑设计、施工规范的法令——《营造法式》；元代以中央政府名义颁布了农田技术文件——《农桑辑要》等。总之，在中国古代涉及管理规范的典章制度和法律条文中，不仅可以看到当时行政、法律手段与经济制裁并用的管理措施，还可以见到一些类似现代管理科学的理论和方法的雏形。

实例2-1　　刘备之智慧

《三国演义》中，蜀国的帝王刘备既无关羽之勇猛，也无孔明之才。他唯一的长处就是在节骨眼上，旁若无人，放声大哭。有人说，他的江山是“哭来”的。

刘备的善哭，给人感觉好像没多大能耐似的，其实这恰恰是他的智慧所在，所谓“大巧”藏于拙。他早期“掷阿斗”于地，得大将赵子龙肝脑涂地，“白帝城托孤”让孔明鞠躬尽瘁、死而后已，从中可看出刘备之智慧非同一般。

思考：本实例对你最大的启发是什么？试用3句话来说明。

二、外国的早期管理思想

远在奴隶制时代，古巴比伦人、古埃及人、古罗马人就在指挥军队作战、治国和教会管理中体现出了比较有效的管理思想。在14—15世纪，欧洲产生了资本主义的萌芽。到18世纪末期，欧洲逐渐成为世界的中心，英国及其他资本主义国家相继进入工业革命时期。工业革命是以机器取代人力、以大规模工厂化生产取代个体工场手工生产的一场生产与科技的革命。工业革命使以机器为主的现代意义上的工厂成为现实，工厂以及公司的管理越来越重要，管理方面的问题越来越多地被涉及，外国早期管理理论逐渐形成。这个时期的代表人物有亚当·斯密、詹姆斯·瓦特的儿子小瓦特、马修·博尔顿、罗伯特·欧文和查尔斯·巴贝奇等。

（一）亚当·斯密的劳动价值论与劳动分工论

亚当·斯密是英国资产阶级古典政治经济学派创始人之一，他的代表作是《国富论》。亚当·斯密的主要论点如下：

（1）劳动是国民财富的源泉。

（2）劳动分工论。他认为，市场的广与狭限制着交换的能力；交换能力的大小限制着分工的程度；分工的程度决定了一国的劳动生产力；一国的劳动生产力又是国民财富多寡的主要决定因素。

(3) 经济现象是基于具有利己主义目的的人们的活动所产生的。

(二) 瓦特和博尔顿的科学管理制度

(1) 在生产管理和销售方面，根据生产流程的要求配置机器设备、编制生产计划、制定生产作业标准、实行零部件生产标准化、研究市场动态、进行预测。

(2) 在成本管理方面，建立记录和监督制度。

(3) 在人事管理方面，制定工人和管理人员的培训和发展规划。

(4) 进行工作研究，并按工作研究结果确定工资支付办法。

(5) 实行由职工选举的委员会来管理医疗福利费等福利制度。

(三) 罗伯特·欧文的人事管理思想

罗伯特·欧文是19世纪初最有成就的实业家之一，他曾在其经营的一家大纺织厂中做过试验，试验内容包括改善工作条件、缩短工作日、提高工资、改善生活条件、发放抚恤金等，试验目的是探索对工人和工厂所有者双方都有利的方法和制度。

(四) 查尔斯·巴贝奇的报酬原则与利润分配制度

(1) 对工作方法的研究。如果一个体质较差的人所使用的铲子在形状、重量、大小等方面都比较适宜，那么他的工作量一定能超过体质较好的人。

(2) 对报酬制度的研究。他主张按照对生产率贡献的大小来确定工人的报酬，工人的报酬包括按照工作性质确定的固定工资、按照对生产率做出的贡献分得的利润、对提高生产率提出建议而应得的奖金。

能力分析

1.小组讨论

背景与情境：我国古代有“滴水之恩，当涌泉相报”“视卒如爱子，故可与之俱死”等说法。《百战奇略·威战》中说：“将使士卒赴汤蹈火而不违者，是威严使然也。”《唐李问对》中说：“爱设于先，威设于后，不可反是也。”《孙子兵法·行军篇》中说：“故令之以文，齐之以武，是谓必取。”总之一句话：软硬兼施，恩威并济。

问题：你认为在现代管理中，这些说法是否还有意义？如果你是领导，会不会采用这些管理方法？你还有更高明的管理方法吗？

分析要求：每5~6人分为一个小组进行讨论，形成小组讨论意见；班级交流，各小组选派代表在班级陈述本组讨论意见；教师对各小组陈述的讨论意见进行点评；把经过修改附有教师点评的各小组讨论意见报告展示在班级本课程平台上。

2.善恶研判

帅才与将才

背景与情境：在古代的军队中，首领大多一身二任，既是制定决策的“帅才”，又是英勇善战的“将才”。有时首领甚至和战士一样，在前线冲锋陷阵，只是到了后来，军队的规模越来越大，一个首领很难一身二职了。于是，便把最高决策的领导者和英勇善战的将军区分开来。“能将将者，谓之帅也。”“能领兵者，谓之将也。”“帅才”掌握决策大权，把精力放在与全局密切相关的总体决策上。“将才”负责带兵打仗，可以过问十分具体、十分详细的事情。无数成功的管理经验告诉我们，高层管理者（即“帅才”）需要做一件必须做而又很难做的事，那就是不去管“将才”的工作，给他们充分的自由。古罗马法典曾规定“行政长官不宜过问琐事”。

问题：1.本案例中存在哪些道德伦理问题？

2.试对上述问题做出你的道德研判。

3.对照教材和网络搜集的资料，说明你的道德研判所依据的管理道德规范。

分析要求：每个学生结合善恶研判案例问题，拟出分析提纲；小组讨论，形成小组善恶研判案例分析提纲；班级交流，各小组选派代表在班级陈述本组善恶研判案例分析提纲观点；教师对各小组陈述的观点进行点评；各小组把经过修改附有教师点评的善恶研判案例分析报告展示在班级本课程平台上。

能力应用与训练

1.价值引领

背景与情境：在我们中国版图上，有这样一个地方，爷爷种树，儿子种树，孙子还是种树，在这里出生的孩子，很多人的小名叫苗苗、森森、小蝶，在这里，人们特别认同一句话：如果没有树木，人类将会怎样；如果没有森林，世界将会怎样？他们是塞罕坝林场的建设者。55年来，塞罕坝林场三代建设者在“黄沙遮天日，飞鸟无栖树”的荒漠沙地上艰苦奋斗、甘于奉献，创造了荒原变林海的人间奇迹；55年来，塞罕坝林场三代建设者在荒漠上种下112万亩人工森林，将森林覆盖率提高至80%。从1棵树到112万亩，从一大片荒漠变成一大片森林，塞罕坝人让世界看到人类正在创造绿色文明的奇迹。

问题：塞罕坝精神对企业管理者有什么启发？请运用你学习的管理思想进行分析和说明。

讨论分析：

个人：每位同学仔细阅读背景与情境资料，查找相关资料，说出自己对该问题的理解。

小组：每5~6名同学为一组，组内交流各自的认知，小组成员共同讨论，形成小组基本观点。

全班：各组推荐1名同学，在全班陈述本组的观点。

老师：结合各组同学的观点进行点评。

2.能力训练

●训练内容：为加深对早期中国管理思想的认识，通过各种渠道收集中国古代有关管理的名言警句。

●训练目标：

素质目标：通过收集中国古代有关管理的名言警句，使同学们具备借鉴且应用早期管理思想的基本素养。

知识目标：通过收集中国古代有关管理的名言警句，进一步加深同学们对早期管理思想的了解与认识。

能力目标：通过收集中国古代有关管理的名言警句，提高同学们了解和应用早期管理思想的能力。

●训练过程：

（1）请同学们每3人为一组，认真学习早期的管理思想的相关知识，每个小组从“道、变、人、威、实、和、器、法、信、筹、谋、术、效、勤、圆”15个方面中任选一个方面，收集名言警句10～15条。

（2）记录通过各种渠道收集的名言警句，并分析其中所蕴含的管理思想及其对现代管理的借鉴意义。

（3）根据上述资料，每个小组分别撰写本组所选方面的名言警句集。

●训练成果：将每个小组撰写的名言警句汇集成一本古代管理名言警句集。

●成果评价：收集中国古代有关管理的名言警句训练评价见表2-2。

表2-2　收集中国古代有关管理的名言警句训练评价表

项目（分值）	评价标准	个人自评（30%）	小组互评（30%）	教师评分（40%）	得分小计（100%）
素养培养（30分）	参与本次训练的积极性较高				
	查阅资料认真，准备工作充分				
	收集过程中认真、细致				
能力提升（20分）	对中国古代有关管理的名言警句分析准确				
	所收集的中国古代有关管理的名言警句正确体现了早期的中国管理思想和要求				
知识应用（20分）	对早期的管理思想内容理解准确				
	对中国古代有关管理的名言警句了解清楚				
项目成果展示（30分）	中国古代有关管理的名言警句集的展现形式符合规范				
	中国古代有关管理的名言警句集排版规范				
	中国古代有关管理的名言警句集无内容雷同现象				
合计（100分）					

任务二　科学管理理论

任务目标

素质目标：通过知识学习（互动问题）、能力分析（善恶研判）、能力应用与训练（价值引领）等教学活动，培养学生具有科学精神和科学态度，塑造良好的科学思维。

知识目标：通过学习，能够清晰地陈述科学管理理论、一般管理理论、行政组织体系理论的具体内容。

能力目标：通过能力分析和能力应用与训练，培养同学们用科学管理理论认识和分析企业管理中常见问题的能力。

能力评估

科学管理理论的创建认知能力评估见表2-3。

表2-3　科学管理理论的创建认知能力评估表

序号	评估内容	评估等级				
		非常不同意	比较不同意	一般同意	比较同意	非常同意
1	管理是一种严肃的爱					
2	优秀的管理者不会让员工觉得他在管人					
3	没有规矩不成方圆					
4	企业管理的最高境界是社会利润最大化					
5	管理就是沟通、沟通、再沟通					

注：能力评估采用五等级量表，选项越靠近“非常同意”项，说明你对科学管理理论的创建的相关知识了解得越多。

知识学习

管理理论也经历了一个由经验管理到科学管理的过程，在这个发展过程中管理理论是怎样发展成熟的，通过学习有助于我们加深对科学管理理论的认知。

科学管理理论也称古典管理理论，在这一阶段，管理理论侧重于从管理职能、组织方式等方面研究企业的效率问题，对人的心理因素考虑很少或根本不去考虑。表2-4归纳了科学管理理论的基本情况。

一、泰勒的科学管理理论

1911年，泰勒所著的《科学管理原理》一书出版，该书奠定了科学管理理论的基础，标志着科学管理思想的正式形成，泰勒也因此被西方管理学界称为“科学管理之父”。

表 2-4　科学管理理论的基本情况

内容概要	科学管理理论的主要代表人物有美国的泰勒、法国的法约尔和德国的韦伯。他们分别代表了当时管理理论发展的3个重要方面，即科学管理理论、一般管理理论和行政组织体系理论
理论盛行时期	1895—1930年，管理学界出于降低成本、增加生产等方面的需要，对科学管理理论产生了兴趣
主要贡献	科学管理理论为后来的管理理论的形成奠定了基础，它对管理的主要过程、管理的职能和技能的论述至今仍被人们所认可，人们第一次把管理视为一个科学领域进行研究
局限性	只局限在对静态的和简单的组织进行研究，对处于变动和复杂环境的组织研究很少；对管理的程序论述太多，而这些程序在实际组织中往往是不存在的；对人的因素虽然也有所注意，但在这个理论中大多把人看成工具

（一）科学管理理论的主要观点

（1）科学管理的根本目的是谋求最高的劳动生产率，最高的工作效率是雇主和雇员达到共同富裕的基础。

（2）达到最高工作效率的重要手段是用科学的管理方法代替旧的经验管理。

（3）科学管理的核心是要求管理人员和工人双方在精神和思想上进行一个彻底变革：

①要求工人树立对工作、同事、雇主负责的观念。

②要求管理人员——领工、监工、企业主、董事会改变对同事、工人以及其他一切问题的态度，增强责任观念。

（二）科学管理理论的基本内容

（1）科学制定工作定额。

（2）科学挑选工人，并对其进行培训和教育。

（3）推动标准化管理。

（4）实行差别计件工资制。

（5）劳资双方要密切合作。

（6）建立专门的计划层。

微课 2-1

泰勒的科学管理

（7）实行职能工长制。泰勒认为，为了使工人能够有效履行职责，必须把管理工作细分，使每个工长只承担一种职能。

（8）在管理控制上实行“例外原则”，即企业的高级管理人员把一般日常事务授权给下属管理人员，而自己保留对例外事项（重要事项）的决策权和控制权。

互动问题2-3

有人说，忘记过去的人应受到谴责并重温历史。分析这种说法，并以实例说明了解管理思想的历史能够帮助一个人成为更好的管理者。

实例2-2 中式快餐“真功夫”的标准化、流程化

真功夫餐饮连锁机构（以下简称“真功夫”）是从广东东莞起步的中餐连锁店，经过十几年的发展，已经逐渐成为全国性中餐连锁店。在开创之初，公司虽然一直在向标准化努力，但由于产品种类繁多，标准化很不容易。为了实现连锁复制，公司开始记录自己开店的每一道工序，从如何烹饪到如何扫地，每个动作都要求做到标准化，并不断完善每个细节。

在真功夫的配料车间，展现的是泰勒描述的工作场景：员工穿着清洁制服，切肉、配菜、包包子。每个人只做一个工序，动作协调、规范。员工的每个动作都是经过培训的，比如，切肉的刀举多高、切下的肉块有多大、包子上有多少条褶，都有明确的规定。

后台的标准化保证了前台服务的便捷。真功夫承诺顾客80秒钟即上菜。这个简单的承诺却包含了背后无数道工序的安排。公司进行了流程分析，而且是逆向推算，即前台服务需要怎样做、备料烹制怎样供应得上、后台原料如何来整理。公司还编制了员工培训手册，随着店面的不断扩张，手册也从几页变成几十页，直到厚厚的几大本。手册中的每一条指示都是最佳经验的总结，而手册本身也是员工培训和考核的蓝本。

资料来源 佚名. 科学管理案例［EB/OL］.［2021-07-28］. https://www.docin.com/p-2304319777.html.

思考：本实例对你最大的启发是什么？试用3句话来说明。

二、法约尔的一般管理理论

法国的法约尔从高层管理者的角度去剖析具有一般性的管理，创立了一般管理理论，在某种程度上弥补了泰勒的科学管理理论的缺陷。1925年，法约尔所著的《工业管理与一般管理》一书出版，该书奠定了古典组织理论的基础，法约尔也因此被称为“一般管理理论之父”。一般管理理论的主要内容包括：

（一）企业的6种基本活动和管理的5种职能

法约尔认为，任何企业都存在6种基本活动，这些活动称为经营活动。经营活动指导或引导一个组织趋向一个目标。这6种基本活动分别是技术活动、商业活动、财务活动、安全活动、会计活动和管理活动。

法约尔认为，管理活动包括计划、组织、指挥、协调和控制5种职能，这些职能广泛应用于企业、事业单位和行政组织，是一般性的职能。

（二）管理的14条原则

法约尔在总结自己长期的管理经验的基础上，提出了有效管理的14条原则，即劳动分工原则、责权统一原则、纪律原则、统一指挥原则、统一领导原则、个人利益服从集体利益原则、按劳付酬原则、集中原则、层次结构原则、有序原则、公平原则、人员稳定原则、首创精神原则和团结精神原则。这14条原则在管理中具有非常重要的意义。掌握这14条原则的关键在于了解其真正的本质，并能灵活地应用于实践，因此管理是一门很难掌握的艺术。

三、韦伯的行政组织体系理论

韦伯对管理理论的研究主要集中在组织理论方面，其代表作是《社会组织和经济组织理论》。他提出了“理想的行政组织体系”理论，该理论的核心是组织的运转要以合理的方式进行，而不是依据管理者个人的判断。他所讲的“理想的”含义具有如下几点：

（1）明确的分工。每个职位的权责都应有明确的规定，人员应按职位的职业化进行分工。

（2）等级系统。组织内的各个职位要形成自上而下的等级系统。

（3）人员任用。企业要根据职位的要求，通过正式考试和培训来实行人员的任用。

（4）职业管理人员。职业管理人员有固定的薪金和明文规定的升迁制度。

（5）遵守规则和纪律等。管理人员必须严格遵守组织规定的原则、纪律和办事程序。

（6）组织人员之间的关系。组织人员之间只是工作关系，而不受个人情感的影响。

韦伯认为，正式的非人格化的组织机构是提高效率最有效的形式，适用于所有的组织。韦伯的观点对组织理论的发展具有很大影响，韦伯也因此被称为“组织理论之父”。

互动问题2-4

习近平总书记强调：“我们要虚心学习借鉴人类社会创造的一切文明成果，但我们不能数典忘祖，不能照抄照搬别国的发展模式，也绝不会接受任何外国颐指气使的说教。”请你结合总书记的话谈谈科学管理理论应如何在中国开展应用？

能力分析

1.小组讨论

19世纪，美国爱迪生通用电气公司应用了爱迪生发明的技术，短短几年内，就彻底取代了煤气灯、电弧灯，取得了极大的成功，很快就成为电力、电信方面的垄断性企业集团。而德国西门子公司由于没有及时采用这一新技术而一度落后。可惜爱迪生反对交流电技术，看不到交流电技术的巨大潜力和发展前景，未采用交流电的技术系统，这导致他晚年在交流电、直流电技术之战中惨败。后来，美国爱迪生通用电气公司名称中的“爱迪生”一词不见了，被合并改名为美国通用电气公司。

问题：请对美国通用电气公司的这些做法进行评价。

分析要求：每5～6人分为一个小组进行讨论，形成小组讨论意见；班级交流，各小组选派代表在班级陈述本组讨论意见；教师对各小组陈述的讨论意见进行点评；把经过修改附有教师点评的各小组讨论意见报告展示在班级本课程平台上。

2.善恶研判

愿每个“上帝”都满意

背景与情境：实达电脑科技公司从2000年开始实施“蜂巢工程”。其理念是：让每个细节都闪光，愿每个上帝都满意。在“蜂巢工程”中，大到行业客户的巡回服务、小到上门服务的敲门方式，都实现了严格的规范化操作。或许连许多接受过“蜂巢工程”服务的客户都未必知道，只是一个简单的电话接听，从上岗到位的准备工作到挂上话机，竟然有多达21项要点和细则，而“蜂巢工程”厚达90多页的服务规范手册，更是近乎自虐地把每个细节都力争做到完美。“只有以这样严格的规范化管理为基础，才能保证每一位被服务者面对的都是统一、亲切、充满人情味的服务界面。”实达电脑科技公司客户服务事业部总监王勤说。

“虽然我们对面向顾客的每一个环节都规定了详细的操作流程，而且规定在实施这些操作流程时必须达到高质量的效果，但这是否意味着高质量的标准化服务能使每一位顾客都满意呢？当然不是这么简单。”王勤解释说，“因为每一位顾客的需求都是不同的，有些需求我们通过标准化服务就可以满足，而有些需求则很难满足，这时就需要通过人性化服务来弥补与缓解这部分顾客的不满。”

资料来源　作者根据相关资料整理而成。

问题：1.本案例中存在哪些道德伦理问题？

2.试对上述问题做出你的道德研判。

3.对照教材和网络搜集的资料，说明你的道德研判所依据的管理道德规范。

分析要求：每个学生结合善恶研判案例问题，拟出分析提纲；小组讨论，形成小组善恶研判案例分析提纲；班级交流，各小组选派代表在班级陈述本组善恶研判案例分析提纲观点；教师对各小组陈述的观点进行点评；各小组把经过修改附有教师点评的善恶研判案例分析报告展示在班级本课程平台上。

能力应用与训练

1.价值引领

背景与情境：在30年的航空技术制造工作中，胡双钱经手的零件上千万，没有出过一次质量差错。“每个零件都关系着乘客的生命安全，确保质量是我最大的职责。”核准、划线，锯掉多余的部分，拿起气动钻头依线点导孔，握着锉刀将零件的锐边倒圆，去毛刺、打光，这样的动作他整整重复了30年。胡双钱读书时，技校老师是位修军机的老师傅，经验丰富，作风严谨，“学飞机制造技术是次位，学做人是首位，干活要凭良心。”这句话对他影响颇深。他注重在实践中积累和创新，参与我国ARJ21新支线飞机和大型客机研制项目，高精度、高效率地完成了相关零部件加工工作，并发明了“反向验证”等一系列独特工作方法。

问题：运用你学习的科学管理理论分析胡双钱为什么能做到经手的零件上千万，没有出过一次质量差错，我们应该从胡双钱师傅身上学习他的什么精神？

讨论分析：

个人：每位同学仔细阅读背景与情境资料，查找相关资料，拿出自己对该问题的认知。

小组：每5~6名同学为一组，组内交流各自的看法，小组成员共同讨论，形成小组基本观点。

全班：各组推荐1名同学，在全班陈述本组的观点。

老师：结合各组同学的观点进行点评。

2.能力训练

训练内容：为规范全班同学的学习及生活行为，提高全班同学的时间管理能力，使同学们以尽可能高的效率学习及生活，请为同学们设计一套学习及生活行为时间标准。

●训练目标：

素质目标：通过为同学们设计学习及生活行为时间标准，使同学们具有应用科学管理的思想意识。

知识目标：通过为同学们设计学习及生活行为时间标准，加深同学们对科学管理具体内容的理解。

能力目标：通过为同学们设计学习及生活行为时间标准，提高同学们应用科学管理理论的能力。

●训练过程：

（1）请同学们以宿舍为小组，认真学习科学管理理论的相关知识。

（2）通过对同学们的学习及生活行为进行观察、记录，研究哪些行为可以减少，以提高同学们的学习效率。

（3）通过上述研究，制定出每天每个人的学习及生活行为时间标准，以及宿舍所有成员应共同遵守的准则。

●训练成果：每组设计一套详细的学习及生活行为时间标准。

●成果评价：设计学习及生活行为时间标准训练评价，见表2-5。

表 2-5　设计学习及生活行为时间标准训练评价表

项目（分值）	评价标准	个人自评（30%）	小组互评（30%）	教师评分（40%）	得分小计（100%）
素养培养（30分）	参与本次训练的积极性较高				
	观察同学们的学习及生活行为认真，分析、研究工作充分				
	设计过程中认真、细致				
能力提升（20分）	对同学们的学习及生活行为观察到位				
	学习及生活行为时间标准设计准确，体现了科学管理理论的思想和要求				
知识应用（20分）	对科学管理理论的内容理解准确				
	对学习及生活行为时间标准设计的相关知识了解清楚				
项目成果展示（30分）	学习及生活行为时间标准展现形式符合规范				
	学习及生活行为时间标准规范清楚				
	学习及生活行为时间标准无内容雷同现象				
合计（100分）					

任务三　行为科学理论

任务目标

素质目标：通过知识学习（互动问题）、能力分析（善恶研判）、能力应用与训练（价值引领）等教学活动，培养同学们理解行为科学理论、运用行为科学理论进行管理的基本素养，引导学生学会尊重人和依靠人，建立良好的人际关系。

知识目标：通过知识学习，能够清晰地描述行为科学理论的具体内容。

能力目标：通过能力分析和能力应用与训练，培养同学们用行为科学理论认识和分析日常管理中的实际问题的能力。

能力评估

行为科学理论认知能力评估见表 2-6。

表 2-6 行为科学理论认知能力评估表

序号	评估内容	评估等级				
		非常不同意	比较不同意	一般同意	比较同意	非常同意
1	管理的关键是要有良好的执行力					
2	管理就是用合适的方法管人管事					
3	管理的重心是管人、用人，只有先学会很好地欣赏别人，才能很好地用人					
4	管理就是激发人的潜能，以赢取目标					
5	管理关注并修正行为，影响并引导人生					

注：能力评估采用五等级量表，选项越靠近“非常同意”项，说明你对行为科学理论的相关知识了解越多。

知识学习

随着社会经济发展和科技进步，管理理论也在不断发展并完善，在科学管理理论日益完善的基础上，人们又发现了新的影响工作积极性的因素。管理理论从人际关系学说到行为科学，开始了新的探究。

行为科学作为一个学科，始于20世纪40年代末。自霍桑实验以来，人际关系学说盛极一时。1949年，在美国芝加哥讨论会上，学者们第一次提出了“行为科学”的概念，此后，人们把对人际关系学说的研究称为行为科学。20世纪60年代中期，行为科学的重要动向之一是组织行为科学的出现，其特征是既注重员工的个人素质，又注重组织的素质。

行为科学理论的贡献在于，它改变了人们对管理的思考方法。管理更加重视行为过程，并且把人看作宝贵的资源。然而，行为科学所预见的东西还不是很清楚。当时，管理人员对其许多方面的论述还不能理解和接受，对其所用的许多术语也感到陌生。行为科学理论的基本情况见表2-7。

表 2-7 行为科学理论的基本情况

内容概要	行为科学理论主要论及组织内人员的行为，它取代了科学管理理论的地位，成为研究管理的主要方法。其主要代表人物有梅奥、马斯洛、麦格雷戈、赫茨伯格
理论盛行时期	20世纪30年代—50年代初期
主要贡献	对激励、诱导群体及组织内的人际关系进行了详细论述，确定了人是有价值的资源
局限性	个人行为的复杂性导致了对行为分析和预言的困难；由于许多管理者不愿意采用这种理论，因此该理论未普遍用于管理实践；最新研究成果未能与管理实践相结合

一、梅奥的人际关系学说

（一）梅奥与霍桑实验

梅奥原籍澳大利亚，后移居美国。作为一位心理学家和管理学家，他领导了1924—1932年在芝加哥西方电气公司霍桑工厂进行的一系列实验（即霍桑实验）中后期的重要工作。

霍桑实验分为4个阶段：

第一阶段：工作场所照明实验（1924—1927年）。

根据科学管理理论中关于“好的工作环境可以提高工人的劳动生产率”的假设，研究人员进行了“照明的质量与数量同生产效率的关系”的研究。研究人员选择了一批工人，并把他们分成两组：一组是实验组，变换工作场所的照明强度，使工人在不同照明强度下工作；另一组是对照组，工人在照明强度保持不变的条件下工作。研究人员试图通过照明强弱的变化与产量变化之间的关系，来分析劳动条件与劳动生产率之间的关系。但实验结果发现，照明强度的变化对生产率几乎没有影响。这说明：①工作场所的照明只是影响工人生产率的微不足道的因素；②由于牵涉因素较多，并且难以控制，其中任何一个因素都可能影响实验的结果，因此照明对生产率的影响无法准确衡量。

第二阶段：继电器装配室实验（1927—1928年）。

从这一阶段起，梅奥参加了实验。研究人员选择了5名女装配工和1名女画线工在单独一间工作室内工作，1名观察员被指派加入这个小组，记录室内发生的一切，以便对影响工作效果的因素进行控制。这些女工们在工作时间可自由交谈，观察员对她们的态度也很和蔼。在实验中，研究人员分期改善工作条件，如改进材料供应方式、增加工间休息时间、供应午餐和茶点、缩短工作时间、实行集体计件制等，这些条件的变化使女工们的产量上升。但过了一年半，取消工间休息及供应的午餐和茶点，并恢复每周工作6天后，女工们的产量仍然维持在高水平上。这说明其他因素对产量无多大影响，而监督和指导方式的改善能促使工人改变工作态度并增加产量。于是，研究人员决定进一步研究工人的工作态度和可能影响工人工作态度的其他因素，这也是霍桑实验的一个转折点。

第三阶段：大规模访谈（1928—1931年）。

在上述实验的基础上，梅奥用2年多的时间对公司2万多名员工进行了访谈。被访问者可以就自己感兴趣的问题自由发表意见。研究结论是：任何一位员工的工作成绩都要受周围环境的影响，即不仅取决于自身，还取决于其他群体成员。

第四阶段：接线板接线工作室实验（1931—1932年）。

为了弄清社会因素对激发工人积极性的影响程度，研究人员选择了14名工人（9名接线工、3名焊接工和2名检查员）组成的生产小组进行观察实验，从中发现：①大部分工人都自行限制产量。公司规定的工作定额为每天焊接7312个接点，但工人们只完成了6000～6600个接点，原因是怕公司再提高工作定额，也怕因此造成一部分人失业，他们这样做保护了工作速度较慢的同事。②工人们对不同级别的领导持不同态度。他们把小组长看作小组的成员，对于级别高于小组长的领导，级别越高，工人们对其越尊敬，但同时顾忌心理也越强。③工人中存在派系，每个派系都有自己的行为规范。要加入这个派系，就必须遵守这些规范。如果派系中的成员违反了这些规范，就会受到惩罚。

梅奥等人通过上述实验得出结论：员工的生产效率不仅受到物质条件、生理因素的影响，而且受到社会环境、社会心理因素的影响。

（二）人际关系学说的主要内容

梅奥在1933年出版的《工业文明的人类问题》一书中，对霍桑实验的结果进行了总结，提出了与科学管理理论不同的新观点、新思想，创立了人际关系学说。其主要内容如下：

1.工人不是“经济人”，而是“社会人”

泰勒把工人看作追求金钱的“经济人”，主要通过改进工作条件和报酬来提高生产率。但梅奥认为，工人不是单纯追求金钱收入的，他们还有社会、心理方面的需要，即追求友谊、安全感、归属感等。因此，除了工作条件、报酬的改善外，还要从社会、心理方面来鼓励工人提高生产率。

2.非正式组织对生产率的提高有很大影响

梅奥等人认为，除了正式组织外，还存在非正式组织，非正式组织对生产率也有很大的影响。正式组织是为实现组织目标、规定组织中各成员间的相互关系和职责范围的一种体系；非正式组织是组织成员由于共同爱好、兴趣等形成的非正式团体。

3.生产率主要取决于工人的工作态度以及他和周围人的关系

梅奥等人认为，效率提高主要取决于员工士气，而士气取决于社会因素，特别是人际关系对员工的满足程度，即他们的工作是否被上司、同伴、社会所认可。满足程度越高，员工士气就越高，从而效率也越高。

这些结论使得学者们开始重新认识组织中的人，学者们从各方面对人的动机、需要、行为等进行了大量的研究。

互动问题2-5

一个优秀的企业往往十分重视员工中社团组织（如象棋小组、乒乓球社团、摩托车发烧友协会等）的建立、引导、支持和监督，为什么？

二、行为科学理论发展的主要方向

梅奥奠定了行为科学理论的基础，此后，管理学界涌现出了一大批关注行为科学理论发展的学者，这些学者在梅奥的研究结论的基础上进行了更为深入和广泛的研究。研究成果主要体现在以下4个方面。

（一）关于人的需求、动机和激励问题的研究

这方面有代表性的研究成果是马斯洛的需求层次理论、赫茨伯格的激励-保健双因素理论、斯金纳的强化理论和弗鲁姆的期望理论等。

（二）关于“人性”问题的研究

在这方面有代表性的理论有以下两种：

1.麦格雷戈的X-Y理论

美国学者道格拉斯·麦格雷戈提出了X-Y理论。麦格雷戈发现，管理者关于人性的观点是建立在一些假设的基础上的，而管理者就是根据他们的假设来实施管理的。按照麦格雷戈的看法，X理论是以下面4种假设为基础的：

（1）人生来厌恶工作，只要有可能就想逃避工作。

（2）人愿意受人指挥，希望逃避责任，把安全感看得重于一切。

（3）大多数人工作是为了满足基本需要，没什么进取心，只有金钱和地位才能鼓励他们工作。

（4）由于厌恶工作是人的本性，因此，对大多数人必须采用惩罚、强迫、威胁等强制措施，以迫使他们努力工作。

Y理论则是以下面5种假设为基础的：

（1）好逸恶劳、厌恶工作并非人的天性，人们运用脑力和体力进行工作，轻松自然，如同休息和娱乐一样，人们对于工作的喜好厌恶，完全取决于其对工作是否感到满足和对惩罚的理解。

（2）正常情况下，人是愿意承担责任的。逃避责任、丧失进取心、强调安全感，通常是后天经验的结果，并非人的天性。

（3）大多数人都具有进取心，不安于现状，在解决组织的困难和问题时，都能发挥较强的想象力和创造力，都愿意进行变革和更新。

（4）外部施加的控制与惩罚的威胁并不是促使人们努力工作的唯一方法，更谈不上是最好的方法。如果让个体参与制定自己的工作目标，可能更有利于实现自我指挥和控制，因为人只要做出承诺去完成一项工作，就能自我指挥和自我控制。对目标的参与同获得的回报相关，而这些回报中最重要的是自我意愿以及自我实现需要的满足度。

（5）在现代社会中，人的智慧和潜能并未得到全部发挥，管理的基本任务是安排好组织工作的条件和作业方法，通过创造机会、挖掘潜力、排除障碍、鼓励发展和帮助引导等方法，使人的潜能充分发挥出来，使其为实现组织目标和个人目标而努力。

2.阿吉里斯的“不成熟-成熟理论”

这是美国行为科学家克里斯·阿吉里斯提出的一种理论。该理论认为，人的个性的发展如同婴儿成长为成人一样，也有一个从不成熟到成熟的连续发展过程，最后才能形成健康的个性。阿吉里斯认为，一个人在从不成熟到成熟的发展过程中所处的位置，能够体现他自我实现的程度。

（三）关于组织中非正式组织及人与人的关系问题的研究

在这方面有代表性的理论主要有：

1. 卢因的团体力学理论

在这个理论中，卢因论述了非正式组织的要求、目标、凝聚力、规范、结构、领导方式、参与者、行为分类、规模、对变动的反应等问题。

2. 布雷德福等人创造的敏感性训练方法

采用此方法的目的是，使受训者在共同的学习环境中相互影响，从而提高受训者对自我的感情和情绪、自己在组织中所扮演的角色、自己同别人的相互影响关系的敏感性，进而改变受训者个人和团体的行为，达到提高工作效率和满足个人需求的目标。敏感性训练通常在模拟实际环境的实验室中进行，其做法一般分为3个阶段：旧态度解冻阶段；加强敏感性阶段；新态度巩固阶段。

（四）关于组织中领导方式问题的研究

在这方面有代表性的理论是坦南鲍姆和施密特的领导方式连续统一体理论、利克特的支持关系理论、斯托格第和沙特尔的双因素模式、布莱克和莫顿的管理方格法。

互动问题2-6

衡量一个国家的制度是否成功、是否优越，一个重要方面就是看其在重大风险挑战面前，能不能号令四面、组织八方共同应对。请你结合防控新冠肺炎疫情斗争的实践谈谈我国国家制度和国家治理体系优越性的具体表现。

实例2-3　某厂长的不解

有两家企业一墙之隔，甲企业由于经营不善，职工失业回家；乙企业则因为其产品在市场上仍有一定的销路，所以职工并未失业，且每月都能按时领到工资，职工们表现出了空前高涨的工作积极性，这令厂长大惑不解：“当初有奖金的时候也没这么积极，这是怎么了？”

思考：你如何帮助该厂长解释这种现象？

能力分析

1. 小组讨论

马克思之所以伟大，离不开他有着对“人”的透彻剖析和终极关怀，强调“人是目的而不是工具”，无情地鞭挞了资本主义制度下“异化劳动”对人性的摧残。

问题：结合人性假设论，谈谈你的体会。

分析要求：每5～6人分为一个小组进行讨论，形成小组学习体会；班级交流，各小组选派代表在班级陈述本组学习体会；教师对各小组陈述的学习体会进行点评；把经过修改附有教师点评的各小组学习体会报告展示在班级本课程平台上。

2.善恶研判

鞍钢宪法

背景与情境：鞍钢宪法是我国现代企业管理史上的重要里程碑。鞍钢宪法的主要具体内容是两参一改三结合。

“两参”：干部参加劳动和工人参加管理。鞍钢宪法反对领导者脱离生产和经营一线的管理，要求管理者融入下属员工和基层工作中，一边从事生产经营，一边进行现场管理，出现问题及时疏通和指导；工人不仅是生产者，也应当是企业生产和运营的管理者，应当参与企业的管理工作，具有企业主人翁的意识。

“一改”：改革不合理的规章制度。主要解决管理工作中存在的4个方面的问题：一是权力过多地集中在厂长一级，很多生产上的问题，车间无权处理，增加了办事的层次，拖长了解决问题的时间，结果是包得多，办不好；二是过分强调互相制约，在一个相互联系的生产企业里，出现了许多人为的矛盾，造成了关系紧张，互相不信任；三是管理工作自上而下地下达行政命令，不依靠员工的主动性和自觉性，缺乏群众基础；四是工作追求形式，管理脱离生产、脱离实际。改革的主要方法：一是每个人把自己的工作全面铺开，逐项研究，并且把改革措施和效果记在“记工卡”上；二是对于那些牵动面较广的工作，则采取“一人提出，大家研究，实际演示，现场观摩”的方法。制度改革树立了经营管理工作为生产服务的意识，发现了一些便利于生产、便利于工作、便利于干部参加劳动的方法，调整了不合理的职责范围，下放了一部分权利，减少了办事层次，工作效率大为提高。同时，这从管理制度上为干部参加劳动、工人参加管理创造了有利条件。

“三结合”：工人、干部、技术人员三结合的群众协作模式。“三结合”的协作模式，包括一条龙协作赛、技术表演赛、技术研究小组和职工代表大会等。

资料来源　徐宏玲，等. 管理学课程思政案例集［M］. 成都：西南财经大学出版社，2021.

问题：1.本案例中存在哪些道德伦理问题？

2.试对上述问题做出你的道德研判。

3.对照教材和网络搜集的资料，说明你的道德研判所依据的管理道德规范。

分析要求：每个学生结合善恶研判案例问题，拟出分析提纲；小组讨论，形成小组善恶研判案例分析提纲；班级交流，各小组选派代表在班级陈述本组善恶研判案例分析提纲观点；教师对各组陈述的观点进行点评；各小组把经过修改附有教师点评的善恶研判案 例分析报告展示在班级本课程平台上。

能力应用与训练

1.价值引领

背景与情境：“一带一路”是中国同世界共享机遇、共谋发展的阳光大道。共建“一带一路”不仅为世界各国发展提供了新机遇，也为中国开放发展开辟了新天地。

2013年秋，习近平总书记西行哈萨克斯坦、南下印度尼西亚，先后提出建设丝绸之路经济带和21世纪海上丝绸之路重大倡议，旨在传承丝绸之路精神，携手打造开放合作平台，为各国合作发展提供新动力。

8年来，通过共建“一带一路”，提高了国内各区域开放水平，拓展了对外开放领域，推动了制度型开放，构建了广泛的朋友圈。我们高举开放合作大旗，推进同各国、各地区发展战略和互联互通规划对接，加强政策、规则、标准融通，同各国不断深化基础设施建设、产业、经贸、科技创新、公共卫生、人文等领域务实合作。在各方共同努力下，“六廊六路多国多港”的互联互通架构基本形成，一大批合作项目落地生根，我国已与140个国家、32个国际组织签署200多份共建“一带一路”合作文件，与沿线国家货物贸易额累计达到10.4万亿美元，对沿线国家非金融类直接投资超过1 300亿美元。面对突如其来的新冠肺炎疫情，我们守望相助，为全球抗疫合作和经济复苏作出了重要贡献。据世界银行研究报告，共建“一带一路”倡议将使相关国家760万人摆脱极端贫困、3 200万人摆脱中度贫困，将使参与国贸易增长2.8%至9.7%、全球贸易增长1.7%至6.2%、全球收入增加0.7%至2.9%。事实充分证明，“一带一路”倡议源于中国，机遇和成果属于世界。共建“一带一路”追求的是发展，崇尚的是共赢，传递的是希望。

资料来源　佚名. 共建“一带一路”取得实打实、沉甸甸的成就［N］. 人民日报，2021-11-21（1）.

问题：运用你学习的行为科学理论分析“一带一路”沿线国家愿意积极合作的原因。目前参与国取得了哪些方面的成就？

讨论分析：

个人：每位同学仔细阅读背景与情境资料，查找相关资料，拿出自己对该问题的理解。

小组：每5～6名同学为一组，组内交流各自的认知，小组成员共同讨论，形成小组基本观点。

全班：各组推荐1名同学，在全班陈述本组的观点。

老师：结合各组同学的观点进行点评。

2.能力训练

●训练内容：为了解某组织的人性假设，深入组织中调查其管理方式，并对其进行分析，撰写关于某组织人性假设的调查分析报告。

●训练目标：

素质目标：通过深入了解，分析管理者所信奉的人性假设，使同学们具备人性假设的基本思想。

知识目标：通过深入了解，分析管理者所信奉的人性假设，进一步加深同学们对人性假设具体内容的理解。

能力目标：通过深入了解，分析管理者所信奉的人性假设，提高同学们对人性假设理论的具体应用的分析能力。

●训练过程：

（1）请同学们每5人为一组，认真学习人性假设理论的相关知识。

（2）深入某组织调查管理者对员工采取的管理方式，讨论分析该组织的管理者信奉的人性假设。

（3）根据上述调查与分析，撰写关于某组织人性假设的调查分析报告。

●训练成果：每组撰写一份关于某组织人性假设的调查分析报告。

●成果评价：组织人性假设调查与分析训练评价见表2-8。

表2-8　组织人性假设调查与分析训练评价表

项目（分值）	评价标准	个人自评（30%）	小组互评（30%）	教师评分（40%）	得分小计（100%）
素养培养（30分）	参与本次训练的积极性较高				
	调查分析认真，准备工作充分				
	调查过程中认真、细致				
能力提升（20分）	对组织中管理者信奉的人性假设分析准确				
	调查分析报告正确，体现了人性假设理论的要求				
知识应用（20分）	对人性假设理论的内容理解准确				
	对撰写调查分析报告的相关知识了解清楚				
项目成果展示（30分）	调查分析报告的展现形式符合规范				
	调查分析报告撰写规范，排版符合要求				
	调查分析报告无内容雷同现象				
合计（100分）					

任务四　管理理论的新发展

任务目标

素质目标：通过知识学习（互动问题）、能力分析（善恶研判）、能力应用与训练（价值引领）等教学活动，培养学生增强时代责任感，传承历史，开创未来，担负起建设新时代中国特色社会主义的重任。

知识目标：通过学习，能够清晰地描述当代管理理论的具体内容。

能力目标：通过能力分析和能力应用与训练，培养同学们用当代管理理论认识和分析管理中的实际问题的能力。

能力评估

管理理论的新发展认知能力评估表见表2-9。

表 2-9 管理理论的新发展认知能力评估表

序号	评估内容	评估等级				
		非常不同意	比较不同意	一般同意	比较同意	非常同意
1	先做文化，再做管理					
2	管理既讲究做正确的事，也讲究正确地做事					
3	做不好事情不是事的原因，而是人的问题					
4	企业最大的资产是人					
5	卓有成效的管理者善于用人之长					

注：能力评估采用五等级量表，选项越靠近“非常同意”项，说明你对管理理论的新发展的相关知识了解越多。

知识学习

随着现代科学技术的发展，生产和组织规模不断扩大，生产社会化程度日益提高，人们对管理理论越来越重视。不仅从事管理和研究管理学的人对管理问题进行研究，而且心理学、社会学、人类学、经济学、生物学、哲学、数学等领域的科学家也从各自不同的角度、用不同的方法对管理问题进行研究，从而出现了各种各样的学派，这一现象带来了管理理论的空前繁荣。

一、当代西方管理理论的发展

1980年，孔茨在《再论管理理论的丛林》一书中指出，管理理论发展到现在至少已经有了11个学派。

（一）管理过程学派

管理过程学派又称传统学派或管理职能学派，其创始人是亨利·法约尔。20世纪50年代以后，其主要代表人物是孔茨。管理过程学派认为，管理是一种在正式组织中由管理者通过别人，并同别人一起去完成工作的过程。通过对这个过程的研究，学者们可以总结出一些基本的原理和规律性的内容，并由此形成一种管理理论。这种管理理论以管理职能为基本框架，用一些能指导管理实践的概念、原则、方法、制度和程序把有关知识汇集起来，从而形成了管理的科学理论体系。在对这些问题进行研究时，学者们可以吸收其他学科如数学、运筹学、系统论、信息论、控制论、社会学、心理学、经济学、政治学等方面的知识，而这些学科的简单加总永远无法形成真正的管理学，它们只能为管理理论的发展提供有用的思想、工具和手段。

（二）人际关系学派

人际关系学派的根本出发点是：管理是通过人来完成某些事情的活动。因此，研究管理必须着重于人与人之间的关系。这个学派的主张者注重对组织中人与人之间的关系进行研究，他们以个人心理学作为研究的理论基础，研究具有社会心理性质的个人行为的动机，进而指出，处理好组织中人与人之间的关系是组织中的管理者必须理解和掌握的一种技巧。

（三）群体行为学派

群体行为学派与人际关系学派关系密切，但群体行为学派更侧重于研究群体中的人的行为，而不是纯粹的人际关系。这个学派的主张者以社会学、人类学和社会心理学为理论基础研究组织中的群体行为，因此他们又被称为“组织行为学”的研究者。他们从事的研究工作主要有：组织中的非正式组织对正式组织行为的影响；组织中个人的从众行为；组织中的信息沟通等。

（四）合作社会系统学派

合作社会系统学派与人类行为学相近，二者都注重对人的研究。在一定程度上，我们可以把合作社会系统学派看作对人际关系学派和群体行为学派的修正。该学派把组织中的人看成有各种社会和心理需求的人，而组织就是由许多具有这种社会和心理需求的人及其行为所形成的合作社会系统。因此，组织成效的高低取决于组织中个人成效的高低及人们相互之间合作的成效。其中，组织的管理者是个人创造成效和成员间有效合作的关键。所以，这个学派的主张者从分析组织中管理者的工作出发，着重研究组织中的管理者在这个合作系统中如何才能有效维护和协调这个系统。其代表人物是切斯特·巴纳德。

（五）社会技术系统学派

这个较晚发展起来的学派的创始人是英国的特里斯特。他和他的同事认为，组织是由技术系统和社会系统形成的社会技术系统，个人的态度和行为都会受到人们在其中工作的技术系统的巨大影响，因此管理不能光研究社会系统，而要把社会系统和技术系统结合起来考虑。他们提出：“一个从社会技术系统观点考虑的、尽力从组织的社会和技术两个方面来改进组织的变革，将创造出一个既能使生产效率更高又能使组织中的成员更满意的工作系统。”他们的研究也因此而主要放在技术与人及其工作的密切联系方面。

（六）决策理论学派

决策理论学派认为“管理是以决策为特征的，管理的本质就是决策”。其代表人物是卡内基梅隆大学的教授赫伯特·西蒙和詹姆士·马奇。他们在社会技术系统学派理论的基础上，吸收了行为科学理论、系统理论、运筹学和计算机科学的知识，最终形成了这个新的管理理论学派。

互动问题 2-7

2019 年 12 月，武汉发现不明原因肺炎，中国政府在面对紧急情况时果断做出封锁武汉的决定，该决定为全国乃至世界争取到宝贵的防疫窗口期。据此，请你从国家层面及个人层面谈谈正确决策的重要性。

（七）系统学派

系统理论的发展使得许多学者强调在管理的研究中应用系统方法。根据系统理论的思想，人们把组织看成一个由许多子系统形成的系统，而这个系统又是环境大系统中的一个分系统，它会与后者进行各种资源的交换。一个有效的管理者既要使组织内部的各个子系统互相协调，又要使组织系统适应环境大系统，以获得有效的生存和发展。可以说，系统学派的出现意味着管理理论的研究者对系统这一管理思想的广泛接受。

（八）管理科学学派

管理科学学派认为，管理是一个合乎逻辑的过程，研究者可以把这个过程用数学模型来加以描述和表达，也可以用数学方法计算这个模型的最优解。所以，该学派又被称为数学学派，其主张者大多把研究重点放在建立管理的数学模型和计算最优解的问题上。必须明确的是，数学模型和数学分析方法是管理研究中的方法和工具。

（九）经验学派

经验学派开展研究的理论前提是：对管理者在个别情况下成功和失败的经验和教训的研究，能够使人们懂得在将来相应的情况下，如何运用有效的方法来解决现实中的管理问题。因此，这个学派的主张者把对管理理论的研究集中在对实际管理工作者的管理实践活动的研究上。他们通过分析实例或案例，总结出一些一般性的结论向管理者或学习管理学的学生传授，使他们能从中学习到管理的知识和技能。

经验学派的代表人物是彼得·德鲁克和欧内斯特·戴尔。从另一个角度来看，主张管理普遍性的学者以批评的姿态指出，对过去经验的研究应该以探索基本规律为目的，若依赖于或停留在已经过去的“原始素材”上，肯定是危险的。

（十）管理者工作学派

管理者工作学派又称经理角色学派，其代表人物是加拿大的亨利·明茨伯格。该学派主张对经理人员的实际工作情况进行考察，以发现经理人员在现实中的活动规律，并以此纠正纯粹的管理理论所造成的理解偏差。为了描述所有经理人员在进行实务工作中的种种活动，明茨伯格定义了三大类十种角色。

（十一）权变学派

权变学派的学者认为，不存在最好的、能适应一切情况的、一成不变的管理方法与管理理论，一切只能权变，即权宜应变。这意味着，管理者应该根据不同的环境采用不同的管理方法和管理手段。和系统学派一样，权变学派的思想和研究方法是值得重视的，但是仅凭借对方法论的研究，显然不会对基础性的管理理论研究做出突出的贡献。

二、两种管理新思想简介

进入20世纪80年代以后，随着知识经济的迅速发展，在管理实践的基础上，涌现出一些新的管理思想，在此仅介绍两种比较有代表性的。

（一）企业流程再造理论

1.企业流程再造理论的产生

“再造”的概念最早出现在计算机软件工程领域。20世纪80年代后期，迈克尔·哈默开始向周围的研究者传播“流程再造”这一概念。因为他发现，在没有理顺流程的情况下，企业贸然大规模地采用信息技术，其效果往往不尽如人意。

1993年，迈克尔·哈默与詹姆斯·钱皮合著了《再造企业》一书。该书总结了过去几十年来世界著名企业成功的经验，阐明了生产流程、组织流程在企业市场竞争中的决定作用，提出了应对市场变化的新方法，即企业流程再造。他们提出，企业流程再造就是针对竞争环境和顾客需要的变化，对业务流程进行“根本的重新思考”和“彻底的重新设计”，创造新的业务流程，以求在速度、质量、成本、服务等当代绩效考核的各项关键指标上取得显著的改善。

2.企业流程再造的特点和目的

企业流程再造的特点可以概括为以下两点：

（1）强调将可重复的产品生产经营活动分解为一系列标准化和次序化的任务，并分配给特定的执行者，以降低单位产品的劳动成本和设备成本，提高生产效率。

（2）强调由特定的管理层来监督和确保执行者有效完成既定任务，进而形成各职能部门自上而下、递阶控制的金字塔状的科层式组织结构。

企业流程再造的目的是提高企业竞争力，从业务流程上保证企业能以最小的成本将高质量的产品和优质的服务提供给企业客户。企业流程再造的实施方法是以先进的信息系统和信息技术为手段，以顾客的中长期需要为目标，通过最大限度地减少对产品增值无实质作用的环节和过程，建立起科学的组织结构和业务流程，使产品的质量和规模发生质的变化。

3.企业流程再造理论的作用

微课2-2

哈默的企业再造理论

（1）通过降低成本、简化工作项目与内容、优化工作流程，能够改善企业内部各项管理职能与例行作业的运作效率，从而达到所设定的目标。

（2）从技术应用的角度来看，充分发挥新技术的应有功效，能够创造系统业务模式无法拟合的整体性业务流程。

（3）实现企业内部跨部门的团队工作方式，并使最高管理层最大可能地发挥出潜力与创造力，能够提高顾客对产品与服务品质的认可程度。

（4）以企业的长远发展或战略愿景为出发点，勾勒出整个企业的组织架构，进而以各种仿真建模技术来完成企业业务流程的重新设计与再造，能够推动企业整体业务流程的全面优化。

互动问题 2-8

在现实生活中，有的企业靠严厉的制度管理员工，从而提高了生产效率；有的企业靠人性化的管理措施凝聚员工的心，同样也提高了生产效率。这二者看起来是矛盾的，你是如何理解的？请结合当代管理理论和个人思考回答。

（二）学习型组织理论

1.学习型组织的含义

学习型组织理论是美国麻省理工学院教授彼得·圣吉在其著作《第五项修炼——学习型组织的艺术与实践》中提出来的。

学习型组织理论认为：传统的组织类型已经越来越不适应现代环境发展的要求，未来真正出色的企业，将是能够设法使组织成员全心投入，并有能力不断学习的组织。学习型组织由一些学习团队形成，具有崇高而正确的核心价值、信心和使命，具有蓬勃的生命力与实现共同目标的动力，能够不断创新、持续蜕变。在这种学习氛围中，员工胸怀大志，脚踏实地，勇于挑战权威及过去的成功模式，不会被眼前的利益所诱惑；同时，团队有使成员振奋的远大愿望以及与整体搭配的政策，能够充分发挥员工的潜能，使员工在学习中真正领悟工作的意义，追求心灵的满足与自我实现，并与周围的世界产生一体感。

实例 2-4　慈善的真正追求

据统计，截至2020年9月，曹德旺当年累计捐款15.4亿元，而从1983年第一次捐款至今，曹德旺个人捐款累计已超过120亿元。这些捐款流向了西藏、贵州、四川、甘肃、新疆、云南、福建、宁夏、江西等十多个省（自治区），参与资助了专项赈灾、贫困生资助、医疗救助等十多个类别的120多个公益项目。2019年10月17日，全国脱贫攻坚奖表彰大会暨先进事迹报告会在北京举行，曹德旺荣获2019年“全国脱贫攻坚奉献奖”，而在此之前，曹德旺曾入选“改革开放40周年杰出企业家”，两次荣获“中国首善”，六次荣获“中华慈善奖”。无数嘉奖和荣誉傍身，曹德旺并未以此为傲，“慈善的终极目的就是构建和谐稳定的社会秩序。慈善不仅仅是捐钱，更是一个人的品德，必须具备悲悯之心，才能真正真心地帮助别人”。他始终坚持“义利相济”的中国商道，“我不认为我对慈善做了什么，但我最开心的就是我让自己有一颗爱心，始终与贫困的弱势群体在一起，这是我真正的追求”。

资料来源　徐宏玲，等. 管理学课程思政案例集［M］. 成都：西南财经大学出版社，2021.

思考：本实例对你最大的启发是什么？试用4句话来说明。

2.学习型组织的内容

学习型组织的形成必须建立在组织成员五项修炼的基础上。五项修炼的主要内容是：

（1）第一项修炼：自我超越。个人对于学习的意愿与能力是学习型组织的基础。

（2）第二项修炼：改善心智模式。心智模式是指根深蒂固于个人或组织之中的思想方式和行为模式，它影响人们如何了解世界以及如何采取行动的许多假设。改善心智模式就是把镜子转向自己，严加审视内心世界的图像，并学会有效地表达自己的想法，以开放的心态容纳别人的想法。

（3）第三项修炼：建立共同愿景。一个缺少全体员工衷心渴望的共有的目标、价值观与使命的组织，必定难成大器。这里的关键是要将组织中个人的愿景融合为组织的共同愿景。

（4）第四项修炼：团队学习。团队学习的目的在于充分发挥整体协作的力量。除非团队能够学习，否则组织就无法学习。团队学习的修炼从“深度会谈”开始，就是一个团体中的所有成员摊开内心，让想法自由交流，从而一起思考，获得远比个人深入的见解。

（5）第五项修炼：系统思考。在现有很多组织中，大多数人把自己的眼光局限于本职工作，专注于个别事件，不注重那些细微且不寻常的变化，固守经验，一旦出问题就“归罪”于其他部门，缺乏进行整体思考的主动性和积极性。第五项修炼就是要培养个人与组织系统观察、系统思考的能力。

3.学习型组织理论的特征

微课2-3

管理理论与管理实践的发展趋势

（1）有一个人人赞同的共同构想。

（2）在解决问题和工作的过程中，摒弃旧的思维方式和常规程序。

（3）作为相互关联的系统的一部分，成员对组织所有的过程、活动、功能和与环境的相互作用进行思考。

（4）人们之间坦率地相互沟通（跨越纵向水平界限，不必担心受到批评或惩罚）。

（5）人们摒弃个人利益和部门利益，为实现组织的共同构想一起工作。

能力分析

1.小组讨论

某民营企业的老板学习有关管理理论后，受到很大启发，并着手付诸实践。他赋予下属员工更多的工作和责任，并通过赞扬和赏识来激励下属员工。结果事与愿违，员工的积极性非但没有提高，反而对老板的做法强烈不满，认为他是在利用诡计来剥削员工。

问题：请根据所学习的有关管理理论，分析该老板做法失败的原因并提出建议。

分析要求：每5～6人分为一个小组进行讨论，形成小组讨论意见；班级交流，各小组选派代表在班级陈述本组讨论意见；教师对各小组陈述的讨论意见进行点评；把经过修改附有教师点评的各小组讨论意见报告展示在班级本课程平台上。

2.善恶研判

腾讯如何将关心员工落到实处

背景与情境：腾讯将关心员工落到实处，一方面体现在经济上的帮助。2011年4月25日，腾讯CEO马化腾在一封邮件中称，为了加大员工调薪力度，员工的薪酬不仅与公司业绩、个人绩效等因素挂钩，还要参考国内CPI增速等外界因素。除此之外，腾讯还设立了“腾讯安居基金”，3年内投入10亿元，为首次置业的腾讯正式员工提供一定额度的免息住房贷款。在外部市场激烈而残酷的竞争中，腾讯的这一系列举措无疑让身处腾讯的员工在心中产生些许温暖和感动。

另一方面，腾讯深刻意识到员工在企业中除了关注经济方面的因素之外，更为关注的就是自身的成长以及工作的环境和氛围。腾讯设计了合理的人才发展通道，根据员工不同的发展需要和成长路径为其规划了管理与专业两条发展通道。在纵向上，腾讯为员工搭建职业发展阶梯，指引员工的发展目标，体现了对员工能力发展的期望与要求。在横向上，按能力与职责相近的原则，腾讯为不同能力的员工设计了不同的职业发展通道，按照不同的通道/职位建立员工专业技术能力标准。在职级评定中，腾讯鼓励员工充分参与，结合业绩与能力进行评估，并确保评定过程的客观、公平、公正，提高评估的规范性和专业性。

资料来源 徐宏玲，等. 管理学课程思政案例集［M］. 成都：西南财经大学出版社，2021.

问题：1. 本案例中存在哪些道德伦理问题？

2.试对上述问题做出你的道德研判。

3. 对照教材和网络搜集的资料，说明你的道德研判所依据的管理道德规范。

分析要求：每个学生结合善恶研判案例问题，拟出分析提纲；小组讨论，形成小组善恶研判案例分析提纲；班级交流，各小组选派代表在班级陈述本组善恶研判案例分析提纲观点；教师对各小组陈述的观点进行点评；各小组把经过修改附有教师点评的善恶研判案例分析报告展示在班级本课程平台上。

能力应用与训练

1.价值引领

背景与情境：1939年，毛泽东同志在延安的一次在职干部教育动员会上提到：“我们队伍里边有一种恐慌，不是经济恐慌，也不是政治恐慌，而是本领恐慌”。2013年，习近平总书记在中央党校建校80周年庆祝大会上又一次提出“本领恐慌”问题，强调指出，“本领恐慌”在党内相当一个范围、相当一个时期都是存在的。本领不是天生的，是要通过学习和实践来获得的。当今时代，知识更新周期大大缩短，各种新知识、新情况、新事物层出不穷。有人研究过，18世纪以前，知识更新速度为90年左右翻一番，20世纪90年代以来，知识更新加速到3～5年翻一番。近50年来，人类社会创造的知识比过去3 000年的总和还要多。还有人说，在农耕时代，一个人读几年书就可以用一辈子。在工业经济时代，一个人读十几年书，才能用一辈子。到了知识经济时代，一个人必须学习一辈子，才能跟上时代前进的脚步。如果我们不努力提高各方面的知识素养，不自觉学习各种科学文化知识，不主动加快知识更新，优化知识结构，拓宽眼界和视野，那就难以增强本领，也就没有办法赢得主动、赢得优势、赢得未来。

问题：根据背景与情境资料，设计出你应对“本领恐慌”问题的解决思路和具体实施方案。

讨论分析：

个人：每位同学仔细阅读背景与情境资料，查找相关资料，形成并阐述自己对该问题的认知。

小组：每5～6名同学为一组，组内交流各自的认知，小组成员共同讨论，形成小组基本观点。

全班：各组推荐1名同学，在全班陈述本组的观点。

老师：结合各组同学的观点进行点评。

2.能力训练

●训练内容：为了将班级构建成一个学习型组织，请设计一套建设学习型组织的方案。

●训练目标：

素质目标：通过为班级设计建设学习型组织的方案，使同学们具备学习型组织理论的基本思想。

知识目标：通过为班级设计建设学习型组织的方案，进一步加深同学们对学习型组织理论具体内容的理解。

能力目标：通过为班级设计建设学习型组织的方案，提高同学们利用学习型组织理论管理组织的能力。

●训练过程：

（1）请同学们每5人为一组，认真学习学习型组织理论的相关知识。

（2）讨论分析目前本班同学的现状及创建学习型组织的措施。

（3）根据上述讨论，结合目前学校、班级的管理资源和相关管理制度，为班级设计一套建设学习型组织的方案。

●训练成果：每组为班级设计一套建设学习型组织的方案。

●成果评价：设计建设学习型组织方案训练评价见表2-10。

表2-10 设计建设学习型组织方案训练评价表

项目（分值）	评价标准	个人自评（30%）	小组互评（30%）	教师评分（40%）	得分小计（100%）
素养培养（30分）	参与本次训练的积极性较高				
	调查分析认真，准备工作充分				
	设计过程中认真、细致				
能力提升（20分）	对班级同学的现状分析准确				
	方案中的实施措施正确体现了学习型组织理论的内容和要求				

续表

项目（分值）	评价标准	个人自评（30%）	小组互评（30%）	教师评分（40%）	得分小计（100%）
知识应用（20分）	对学习型组织理论的内容理解准确				
	对相应方案设计的相关知识了解清楚				
项目成果展示（30分）	建设学习型组织方案的展现形式符合规范				
	建设学习型组织方案书写规范，排版符合要求				
	建设学习型组织的方案无内容雷同现象				
合计（100分）					

项目二
扫码答题

思考与训练

1.选择题

□ 单项选择题

（1）科学管理的中心问题是（　　）。

A.提高人的积极性　　B.提高管理水平

C.提高企业盈利率　　D.提高劳动生产率

（2）泰勒认为，为提高劳动生产率，必须为工作配备（　　）。

A.合适的操作流程　　B.一流的人员

C.严格的规章制度　　D.适当的管理人员

（3）霍桑实验证明，企业中存在着（　　）。

A.正式组织　　B.非正式组织

C.自主管理的员工　　D.社会人

（4）行为科学理论认为，人是（　　）。

A.经济人　　B.自我实现人

C.复杂人　　D.社会人

（5）（　　）认为没有最好的、能适应一切情况的、一成不变的管理理论和方法。

A.管理过程学派　　B.权变学派

C.合作社会系统学派　　D.管理科学学派

□ 多项选择题

（1）古典管理理论的代表人物有（　　）。

A.泰勒　　B.法约尔　　C.德鲁克

D.韦伯　　E.马斯洛

（2）霍桑实验得出的结论有（　　）。

A.企业中存在非正式组织

B.职工是“经济人”

C.存在着霍桑效应

D.职工是“社会人”

E.新型的领导能力在于提高职工的生产效率

（3）古典管理理论最早产生于（　　）。

A.美国　　B.日本　　C.法国

D.英国　　E.德国

（4）科学管理理论的内容包括（　　）。

A.科学挑选工人　　B.差别计件工资制

C.职能管理　　D.工时研究与标准化

E.人事管理

（5）现代管理理论的特点有（　　）。

A.强调系统化

B.重视人的因素

C.效率与效果结合

D.管理方法和手段的科学化、现代化

E.强调不断创新

2.判断题

（1）梅奥通过霍桑实验得出职工是“经济人”的结论。（　　）

（2）法约尔被誉为“科学管理之父”。（　　）

（3）泰勒对科学管理的研究是从差别计件工资制开始的。（　　）

（4）法约尔认为每个雇员只能听命于一个上司，否则无法把事情做好。（　　）

（5）泰勒的科学管理是以工厂管理为对象、以提高工人劳动生产率为目标的。（　　）

3.思考题

（1）通过学习管理理论的形成和发展，你得到的最大启示和收获是什么？

（2）法约尔对管理理论的创新表现在哪些方面？

（3）谈谈泰勒的科学管理理论的主要内容及其对管理实践的启示。

（4）谈谈X-Y理论对人的基本假设在管理实践中的应用。

（5）你对中国古代管理思想有怎样的评价？

项目三

管理的基本原理和方法

任务一　管理原理

任务目标

素质目标：通过知识学习（互动问题）、能力分析（善恶研判）、能力应用与训练（价值引领）等教学活动，培养同学们在运用管理原理的过程中从整体、系统的角度出发，在考虑企业、个人利益的同时，不能损害社会利益。

知识目标：通过知识学习，能够清晰地描述人本原理、动力原理、能级原理、系统原理、封闭原理、反馈原理、弹性原理等陈述性知识。

能力目标：通过能力分析、能力应用与训练，培养同学们用管理原理分析企业管理中的实际问题的能力。

能力评估

管理原理认知能力评估见表3-1。

表3-1　管理原理认知能力评估表

序号	评估内容	评估等级				
		非常不同意	比较不同意	一般同意	比较同意	非常同意
1	一个人在同一时间不能有两个以上的目标					
2	企业要确保目标的达成，就必须建立良好的激励系统					
3	企业要对不同能力的人组合使用，使他们发挥各自的特长					
4	对管理者的决策执行情况要通过组织系统来监督					
5	如果目标在执行过程中出现偏差，可根据情况调整目标执行人的行动					

注：能力评估采用五等级量表，选项越靠近“非常同意”项，说明你对管理原理的相关知识了解得越多。

知识学习

管理作为一门科学，是指发现、探索、总结、遵循客观规律，在逻辑的基础上，建立系统化的理论体系，并在管理实践中应用管理原则与原理，使管理成为在理论指导下的理性行为。管理原理就是在管理实践中应用的基本原理与基本原则。

一、人本原理

（一）人本原理的含义

人本原理就是以人为本的管理思想。人本原理认为，在管理过程中，应以人为出发点和中心，围绕着激发和调动人的主动性、积极性、创造性开展管理活动，从而实现人与组织的共同发展。

（二）人本原理的主要内容

1.人本管理的核心和动力是人

人具有主观能动性，人是一切活动的主体。现代管理要求在各种活动中都必须把人放在第一位，人的发展是组织发展和社会发展的前提。

2.人本原理的目标是激励人

一切管理都应以激励人的行为，激发人的内在潜力，发挥人的积极性、主动性、自觉性和创造性为根本。

（三）人本原理的基本原则

（1）重视人的需要。

（2）激励员工。

（3）培养员工。

（4）组织设计应以人为中心。

（四）人本原理的运用

（1）管理者必须从思想上高度重视做好“人”的工作。管理工作必须依靠人、服务人，鼓励人人参与管理，在管理活动中要尊重人、关心人、发展人。

（2）反对见物不见人、见钱不见人、重技术不重视人、靠权力不靠人、靠严格管理而不靠激励等管理思想和管理行为。

（3）管理者要重视人的合理需要。需要是人的行为的动力和源泉，管理者只有了解人的物质需要和精神需要，并且设法满足人的合理需要，才能调动人的积极性。

（4）管理者在遵循人本原理的同时，还要按照能级原理、动力原理的思想激励人。管理者要善于研究人的心理和行为，按照不同人的心理和行为特点实施不同的激励方法，在组织内部创造一个良好的人际关系环境。

实例 3-1　　华为企业文化中蕴含的人本管理思想

华为在积极推崇“狼性”文化的同时，也保留了很多以人为本的管理思想。虽然华为强调团队合作，集体奋斗，但与此同时，华为从未忽略集体中的每一个个体，以及个体发挥的作用，既要集体狩猎，又要集体分肉，这是华为的理念。华为公司内部用团队奋斗代替个人英雄主义和偶像崇拜；与此同时，也为有志人士提供优质平台资源。华为认为，技术型企业维持生命力的根本在于创新，而独一无二的创新力和突破性创新往往依赖个性发展，这便体现出了人才和知识的重要性。

华为为了企业文化的落地实施，采取了激励机制，以此激发员工的内生动力，调动员工的自主意识。作为目前员工收入最高的中国公司之一，华为在聚焦专业人才的同时，也充分调动其工作积极性。华为采用双重激励机制打造艰苦奋斗型团队，采用物质激励来增强员工的归属感，薪酬激励和股权激励便是华为典型的激励手段，除基本工资收入外，根据员工的工作表现以及企业的营收效益，华为还会给员工奖金和股票分红。

思考：本实例对你最大的启发是什么？如果用三句话来说明，你会用哪三句话？

二、动力原理

（一）动力原理的含义

凡是运动的事物都有动力，动力是活力的源泉，是事物前进的推动力量。管理是一个连续不断的运动过程，因此，管理活动必须有强大的动力。只有正确调动和运用动力，才能使管理活动产生活力，才能使企业发展，这就是管理的动力原理。

（二）动力的种类

一般来说，管理中有三种不同而又相互联系的动力。

1. 物质动力

物质动力是指通过一系列物质激励手段，推动管理对象向特定方向发展的力量。人们通过对物质利益的追求而激发出来的力量，是推动一切管理活动的最初也是最终的原因。

物质动力主要包括三个方面的内容：

（1）基本生活资料。它是人们满足生理需要、繁衍后代和继续进行生产的动力。

（2）基本工作条件。它能够为人们进行正常的工作提供必要的设备和安全防护设施等。

（3）经济效益。经济活动都应有经济效益，经济效益高的组织能够对员工产生较大的动力。

物质动力不仅强调物质激励，而且强调物质惩罚。只有坚持奖罚结合，才能发挥物质动力的作用，才能对人们的行为产生影响。

2.精神动力

精神动力主要包括三个方面的内容：

（1）信仰，包括具有革命理想、爱国主义精神、追求真理等。

（2）精神鼓励，如荣誉称号、信任、关心等。

（3）思想政治工作。

3.信息动力

信息对人的活动也具有重要影响。信息有利于人们认识事物，判断形势，明确奋斗方向，发现工作中的不足，从而激发人们求生存、求发展的欲望。这就是信息动力的作用。

（三）动力原理的运用

1.综合、协调地运用各种动力

物质动力、精神动力、信息动力各有利弊，管理者在管理实践中应综合运用、取长补短。

2.掌握好各种动力刺激量的界限

动力能够对人形成强大的刺激，进而使人产生一定的行为。但是，如果刺激量过大，与刺激量对应的任务无法完成，就会对人产生消极的影响；如果刺激量不足，就不能有效调动人们的工作积极性。因此，管理者必须注意以下几个问题：

（1）做好刺激量的平衡工作。管理者应做到刺激量与实际贡献相符，均衡不同员工刺激量的横向对比和组织中不同时期刺激量的纵向对比。

（2）刺激量应以实际管理目标实现为标准。在组织内部，凡是完成或超额完成本职工作的人，或为组织的发展做出特殊贡献的人，组织都要给予相应的奖励。

（3）及时刺激。

（4）灵活刺激。管理者要针对不同的对象、时间、地点，采取灵活多样的刺激方式。约翰·斯图亚特·穆勒说："无论哪个层次的员工，一成不变的工资收入都无法激发他们的工作热情。"

（5）奖惩结合，以奖为主。

3.善于变暂时动力为持久动力

一般来说，物质动力是暂时的，而精神动力具有持久性。在管理工作中，管理者既要运用暂时动力去推动本期工作，要善于使不同时期的暂时动力保持持续性，变暂时动力为持久动力，又要持续运用好精神动力。暂时动力与持久动力实际上是一种"标"与"本"的关系，管理者应按照"急则治标，缓则治本"的原则，正确认识和运用暂时动力与持久动力之间的辩证关系。

互动问题 3-1

1956年，彭士禄获得苏联政府颁发的优秀化工机械工程师证书。正当他准备毕业回国时，一次简单但意义深远的谈话，彻底改变了彭士禄的人生轨迹……正在苏联访问的陈赓大将将正准备回国的彭士禄召到中国驻苏联大使馆。陈赓问他：中央已决定选一批留学生改行学原子能核动力专业，你愿意改行吗？彭士禄几乎是脱口而出："我当然愿意，只要祖国需要！"请你想想为什么彭士禄几乎是脱口而出："我当然愿意，只要祖国需要！"

三、能级原理

（一）能级原理的含义

"能级"是现代物理学中最重要的观念之一。简单地说，能是指能力，级是指级别。能级就是能力、能量的大小。在管理活动中，人员、机构、组织、法规、方法和奖金等都存在能量大小的问题。能级原理认为，在管理过程中，应建立一个合理的能级标准，使管理内容动态地处于相应的能级中，这样才能充分发挥不同能级的能量，才能获得最佳的管理效益和效率。

（二）正确运用能级原理的要求

（1）确定合理的能级结构，科学设计组织结构。管理者要按照不同管理机构在管理中的地位和作用确定人员和任务，使其能级相称，以保证组织结构具有最好的稳定性。

（2）建立与能级相对应的责权利关系，使处在不同能级上的组织、人员拥有不同的权利，承担不同的责任，享有不同的利益。

（3）保持能级的动态性。一方面，要坚持人尽其才，把不同能力的人安置在能最大限度发挥其才能的工作岗位上。另一方面，要及时发现组织内部人员的能力变化情况，并据此调整他们的工作岗位，使能者升、平者降、庸者下，保持能级的动态性；要建立相应的机制，做到能上能下、能进能出。

互动问题 3-2

人的能力有高低之分，在实际工作中，怎样才能使人与能级相称呢？请结合你了解的企业实际，谈谈在实现能级相称方面的创新做法。

四、系统原理

（一）系统和系统原理的含义

1.系统的含义

系统就是由若干个相互作用、相互依赖的要素结合而成的具有特定功能的有机整体。构成系统的要素叫子系统。自然界和人类社会的一切事物都具有系统的属性，因此在自然界和人类社会中，存在着各种各样的系统，如企业系统、人体系统、植物系统等。

2.系统原理的含义

系统原理是现代管理科学中一个最基本的原理。系统原理认为，在管理工作中，管理者应运用系统的观点、理论和方法对管理活动进行系统分析，以精准实现管理的目标。

系统原理要求人们在研究问题时，既要从整体出发看待部分，又要从部分出发看待整体，进行总体分析、综合治理。系统管理就是把信息、能源、材料和人员等各种资源整合起来，使它们成为一个整体系统。

（二）系统原理的内容

系统具有目的性、整体性、层次性、相关性、环境适应性（动态性）5个基本特性。按照系统的基本特性，在管理实践中，系统原理的内容可以具体化为以下5个方面：

1. 目的性原理

任何系统都有目的性，系统的结构和功能必须有利于其目的的实现。目的性原理要求通过管理，将系统内各种分散的因素转化为有序的、具有一定目标和整体功能的管理资源。

（1）任何系统都有自己的目的性，目的性是区别不同系统的标志。也就是说，不同的系统有不同的目的。

（2）一个系统通常只能有一个总目标，总目标下有子目标；每个系统都有一个目标体系。

（3）子系统的目标必须服从系统总目标的要求。子系统的目标是其母系统目标的一部分，是实现母系统目标的手段。系统的一切活动都必须以实现系统的总目标为目的。

2. 整体性原理

企业是由多个子系统组成的。组织作为一个开放的社会，是由目标与价值子系统、技术子系统、社会心理子系统、组织结构子系统和管理子系统构成的整体。5个子系统之间既相互独立，又相互作用，不可分割，从而构成一个整体。系统的功能是指其整体功能，系统的形象是指其整体形象。

整体性原理主要体现在以下三个方面：

（1）系统的整体功能不等于系统内诸要素功能的简单相加。

（2）子系统的性能好，并不能保证系统的整体性能好。在系统内部，一方面，各子系统要按照一定的规律进行排列，形成一定的层次性；另一方面，各子系统功能的发挥既要重视与其他子系统的配合，又必须服从整体的要求。因此，若想使管理系统发挥最佳的整体效能，就必须建立合理的组织结构及管理制度，提高整个系统的可靠性。

（3）整体性是相对的。坚持从整体角度出发，不能将其片面地理解为从本系统的整体角度出发，而是要从系统所从属的更大系统的整体角度出发。

总之，管理者要善于把握全局，要从组织的全局角度来观察问题、分析问题，即要有整体观念。

3.层次性原理

任何复杂的系统都有一定的层次结构，低一级的系统是它所属的高一级系统的有机组成部分。

在管理系统中，每个层次都有自己的功能和作用，要明确责、权、利。同一层次各子系统之间应按照系统的整体性要求相互联系，只有当它们产生矛盾时，才需要上一层次系统来解决。上一层次系统的任务主要有两个：一是按照系统的功能和目标向下一层次系统发出指令，考核指令执行的结果；二是解决下一层次各子系统之间的矛盾。

总之，管理者若想实现有效管理，必须善于授权，并且要合理确定系统内部各子系统的次序。

4.相关性原理

系统内部各子系统之间是相互联系、相互作用、相互依存的。在系统内部，任何一个子系统的变化都会对其他子系统和整个系统产生影响。企业是由人、物资和其他资源在一定目标下组成的一体化系统，其在成长和发展的同时会受到上述各要素的影响。管理者要保持各要素之间的动态平衡和相对稳定，从而适应情况的变化，实现预期目标。

总之，管理者必须注意系统内部各子系统之间的联系和变化，对任何一个子系统进行调整和改革，都要考虑到其他子系统的反应。

5.环境适应性（动态性）原理

微课 3-1

和谐管理

系统存在于一定的社会环境中，社会环境是一个巨大的母系统，系统功能的发挥离不开社会环境。任何组织都是社会大系统中的一个子系统，组织预定目标的实现不仅取决于组织内部条件，还取决于组织外部条件，如资源、市场、科学技术水平、法律制度等。组织是一个受环境影响，并且反过来影响环境的开放系统，组织只有在与环境的相互影响中取得动态平衡，才能实现预定目标。

五、封闭原理

（一）封闭原理的含义

封闭原理认为，任何一个系统内的管理手段、管理环节和运行机制都必须构成一个连续封闭的回路，这样才能开展有效的管理，即任何一个系统内部的人员、机构、制度、方法、手段、环节和运行机制之间都必须相互制约，形成相互监督的关系，这样才能开展良性的管理活动。

（二）封闭原理的运用

封闭原理要求管理者在管理实践中自觉建立和运用事物间的相互制约关系，在相互制约中推动管理活动良性运转。

（1）建立决策、执行、监督和信息反馈机构，使各机构之间、各项管理活动之间相互制约。

（2）完善规章制度，建立岗位责任制，使责、权、利相结合，使各项工作有法可依、有章可循。

（3）确定管理目标时应考虑到可能的后果，并制定相应的对策，使后果对目标起到制约作用。

总之，管理者在管理过程中运用封闭原理，必须建立健全组织机构，完善规章制度，提高员工的思想和业务素质，以实现管理活动的良性循环。

六、反馈原理

（一）反馈原理的含义

反馈是指控制系统把信息输送出去，然后对返送回来的信息做出判断并进行分析，进而对信息的再输出产生影响并起到控制作用，以实现预定目标的过程。

反馈原理认为，在管理活动中，指挥中心把计划指令等信息输送给执行系统后，要随时对执行系统返送回来的信息做出判断、分析，进而对计划指令等的再输出产生影响并起到控制作用，这样不断循环，才能实现管理的预期目标。

（二）反馈原理的运用

1.建立信息反馈机构

在管理系统中设置专门的信息反馈机构，使其成为决策集团的“眼睛”、“耳朵”和“思想库”。

2.保证信息的灵敏性

反馈得到的信息的价值在于它能及时反映管理对象的实际状态，因此保证信息的灵敏性非常重要。

3.保证信息的准确性

准确性是信息的生命，因此保证信息的准确性也非常重要。

4.保证信息的适用性

组织中管理层次、管理职能、管理目的不同，所需要的信息也不同。管理者要对反馈回来的信息进行筛选，然后根据管理活动的需要，把不同的信息反馈给不同的部门，以提高信息的效能。

总之，管理者在管理过程中运用反馈原理，必须善于捕捉信息，及时反馈，适时进行相应的变革，从而把矛盾和问题解决在萌芽之中。管理的过程应是决策—执行—反馈—再决策—再执行—再反馈……如此不断循环地螺旋式上升，使管理手段或方法不断调整和完善，从而实现管理目标。

七、弹性原理

（一）弹性原理的含义

弹性是指物体受外力作用变形后，在消除外力时能恢复原状的性质。

弹性原理认为，管理活动是一个动态的过程，为了适应客观事物的各种快速变化，一切管理工作都必须保持充分的机动性和灵活性，在管理方法、手段、措施等方面必须保持对环境的适应能力，以适应客观事物的变化，从而实现管理的预期目标。

（二）弹性原理的主要内容

（1）客观事物的变化具有随机性和偶然性。管理者必须能够把握事物的变化规律，必须具有应变的意识、充分的准备和应对能力。

（2）要发挥管理信息系统的作用，提高组织的应变能力。

（三）管理弹性的类型

1.按照其范围的不同，管理弹性可以分为整体弹性和局部弹性

（1）整体弹性。这是指整个组织管理系统的活动对客观环境变化的可塑性和适应能力。管理者在组织运行的所有问题上均应保持弹性。为了实现组织的整体弹性，管理者必须要有更高的素质。

（2）局部弹性。管理者在组织运行的个别环节、个别问题上也应保持弹性，特别是在关键环节上，要留有足够的余地。

2.按照其性质的不同，管理弹性可以分为积极弹性和消极弹性

（1）积极弹性。管理者思想活跃，做事留有余地，从“多一手”上想办法，从灵活应变上下功夫，充分挖掘人的智慧和内在潜力，事前能够认真调查、准确预测，确定可行的目标，既有执行方案，又有备选方案。

（2）消极弹性。这是管理者在管理中必须克服的一种弹性。其特点是：管理者思想保守，做事“留一手”；计划订得较松，把目标压得较低，索要更多资金；被动地适应环境。

（四）弹性原理的运用

（1）系统既要保持整体弹性，又要保持局部弹性，局部弹性要服从于整体弹性。

（2）提倡积极弹性，防止消极弹性。

（3）有效确立组织管理的弹性机制，重视科学调查和预测。

能力分析

1.小组讨论

问题：随着管理对象、管理内容、管理手段和管理环境的变化，管理原理必须要灵活运用。就某一管理原理而言，如果管理对象相同，管理内容、管理手段和管理环境发生变化，管理原理的应用就会出现不同的情况。试说出三种这样的情况。

分析要求：每5～6人组成一个小组进行讨论，详细列出三种以上这样的情况；班级交流，各小组选派代表在班级陈述本组观点；教师对各组陈述的观点进行点评；把经过修改并附有教师点评的各小组分析报告展示在班级本课程平台上。

2.善恶研判

背景与情境：疫情期间实行闭环管理是对疫情风险人员精准管控的一种管理方法。疫情期间实行闭环管理意味着一定范围内的居民小区减少人员流动，出行要测温亮证。

闭环管理是指点对点不与他人近距离接触，包括道路闭环管理、校园闭环管理。实行闭环管理期间，严格控制隔离场所进出非工作人员，严格限制隔离场所进出隔离者；所有隔离对象在观察期间不允许与其他隔离者接触，有必要到集中隔离场所内的公共区域活动的，应当佩戴医用外科口罩，相互间保持一米以上的距离，减少停留时间，尽量不接触公共区域内的物品和设施。闭环管理本来是一项利国利民的防控措施，但在一些地方总有人不愿意接受严格的防控措施，与防控人员和志愿者发生冲突，有些人甚至违反法律，突破道德底线。

问题：1.本案例中存在哪些道德伦理问题？

2.试对上述问题做出你的道德研判。

3.对照教材和网络搜集的资料，说明你的道德研判所依据的管理道德规范。

分析要求：每个学生结合善恶研判案例问题，拟出分析提纲；小组讨论，形成小组善恶研判案例分析提纲；班级交流，各小组选派代表在班级陈述本组善恶研判案例分析提纲的观点；教师对各组陈述的观点进行点评；各小组把经过修改并附有教师点评的善恶研判案例分析报告展示在班级本课程平台上。

能力应用与训练

1.价值引领

背景与情境：杨善洲一辈子忠于党的事业，一辈子全心全意为群众谋利益。改革开放之初，他积极推行农村家庭联产承包责任制，使原来缺粮的保山成为“滇西粮仓”；退休后，他践行“只要生命不结束，服务人民不停止”的诺言，卷起铺盖扎进大亮山植树造林22年，把5.6万亩荒山变成绿洲。他的模范事迹和崇高精神，生动诠释了当代中国共产党人的优秀品格，为党员干部为政、干事、做人树立了一面光辉旗帜。

问题：运用你所学的管理原理分析杨善洲为什么能做到“只要生命不结束，服务人民不停止”。

讨论分析：

个人：每位同学仔细阅读背景与情境资料，查找相关资料，阐释自己对该问题的认知。

小组：5～6名同学为一组，组内交流各自的认知，小组成员共同讨论，形成小组基本观点。

全班：各组推荐1名同学，在全班陈述本组的观点。

老师：结合各组同学的观点进行点评。

2.能力训练

●训练内容：为了调动全班同学学习的积极性，请根据你们学校的相关制度和财务管理规定，设计班级激励制度（针对国家奖学金、国家助学金、三好学生评比）。

●训练目标：

素质目标：通过班级激励制度设计活动，凝聚班级向心力，培养班级文化。

知识目标：通过班级激励制度设计活动，加深同学们对管理原理内容的理解。

能力目标：通过班级激励制度设计活动，提高同学们遵循和应用管理原理的能力。

●训练过程：

（1）请同学们每6人分为一组，认真学习管理原理的相关知识。

（2）讨论目前本班同学的学习状况，分析同学们学习动力不足的原因。

（3）结合国家、学校、班级的管理资源和相关管理制度，设计班级激励制度。

●训练成果：每组设计一份班级激励制度。

●成果评价：设计班级激励制度训练评价见表3-2。

表3-2　设计班级激励制度训练评价表

项目（分值）	评价标准	个人自评（30%）	小组互评（30%）	教师评分（40%）	得分小计（100%）
素养培养（30分）	参与本次班级激励制度设计的积极性较高				
	查阅资料认真，准备工作充分				
	激励制度设计过程中认真细致				
能力提升（20分）	对班级同学学习方面的状况和原因分析准确				
	激励制度正确体现了管理原理的思想和要求				
知识应用（20分）	对管理相关原理的内容理解准确				
	对激励制度设计的相关知识了解清楚				
项目成果展示（30分）	激励制度的展现形式符合制度规范				
	制度排版规范，符合相关制度体例				
	班级激励制度无内容雷同现象				
合计（100分）					

任务二　管理方法

任务目标

素质目标：通过知识学习（互动问题）、能力分析（善恶研判）、能力应用与训练（价值引领）等教学活动，同学们在运用管理方法的过程中能够依据管理情境，合理运用管理方法，正确处理国家、企业和个人之间的关系。

知识目标：通过学习，能够准确地描述经济方法、行政方法、法律方法、教育方法等陈述性内容。

能力目标：通过能力分析、能力应用与训练，同学们能运用管理方法的相关知识分析判断企业管理中的常见问题，并能合理解决这些问题。

能力评估

管理方法认知能力评估见表3-3。

表3-3　管理方法认知能力评估表

序号	评估内容	评估等级				
		非常不同意	比较不同意	一般同意	比较同意	非常同意
1	管理者设计的工作分配方案非常具有吸引力及挑战性					
2	管理者努力对每个人为组织提供的价值给予奖励					
3	管理者对员工的健康承担法律责任					
4	在崇尚公平的组织中，人们更容易获得成功					
5	管理者可以通过提示员工他们的工作多么有趣和重要来帮助员工					

注：能力评估采用五等级量表，选项越靠近“非常同意”项，说明你对管理方法的相关知识了解得越多。

知识学习

管理方法是管理者为实现管理目标、保证管理活动顺利进行所采用的工作方式，是管理原理的自然延伸。管理方法是管理原理指导管理实践的中介和桥梁，是实现管理目标的途径和手段。管理原理必须通过管理方法才能在管理实践中发挥作用。管理要有成效，就需要在遵循管理原则和原理的基础上合理运用管理方法。

一、经济方法

经济方法是指按照客观经济规律的要求，依靠利益驱动，利用经济手段，通过调节和影响被管理者的物质需要而促进管理目标实现的方法。

（一）经济方法的特点

1.平等性

组织和个人具有取得一定利益的平等资格和权利。管理工作要求按照统一的价值尺度来计算和分配利益，运用经济杠杆、签订合同等必须体现平等性。

2.间接性

经济方法通过对与组织或个人有关的利益关系的调整来影响组织或个人的行为，而不是直接干预和控制组织和个人的行为。

3.利益性

经济方法是通过对与人们行为有关的经济利益的调整，来肯定或否定人的行为，以此表明组织提倡什么和限制什么。

4.普遍有效性

经济方法适用于对一切与经营活动有关的组织、个人的管理。

5.灵活性

经济方法的运用形式很多，管理者可以按照不同的管理对象，在不同时期、根据不同情况，灵活运用一种或多种经济方法进行管理。

6.关联性

经济方法在运用中具有关联性，会引起连锁反应。例如，对某一产品价格的调整，会影响相关的生产者、经营者、消费者等的利益，进而影响他们的行为。

（二）经济方法的主要形式

组织管理中采用的经济方法主要有工资、奖金、福利、津贴、罚款、经济合同、经济责任制、承包制等形式。这些方法一般与个人利益有直接、密切的关系，是组织内部调整其成员行为的常用方法。

（三）运用经济方法的基本原则

经济方法的运用有利于把管理对象的物质利益与其劳动成果挂钩，从而激励和调动管理对象的积极性，增强其经济责任意识，提高工作质量，取得良好的经济效益。但是单纯的经济方法也会产生负面作用，所以运用经济方法必须坚持以下基本原则：

1.遵循经济规律原则

经济规律是指在社会经济发展过程中不以人的意志为转移的、客观的、内在的、本质的联系，它是一切经济活动都必须遵循的首要原则。管理者运用各种经济杠杆制定各项经济指标时，必须符合客观经济规律的要求。

2.讲究经济效益原则

经济效益是资金占用、成本支出与生产成果之间的比较。提高经济效益就是以尽量少的劳动耗费取得尽量多的经营成果，或者以同等的劳动耗费取得更多的经营成果。开展经济活动必须讲究经济效益，用科学的经济指标对劳动成果进行评价。

3.奖惩结合原则

奖励与惩罚具有激励与控制双重功能，二者相辅相成，要结合使用才能发挥管理效用。管理者要制定和完善奖惩的原则、条件、种类、方式、程序，以及行使奖惩的权限等内容。

4.经济方法与其他方法相结合原则

经济方法与其他方法应结合使用，这样才能实现各种方法之间的协作性、互补性。经济方法与行政方法相结合，有利于实现直接管理与间接管理相结合、强制性与利益性相结合，提高管理效率；经济方法与法律方法相结合，有利于实现奖励机制与惩罚机制的制度化、规范化，可以防止人为因素的影响；经济方法与教育方法相结合，有利于提高人们的工作积极性，塑造人们爱岗敬业的精神。

二、行政方法

行政方法是一种最古老和最基本的管理方法，是依靠领导者的权力，通过行政命令，直接对管理对象产生影响的方法。行政方法的实质是通过行政组织中的职务和职位来进行管理。行政方法的一般形式是命令、指示、规定等。

（一）行政方法的特点

1. 权威性

权威性是行政方法的核心特点。行政方法具有权威性的原因如下：一是系统内部行政隶属关系的法定性；二是领导者职位、权力产生的法定性；三是领导者产生程序及结果的法定性。此外，领导者的个人素质也是影响领导者权威的重要因素。管理信息的接受率在很大程度上取决于领导者的权威，领导者的权威越高，其下级对信息的接受率就越高。

2. 强制性

权力机构或有权威的组织发出的命令、指示、规定等，对管理对象来说是具有强制性的。行政方法的强制性要求人们在思想上、行动上、纪律上服从统一的意志，但在方法上要做到灵活。行政方法的强制性一般只对特定的管理对象有效。

3. 稳定性

行政方法是一种在特定组织系统范围内适用的管理方法，一切正式的组织机构都具有严密性、目标性和行动统一性。同时，行政方法强有力的调节和控制作用，能够抵抗外部因素的干扰，从而保持组织的稳定发展。

4. 直接性和实效性

行政方法的运用要求直接针对具体的时间、场合、对象、行为。行政方法因管理对象、目的、时间的不同而变化，它往往只对某一特定的时间和对象有用，因此具有一定的时效性。

5. 垂直性

行政命令一般是自上而下，通过纵向直线传达执行的，属于垂直传播，即一个下级只接受一个上级的命令。

6. 艺术性

行政方法的科学运用在一定程度上体现了领导者高超的领导艺术。

（二）运用行政方法的基本原则

1. 依法行政原则

领导者的领导行为必须符合相关法律、法规和条例的规定，要防止滥用行政职权。

2. 统一性原则

在管理活动中，要避免出现多头领导、多头指挥的现象。

3. 协商原则

行政方法具有强制性，这种强制性只限于系统内部，对系统外部的关系则不宜采取强制手段。处理与系统外部组织之间关系最有效的办法就是积极、平等地协商。领导者对内安排工作时，也可运用协商、说服的方法，以取得良好的行政指挥效果。

4.提高行政效率原则

为了提高行政效率，领导者应按照精简、统一、权责利一致等要求，建立完善的内部组织系统。

5.行政方法与其他管理方法相结合原则

行政方法应当与经济方法、法律方法、教育方法等相结合，以取得良好的管理效果。

互动问题 3-3

疫情防控坚持“安全第一、预防为主、综合治理”的方针，构建“分级管理、层层履责、一岗双责、责任到人、横向到边、纵向到底、纵横交错、全面覆盖”的网格化管理模式。结合所学内容，思考疫情防控网格化管理模式中运用了哪些管理方法。请结合实际分析说明。

三、法律方法

法律方法即“法治”，是利用法律手段调整、规范人们的思想和行为的一种管理方法，即对组织成员进行规范导向和规范约束的方法。法律方法依据的法律主要有两类：一是国家、政府部门制定的法律、规定、条例、命令、指示等；二是组织内部的规章制度，如章程、规范、规程等。

实例 3-2　汽车 4S 店劳资方面的法律风险

任何企业都可能存在劳资纠纷的困扰，竞争激烈的汽车销售行业更是如此，人工成本已经成为汽车4S店运营成本的主要部分。由于汽车销售行业已经属于微利行业，因此目前绝大多数汽车4S店都采用底薪加提成制计发销售人员的工资。一些汽车4S店少发甚至不发应当支付的提成工资，从而产生了劳动仲裁、诉讼风险。同时，相对于其他行业，汽车销售行业在人员管理上较为粗糙，在人员的招聘、选用、调动以及解除合同等方面很少严格按照法律、法规办理，也容易产生劳动仲裁、诉讼风险。部分汽车4S店对一些商业秘密保管不善，使商业秘密被离职员工带走，也会产生法律纠纷。此外，《中华人民共和国劳动争议调解仲裁法》的出台、劳动争议仲裁免费、10元诉讼费政策等，又对员工维权起到了极大的推动作用。这些因素都使得汽车4S店的用工成本急剧增加。

资料来源　作者根据相关资料整理而成。

思考：结合你对一些企业的了解以及该案例，分析企业应该如何做才能减少法律风险，请你为相关企业提供两个减少法律风险的建议。

（一）法律方法的特点

1.概括性和规范性

法律具有概括性，是针对所有人而不是针对具体的人制定的，因而可以重复使用，长时间发挥作用。法律使用标准、规范化的语言准确阐明其内容、条文的含义，因而又具有规范性。同时，法律有严格的规范化程序，法律执行者不能按照个人的理解去执行法律。

2.权威性和强制性

法律和各项规章制度是按照一定的程序由具有权威性的国家权力机构制定的，是人人都必须遵守的行为准则，并通过强制力来保证实施，因而具有普遍的约束力。

3.稳定性

法律的制定和修改都有严格的程序，任何人或机构都不能任意变更。保持法律的相对稳定有利于工作连续、人心安定、社会秩序的稳定。

4.明确性和公开性

法律以简洁、严谨的语言文字明确表达管理者的意志，法律制定机关往往通过多种形式向其成员宣传法律。法律的明确性有利于组织成员依法办事；法律的公开性有利于维护法律的公平性，有利于实施法律监管。

（二）法律方法的运用

法律方法有利于实现管理工作的规范化。经济和社会管理的法治化是现代管理必须遵循的原则。在管理实践中，管理者要认真学习相关法律、法规，正确运用法律、法规来维护组织的合法权益。

四、教育方法

教育方法是管理者通过对组织成员进行思想、文化、技能等方面的教育，提高组织成员的素质，实现管理目标的一种管理方法。教育方法是管理的重要方法之一。

（一）教育的内容

1.思想教育

思想教育的内容包括：世界观、人生观、价值观教育；爱国主义、集体主义、社会主义教育；社会公德、职业道德教育；政策、法律教育等。

2.文化、技能教育

文化、技能教育的目的是提高组织成员的文化水平、业务水平及工作能力，保证工作质量。

例如，联想集团非常重视对员工的培训，包括管理培训、技能培训、企业文化培训等方面。对于刚进入联想集团的新员工，人力资源开发与管理部门会为他们安排岗前培训，即将联想的企业精神“拷贝”到员工的潜意识中，将员工的思想行为方式纳入联想的企业文化理念和行为规范中。

（二）教育方法的意义

（1）对组织成员进行教育，有利于提高他们的综合素质，增强他们工作的自觉性，提高他们的工作能力和创新能力。

（2）教育方法充分体现了人本原理培养人、发展人的基本思想，是对人本原理的实践和运用。

（3）教育方法采用疏导、激励的手段，易于被组织成员接受。

（4）教育方法是一种高层次的管理方法，体现了管理者的战略眼光，为组织的长远发展提供了人才保证。

（5）对教育方法的有效运用能增强经济方法、法律方法、行政方法的实施效果，即教育方法为其他方法的有效实施提供了良好的思想环境，使其他各种管理方法、措施更易于推行和实施。

互动问题 3-4

从报纸、杂志或网络上收集有关资料，结合所学的知识，用实例分析组织管理者在目前的社会环境下应如何利用教育方法进行管理。请你帮助管理者提供三点以上的建议。

微课 3-2

企业信息化管理

（三）教育方法的运用

1.教育手段多样化

思想教育的方法主要有讨论方法、说理方法、批评和自我批评等，其反对粗暴的训斥和严厉的惩罚。文化、技术教育的方法主要有集中教学法、现场指导法、小组讨论法、以老带新法，还可以采取“送出去、请进来”的方法。

2.教育方法制度化

教育方法要制度化、持续化，要讲究实效，禁止走过场。

能力分析

1.小组讨论

问题：除了上面所学的管理方法外，实际管理中管理者运用的管理方法还有很多。试列举几种。

分析要求：每5～6人组成一个小组进行讨论，详细列出三种以上其他管理方法；班级交流，各小组选派代表在班级陈述本组列出的管理方法；教师对各组陈述的管理方法进行点评；把各组列出的管理方法展示在班级本课程平台上。

2.善恶研判

背景与情境：星期五上午9：00，某公司会议室内，吴总单独约谈王亮。

吴总：“小王，今天我想和你谈谈你在过去半年中的工作情况，你自我评价如何？”

王亮：“过去半年我的主要工作是领导客户服务团队，为客户提供服务，但是效果不是很令人满意。我们制定了一系列的标准（双手把文件递给吴总），但满意客户数量的增幅仅为55%，距离我们制定的满意客户数量增幅达到80%的目标还有很大差距，因此我对自己的评价是‘合格’。”

吴总："我觉得你们的这项举措很值得鼓励。虽然结果不是很理想，我想可能是因为你们没有征询客户的建议，但想法和方向都没有问题，可以逐步完善。"

王亮："谢谢吴总的鼓励，我们一定继续努力。"

吴总："还有别的吗？"

王亮："在为领导和相关人员提供数据方面，我们做得还是不错的。我们从未提供不正确的数据，其他部门想得到任何数据，我们都会马上送到。"

吴总："你们提供的数据准确性较高，这一点是值得肯定的。但我觉得还存在一些有待改进的地方，比如你们的信息有时滞后，你认为呢？"

王亮："是的，吴总，我会更加努力的。"

吴总："下面我们谈谈你今后需要继续保持和改进的地方，对此你有什么想法？"

王亮："我觉得我最大的优点是比较有创造性，注重对下属的人性化管理，喜欢并用心培养新人；最大的缺点是不太注重及时向上级汇报工作，缺乏有效沟通。我今后努力的方向是做一个优秀的客服经理，培养一支高效的团队，为公司创造更好的业绩。"

吴总："我觉得你还有一个长处，就是懂得如何有效授权、知人善任，需要改进的地方是你在授权后缺乏有力和有效的控制。我相信，你是一个有领导潜力的年轻人，你今后一定会成为公司的中坚力量。"

王亮："好的，谢谢吴总。"

资料来源 作者根据相关资料整理而成。

问题：1.本案例中存在哪些道德伦理问题？

2.试对上述问题做出你的道德研判。

3.对照教材和网络搜集的资料，说明你的道德研判所依据的管理道德规范。

分析要求：每个学生结合善恶研判案例问题，拟出分析提纲；小组讨论，形成小组善恶研判案例分析提纲；班级交流，各小组选派代表在班级陈述本组善恶研判案例分析提纲的观点；教师对各组陈述的观点进行点评；各小组把经过修改并附有教师点评的善恶研判案例分析报告展示在班级本课程平台上。

能力应用与训练

1.价值引领

背景与情境：2022年春季学期中央党校（国家行政学院）中青年干部培训班3月1日上午在中央党校开班。中共中央总书记、国家主席、中央军委主席习近平在开班式上发表重要讲话，总书记强调，年轻干部是党和国家事业发展的希望，必须筑牢理想信念根基，守住拒腐防变防线，树立和践行正确政绩观，练就过硬本领，发扬担当和斗争精神，贯彻党的群众路线，锤炼对党忠诚的政治品格，树立不负人民的家国情怀，追求高尚纯粹的思想境界，为党和人民事业拼搏奉献，在新时代新征程上留下无悔的奋斗足迹。

问题：结合你所学的管理知识分析习近平总书记在开班式上发表重要讲话运用了什么样的管理方法，请思考为什么采用这种方法。

讨论分析：

个人：每位同学仔细阅读背景与情境资料，查找讲话全文，整理自己对该问题的认知。

小组：5～6名同学为一组，组内交流各自的认知，小组成员共同讨论，形成小组基本观点。

全班：各组推荐1名同学，在全班陈述本组的观点。

老师：结合各组同学的观点进行点评。

2.能力训练

●训练内容：熟悉企业经营管理中的相关法律规范。

●训练目标：

素质目标：通过了解企业经营管理中的相关法律规范，提高遵法守法的自觉性。

知识目标：通过了解企业经营管理中的相关法律规范，明确相关法律规范的内容。

能力目标：通过了解企业经营管理中的相关法律规范，能运用法律手段维护企业日常经营活动中的合法权益。

●训练过程：

（1）收集、整理与企业经营管理相关的法律规范。

（2）按要求逐项填写表格内容（每位同学单独完成）。

（3）仔细核对相关内容，结合企业经营管理相关的法律规范对其进行分析研究，形成正式报告。

●训练成果：每位同学独立完成表3-4的内容填写，并撰写一份分析报告。

表3-4　企业经营管理适用法律规范一览表

序号	法律规范名称	颁布时间	颁布机关	规范企业经营管理活动的内容
1				
2				
3				
4				
⋮				

注：“规范企业经营管理活动的内容”可填写企业成立、企业投资、企业运营、企业财务、企业广告、企业劳动管理、企业与供应方、企业与消费者、企业与竞争者、企业与环境、税务等方面的信息。

●成果评价：企业经营管理适用法律规范认知训练评价见表3-5。

表 3-5　　企业经营管理适用法律规范认知训练评价表

项目（分值）	评价标准	个人自评（30%）	小组互评（30%）	教师评分（40%）	得分小计（100%）
素养培养（30分）	参与本次训练的积极性较高				
	查阅、收集法律规范资料认真，准备工作充分				
	收集法律规范资料的过程中认真细致				
能力提升（20分）	法律规范资料整理思路清晰、内容完整				
	对法律规范名称与规范企业经营管理活动的内容说明准确				
知识应用（20分）	对企业经营管理适用法律规范的内容理解准确				
	对法律规范与企业经营管理活动的相互关系了解得较清楚				
项目成果展示（30分）	法律规范展现符合规范				
	排版规范、展示清晰				
	适用的法律规范整理全面				
合计（100分）					

思考与训练

项目三
扫码答题

1. 选择题

□ 单项选择题

（1）人本原理的目标是（　　）。

A. 发展人　　B. 激励人　　C. 尊重人　　D. 关心人

（2）任何系统都是由若干个相互作用、相互依赖的（　　）结合而成的具有特定功能的有机整体。

A. 要素　　B. 子系统

C. 技术系统　　D. 组织结构子系统

（3）封闭原理认为，任何一个系统内的管理手段、环节和运行机制都必须构成一个连续封闭的（　　），这样才能进行有效的管理。

A. 闭路　　B. 环路　　C. 线路　　D. 回路

（4）管理应是（　　）的良性循环过程。

A. 决策—指挥—反馈—再决策—再指挥—再反馈

B. 决策—执行—反馈—再决策—再执行—再反馈

C. 决策—组织—指挥—反馈—再决策—再组织—再指挥—再反馈

D. 决策—组织—领导—反馈—再决策—再组织—再领导—再反馈

（5）管理弹性按其范围的不同可分为（　　）。

A. 积极弹性、消极弹性　　B. 整体弹性、局部弹性

C. 全局弹性、个别弹性　　D. 战略弹性、战术弹性

（6）行政方法的一般形式是（　　）等。

A.方针、政策、规定　　　　B.命令、指示、规定
C.政策、指示、规定　　　　D.命令、指示、政策

(7) 任何系统都具有（　　）5个特征。

A.目的性、整体性、层次性、相关性、环境适应性
B.目的性、整体性、结构性、相关性、环境适应性
C.目的性、整体性、层次性、相关性、开放性
D.目的性、整体性、结构性、相关性、开放性

□ 多项选择题

(1) 人本原理就是以人为本的管理思想，它认为在管理过程中，应以人为出发点和中心，围绕着激发和调动人的（　　）来开展管理活动。

A.主动性　　B.积极性　　C.创造性　　D.创新性

(2) 管理中有三种不同而又相互联系的动力，包括（　　）。

A.物质动力　　B.激励动力　　C.精神动力　　D.信息动力

(3) 做好刺激量的平衡工作是指（　　）。

A.做到刺激量与实际贡献相符　　B.做好不同员工刺激量的横向对比
C.做好每个人心目中预期目标的对比　　D.做好本组织不同时期刺激量的纵向对比

(4) 管理中对反馈的基本要求有（　　）。

A.灵敏　　B.准确　　C.适用　　D.及时

(5) 法律方法的特点包括（　　）。

A.概括性和规范性　　B.权威性和强制性
C.稳定性　　D.明确性和公开性

2.判断题

(1) 人本思想是中国古代管理思想的重要内容。（　　）

(2) 自然界和人类社会的一切事物都具有系统的属性。（　　）

(3) 任何一个系统内部的机构、人员、制度、方法、手段和运行机构之间，都必须相互制约，形成互相监督的关系。（　　）

(4) 法律执行者可以按照个人的理解去执行法律。（　　）

(5) 教育方法是提高组织成员素质、实现管理目标的重要方法之一。（　　）

3.思考题

(1) 在工商企业管理中，必须要以人为本吗？请用实例说明。

(2) 在现代企业管理中，必须要有系统思维的理念吗？用你熟悉的企业实例说明。

(3) 在工商企业管理中必须重视信息反馈，为什么？

(4) 在市场经济环境中，为什么企业必须注重利用法律方法？

(5) 企业中大量的问题需要通过教育方法来解决，你同意吗？为什么？

项目四

管理道德和管理责任

任务一　管理道德

任务目标

素质目标：通过知识学习（互动问题）、能力分析（善恶研判）、能力应用与训练（价值引领）等教学活动，培养同学们认同企业的管理道德，并在实践中运用管理道德规范自己的行为。

知识目标：通过学习，能够准确地陈述管理道德的相关知识。

能力目标：通过能力分析、能力应用与训练，培养同学们用管理道德的相关准则分析企业管理活动中的实际问题，并提出一些改进建议的能力。

能力评估

管理道德认知能力评估见表4-1。

表4-1　管理道德认知能力评估表

序号	评估内容	评估等级				
		非常不同意	比较不同意	一般同意	比较同意	非常同意
1	在申请一份工作时，我不会隐瞒先前不光彩的经历					
2	当老板询问我对他构思中的某创新广告活动的看法时，如果我认为这则广告十分令人厌烦，我会如实说出自己的观点					
3	我不会把别针、信纸等办公用品带回家					
4	当我需要一些时间来处理私人事务时，我不会佯装生病请假					
5	如果没有得到出版商的授权同意，我不会复制使用任何软件					

注：能力评估采用五等级量表，选项越靠近“非常同意”项，说明你对管理道德的相关知识了解得越多。

知识学习

现代企业管理的一个突出特点就是强调以人为中心，现代科学管理认为，在企业的人、财、物等诸要素中，人仍是最重要的因素，是企业的主体。管理道德就是在企业经营管理的重心从物转移到人的过程中应运而生的。管理道德是管理者在开展经营管理活动的过程中调整人与人之间的关系以及个人与企业之间关系的行为规范的总和。管理者必须具备高尚的道德品质。

一、管理道德和管理道德规范

（一）管理道德

道德是一定社会用以调整人与人之间以及人与社会之间关系的行为准则和规范的总和。职业道德是指从事一定职业的人在职业劳动和工作过程中应遵守的与其职业活动相适应的行为规范。

管理道德是在社会一般道德原则的基础上建立起来的特殊职业道德，是管理者行为准则与规范的总和。它通过规范管理者的行为来实现调整管理关系的目的，并在管理关系和谐、稳定的前提下进一步实现管理系统的优化，提高管理效益。管理道德的特殊性主要体现在以下两个方面：

1.规范对象的特殊性

这是指职位、职权是管理者所特有的。管理者是积极主动地承担职位责任还是被动地承担甚至逃避职位责任，是正确地行使职权还是滥用职权甚至以权谋私，都需要通过一定的规范来制约。

2.调整对象的特殊性

这是指管理关系的状况主要取决于管理者，在管理系统结构一定的条件下，管理关系的改善是通过管理者的行为来实现的。所以，管理关系是指管理者与被管理者之间以及管理者之间的特殊职业联系，它不同于一般的社会关系。管理道德的出发点是管理系统的整体利益。例如，在我国，国家利益既是一切管理道德行为的最高准则，也是管理道德的最高标准。

（二）管理道德规范

在我国，管理道德规范的基本内容包括：

1.忠于职守

忠于职守的具体要求是：具有强烈的事业心和责任感，具有创造精神，能够自觉与官僚主义行为做斗争。

2.遵纪守法

遵纪守法的具体要求是：严于律己，为人表率，依法实施管理，尊重人民的基本权利。

3.实事求是

实事求是的具体要求是：重视调查研究，反对主观武断；坚持表里如一，反对弄虚作假；坚持真理，修正错误；作风踏实，与人为善。

4.团结协作

团结协作的具体要求是：服从上级，尊重下级，尊重同事，协调友邻。

5.尊重人才

人才是管理系统的活力之源，尊重人才是管理成功的关键。现代管理者需要具备的一种主要品德就是尊重人才、尊重知识。

二、管理与道德

管理的目的是使组织实现预定目标；管理的精髓是通过沟通与协调，调动人的积极性；道德则内化为人的行为，具有协调、激励、教育的功能。因此，对管理者来说，实践道德是其内在要求，研究道德可以使管理理论更好地指导人们的行为，更好地服务于管理实践。

（一）管理必须注重道德环境

管理的重要任务是对人的管理，而对人的管理并不是简单地用各种规章制度对被管理者进行捆绑和约束。管理工作在考虑物质条件的同时，还必须注意人的精神因素。也就是说，管理工作应该创造一个适宜人们工作和发展的环境，使人们的聪明才智、积极性、创造性得到充分发挥和实现，使人们具有积极的进取心及高昂的士气。这种环境不仅包括政治环境、法律环境、经济环境、社会文化环境、技术环境，而且包括道德环境，即组织中人们思想觉悟、精神状态、道德品质、道德心理、道德信念的培养，以及道德伦理关系的建立等。所以，管理工作不仅要与政治、法律、经济、社会文化、技术等环境相适应，而且要有一个良好的道德环境。

（二）管理主体决定组织的道德环境

管理主体素质的高低，对被管理者有至关重要的影响。管理者的道德信条、道德风范、道德实践，对其追随者或下属会产生导向作用和同化作用。管理者的言传身教、以身作则，可以促进组织良好道德风尚的形成和发展。管理者代表着一种素质层次和境界，其中最重要的素质之一就是道德素质。如果管理者的道德素质低下，那么其职位越高，对组织的危害越大。所以，管理主体必须具有良好的道德风范。

（三）道德是重要的管理手段

在管理工作中，管理者可以运用多种手段，如法律手段、经济手段、行政手段。此外，管理者还可以运用道德手段。道德有调节、教育和激励的作用，因此它本身就是一种管理手段。一个组织可以将一定的道德标准、价值尺度作为自己的行为标准，将一定的道德原则、道德规范作为自己的行动纲领。例如，为了进行有效的管理，国家制定出了各种公约、民约，在各个行业中形成了相应的职业道德规范等。

道德手段与法律手段、行政手段等相比，具有不可替代的特殊功能。从作用方式和效果来看，法律、行政、经济手段属于强制性手段，尽管它们可以取得明显的效果，但它们毕竟是一种外在的力量，往往不能使人心悦诚服地接受。它们在效果上可能造成一种“暂时效应”，一旦组织运行出现“障碍”，已经建立起来的新秩序仍然有被冲破的风险。而道德以良心、社会舆论、传统习惯等形式规范着人们的行为，它通过教育逐步使人们体会什么是善与恶、美与丑、崇高与卑鄙，使人们将道德准则变成自身信念，自觉抵制各种负面效应，从而实现行为的合理化，因此其产生的正能量效果是一种“持久效应”。而且，从调节范围来看，道德手段比法律等手段触及的领域更广。

微课 4-1

管理者必须践行管理道德

（四）道德能调节组织内部关系

道德是使规章制度有效运行并发挥作用的润滑剂。规章制度具有一定的强制性，它能否发挥作用，在很大程度上取决于人们的道德觉悟。另外，规章制度主要面向员工，员工只有乐于接受，才会自觉遵守，这就说明规章制度要以一定的道德力量作为基础。

三、管理道德的内容

（一）组织管理目标的道德

任何管理都是组织的管理，组织管理者的思想道德水平如何，直接关系到管理水平的高低和管理目标能否实现。因为管理者在制定管理目标时，不仅要考虑管理目标的可行性，而且要考虑管理目标的道德性，这样才能使管理目标成为有效的目标。所以，组织管理者为了使其管理目标可行，必须考虑管理目标的道德性。例如，我国实行社会主义市场经济制度，社会主义生产的管理目标是发展生产力，取得最佳的经济效益，与此相适应的道德目标是实现人民群众的共同富裕。

（二）实现组织管理目标手段的道德

手段是为了实现一定目的或目标而采取的一定方法和策略的总和。任何组织管理目标的实现，都要借助一定的手段。而所选择的手段是否正当，即手段是否道德，会直接影响管理目标的实现。在社会主义制度下，管理者为实现其管理目标而选择的所有手段都必须是正当的，都必须符合社会主义道德的要求；坚决反对一些管理者为牟取私利而采取不正当手段的做法，对偷工减料、偷税漏税、走私贩私、制假造劣、哄抬物价、虚假广告宣传等不正当行为必须给予严厉的打击和谴责。

（三）人际关系管理的道德

人际关系管理是组织管理的重要内容。一定组织的人际关系管理，除了取决于组织性质外，还会受到血缘、地缘、业缘等因素的影响，因此这种管理具有复杂性和多样性。特别是在市场经济条件下，会出现个别人滥用等价交换原则、滥用职权等现象，如“人情大于公章”、在经济交往中吃里爬外、“杀熟”等，这些都会使人们感到信用出现危机、道德滑坡。在这种情况下，如何规范人们的交往关系，使人际关系沿着平等、和睦、协调和有序的方向发展，就成为管理道德建设中的一项重要内容。

（四）人事管理的道德

任何组织的管理都是通过人的活动来实施的，因此，如何管理好人、如何用人，不仅要考虑人的知识、经验和能力，而且要考虑人的思想道德素质。中国自古以来一直流传着“人存政举，人亡政息”“天下治乱，往往系于用人”等说法，这些说法虽然不是至理名言，却包含着较为深刻的道理。在我国的社会主义市场经济体制下，我们的用人制度必须重视德的要求，必须坚持德才兼备和知人善任的原则，反对“任人唯亲”“以权谋私”的做法，从而使我们的人事管理科学化、规范化、道德化。

（五）资产管理的道德

资产是实现组织管理目标的物质基础。没有资产的组织根本无法进行经营，也不存在管理。但是，有了资产的组织也不一定能有效实现管理目标，因为资产总是要交给组织机构的人员去掌握和使用的。如果管钱、管物的人连“君子爱财，取之有道”“非我之物勿用”等最起码的道德意识都没有，必然会利欲熏心、贪污挪用、化公为私，进而动摇或削弱组织管理的物质基础。因此，如何规范资产管理人员的行为，加强资产管理方面的道德建设和道德教育，也是管理道德的重要内容。

四、影响管理道德的因素

由于管理者在组织中具有特殊地位，因此管理者的道德对组织的道德具有深刻影响。作为一名管理者，其不仅要有普通人的道德标准，还要有高于普通人的良好道德风范。

（一）管理者的道德发展阶段

研究表明，成功的管理者的道德发展一般经历三个阶段，即前惯例阶段、惯例阶段、规范与原则阶段，每个阶段又包括两个层次。随着道德的发展，个人道德判断变得越来越不依赖外界的影响，个人行为也越来越符合道德规范。管理者的道德发展阶段见表4-2。

（二）管理者道德行为的个人特征

成熟的管理者一般都有相对稳定的价值观和道德规范，这些价值观和道德规范有的来自父母、老师、朋友和其他人，有的来自社会的教化。管理者一旦形成了对正确与错误、善与恶、勤奋与懒惰、公平与偏倚、诚实与虚假等基本信条的认知，也就形成了不同的个人特征。由于管理者具有特殊的地位，因此这些个人特征很可能就转化为组织的道德理念与道德准则。

表4-2　管理者的道德发展阶段

发展阶段	特征描述
1.前惯例阶段	仅受个人利益的影响，按怎样对自己有利制定决策，并根据什么行为方式会导致奖赏或惩罚来确定自己的行为 ①严格遵守规则，以避免受到物质惩罚 ②仅当符合自己的直接利益时方遵守规则
2.惯例阶段	受他人期望的影响，包括遵守法律，对重要人物的期望做出反应，保持对人的期望的一般感觉 ①做周围人期望的事情 ②通过履行自己所赞同的道德准则来维护传统秩序
3.规范与原则阶段	受自己认为什么是正确的个人道德准则的影响，可以与社会准则和法律一致，也可以大不相同 ①尊重他人的权利，支持不相关的价值观和权利 ②遵循自己选择的道德准则

（三）组织结构的设计

科学合理的组织结构可以对组织中的个人道德行为起到明确的指导、评价、奖惩的作用，因而对管理者的道德行为也具有约束作用。

为了使管理者的管理行为符合道德规范，首先，组织要制定合理的规章制度、职务说明和明文规定的道德准则，以降低组织结构的模糊程度，因为“模糊性最小的设计有助于促进管理者的道德行为”。其次，组织要根据内外环境和条件的变化适时调整组织结构，管理层次的设计要有助于各级、各部门管理者的分工与协作，这样才能在组织管理层形成和谐有效的人际关系，才能有效激励管理者的道德行为和道德信念，进而为组织中的成员制定出可接受和期望的行为标准。研究表明，上级的行为对下属在道德或不道德行为的抉择上具有重要影响。再次，组织要有合理的绩效评估办法，要用科学的方法制定出切实可行的评估指标和评估程序。如果仅将成果作为评价标准，则会使组织成员在指标压力面前不择手段，从而使其违反道德的可能性提升。最后，激励的强度和频率，尤其是报酬的分配方式、奖罚的标准是否合理，也是影响管理者道德行为的重要方面。因为其直接与道德的一个重要标准——公正相联系，组织收入分配中的公正程度既关系着人们的道德选择，也关系着人们对道德的信念认同和坚持。

（四）管理者自信心的强度与自我控制的能力

在管理过程中，管理者的谋与断、胆与识应该是统一的。但管理者作为个体，能否把自己的价值认识转化为行动以及在多大程度上转化为行动，是“寡断”还是“立断”，其个性品质中的自信心强度是极为重要的决定性因素。因此，管理者的自信心强度对管理者的道德选择至关重要。实践表明，管理者的自信心强度越高，管理者克制冲动并坚定信念的可能性就越大，也更能坚持自己的判断，去做自己认为正确的事。

自我控制能力实际上就是管理者自我判断、自我决策的能力。控制中心可分为内在控制中心和外在控制中心两个方面。具有内在控制中心的人相信自己能控制和掌握自己的命运，而不依赖环境的力量，这十分有利于其自主道德决策；具有外在控制中心的人不相信自己，听天由命，依赖环境的力量，这对其自主道德决策十分不利。与具有外在控制中心的管理者相比，具有内在控制中心的管理者对自己行为的后果具有责任感，能依赖自己的价值观和道德标准指导自己的行为，较少受组织中其他力量的影响和干扰，从而强化了其整体道德决策力。

（五）管理组织的文化建设

组织的文化建设对管理道德的影响主要体现为两个方面：一是组织文化的内容和性质；二是组织文化的力度。如果一个组织拥有健康和较高的道德标准，那么组织文化的向心力和凝聚力必然会对其中每个人的行为产生很强的控制力。另外，组织文化的力度对管理道德也有很大的影响。在组织文化力量强大的环境中，组织更有可能产生具有较强的控制能力以及风险和冲突承受能力的高道德标准的组织文化；同时，处在这种环境中的管理者更具有进取心和创新精神，更有可能意识到不道德行为会被发现，并且愿意对他们认为不现实或不合意的需要进行自由公开的挑战。相反，在组织文化力量较弱的环境中，即使管理者具有较高的道德标准，当遇到矛盾和冲突时也难以坚持原有的道德准则，从而导致管理者的非道德行为。

（六）道德问题的重要程度

道德问题对管理者的重要程度对管理者的道德选择具有重要意义，这其实是关于管理者对道德评价的重视程度问题。管理者如果比较在意道德评价，认为道德问题很重要，他就会自觉遵守道德规范和道德准则，并且会不断提高自身的道德水平；否则，他就会我行我素。具体来看，道德问题的重要程度主要表现在管理者对以下问题的判断上：

（1）某种道德行为对受害者的伤害有多大或者对受益者的利益有多大？

（2）有多少人认为这种行为是恶劣的或善良的？

（3）行为实际发生并造成实际伤害或带来实际利益的可能性有多大？

（4）在行为及其预期后果之间的时间间隔有多长？

（5）行为的受害者或受益者与你（在社会、心理或物质上）挨得多近？

（6）道德行为对有关人员的影响程度如何？

这6个问题基本上决定了一个人的道德观念。道德问题对管理者越重要，管理者越有可能采取道德行为。但在一定时期，社会上大多数人的管理道德观也会受到外部环境的影响甚至会被改变。

实例4-1　以问题为导向严查快处

2021年3月下旬，一则“广东省湛江市坡头区坡头镇一小学的学生长期在危房上课，村民集资自建教学楼遇阻”的消息引发社会关注。了解到这一情况后，广东省纪委监委立即派出工作组深入一线调查督办。

“村民小组多次提出的在原址新建教学楼的请求，有关部门为何不给予积极回应和引导?”“旧教学楼室内钢筋外露、墙体脱落，明显存在安全隐患，而前年维修为何只修缮外立面，是否在搞形象工程?”在小学现场，面对省纪委监委督办人员的质疑，湛江市坡头区有关部门的工作人员面面相觑，哑口无言。

在广东省纪委监委的督办指导下，湛江市和坡头区纪委监委成立市、区联合调查组，查明坡头区政府、区教育局、坡头镇政府有关人员不担当、不作为，漠视群众诉求、敷衍塞责，未采取措施解决新建教学楼的产权、使用权问题。湛江市纪委监委对3个责任单位8名相关责任人员严肃追责问责，督促协调补办新教学楼的规划报建手续，完善新教学楼捐赠协议签订和学校财产移接等后续工作。

资料来源　陆丽环. 纪检监察机关从“机关、基层”两端发力深挖细查靶向纠治不担当不作为［EB/OL］.［2021-07-28］. https：//www.ccdi.gov.cn/toutiao/202107/t20210728_247017.html。

思考：本实例对你最大的启发是什么？试用三句话来说明。

五、提高管理道德的途径

（一）提高管理者的道德素质

不同的管理者由于生活环境、所受教育的不同而形成了不同的价值观念和道德准则，这些不同的价值观念和道德准则会被管理者带到工作中去，因此会与组织的价值观念和道德准则有相适应或相冲突的地方。同时，每位管理者的道德发展阶段、自信心、自控能力等都是影响管理道德的重要因素，而这些因素其实是管理者道德素质高低的体现。所以，要改善管理道德，就必须提高管理者的道德素质。一方面，担任管理职务具有相当大的职权，职权能否正确运用，在很大程度上取决于管理者的道德素质；另一方面，一个组织的道德水准完全取决于其主要负责人的道德修养。

互动问题4-1

2019年10月，中共中央、国务院印发了《新时代公民道德建设实施纲要》，纲要指出：坚持和发展中国特色社会主义，需要物质文明和精神文明全面发展、人民物质生活和精神生活水平全面提升。中国特色社会主义进入新时代，加强公民道德建设、提高全社会道德水平，是全面建成小康社会、全面建设社会主义现代化强国的战略任务，是适应社会主要矛盾变化、满足人民对美好生活向往的迫切需要，是促进社会全面进步、人的全面发展的必然要求。请结合你熟悉的管理者管理道德情况，说明新时期加强管理道德建设的必要性。

（二）建立恰当的道德准则

道德准则是组织进行决策时采用的重要行为原则。道德准则一般包括以下3方面内容：①做一个可靠的组织公民；②不做任何损害组织的不合法或不恰当的事情；③为顾客着想。道德准则必须具体，能向员工表明他们应以什么样的精神状态工作；同时，道德准则要尽量宽松，允许员工有判断的自由。管理者同组织中的所有成员一样，要强化对组织道德准则的认同，通过建立和严格执行道德准则来规范所有成员的道德行为。

（三）管理者以身作则

要使组织的管理道德准则得到员工的认同与有效执行，管理者尤其是高层管理者必须以身作则。这是因为高层管理者主导了企业的道德方向，在言行方面，他们是导向，是表率，员工以他们的言行作为自己言行的标准。因此，组织中的高层管理者要在道德方面起模范带头作用，要身体力行。如果高层管理者公车私用、挥霍无度，这等于向员工暗示，这些行为是被允许的。所以，领导的不良行为对企业的管理道德标准影响很大。

（四）加强职业道德建设

职业道德建设一般包括两个方面：一是员工的道德建设；二是组织领导者、管理者的道德建设。二者相互联系、相互作用，构成了一个完整的职业道德模式。职业道德教育同科学文化教育一样是终身的，应不断进行。职业道德建设的关键在于提高管理者的道德水平。

职业道德教育的内容包括企业价值观、责任观和良心观的教育。职业道德教育可以启迪员工的心灵，使良好的职业道德转化为员工的内在品质，既有助于员工赢得同事的信任，也能帮助组织赢得顾客及其他机构的信任。

（五）培育组织文化

组织道德与组织文化是相互作用的，加强组织道德建设可以促进组织文化的形成，而组织在培育组织文化的过程中，可以潜移默化地对员工进行职业道德教育。例如，通过组织道德建设改善组织内部人际关系，形成团队凝聚力；通过组织文化的熏陶和潜移默化的影响，可塑造出高素质的员工，使其为组织的发展做出更大的贡献。

（六）综合评价绩效

管理者的工作绩效既包括经济绩效，也包括社会绩效。因此，在评估管理者的工作绩效时，既要有经济成果指标，也要有道德方面的要求，这样才能全面考核管理者；而且，这样才能极大地调动员工履行道德义务的积极性，改善员工的道德行为。例如，在对管理者的年度评价中，不仅要考虑其决策带来的经济后果，还要考虑其决策带来的道德后果。

互动问题 4-2

要评价一个企业管理者的工作绩效，有人认为应评价其经济绩效，有人认为应评价其政治绩效，也有人认为应评价其文化绩效、社会绩效、生态文明绩效。你认为应该怎样评价？

（七）进行严格而独立的社会审计、税务、市场等的监察

如对管理者进行独立审计，可能会发现其不道德行为；同时，由于社会审计具有威慑力，因此可以降低管理者不道德行为发生的可能性。审计可以是例行性的，也可以是随机性的。实践证明，加强社会的各类监督和检察，是改善和提高管理道德的重要手段。

（八）提供正式的保护机制

正式的保护机制可以使那些面临道德困境的员工及时得到指导，在不用担心受到斥责的情况下自主行事。例如，组织可以任命道德顾问，当员工面临道德困境时，其可以从道德顾问那里得到指导。另外，组织也可以建立专门的渠道，使员工能放心举报道德存在问题的人或告发践踏道德准则的人。

能力分析

1.小组讨论

问题：对管理者而言，有人认为管理道德非常重要，有人认为管理道德需要重视，也有人认为只要经济效益好了，管理道德无所谓。通过学习本任务谈谈你的看法。

分析要求：每5～6人组成一个小组进行讨论，详细分析以上三种情况，阐释个人的观点；班级交流，各小组选派代表在班级陈述本组大家接受的观点；教师对各组陈述的观点进行点评；把经过修改并附有教师点评的各小组报告展示在班级本课程平台上。

2.善恶研判

背景与情境：下面是一些搜集竞争对手情报的技术：

（1）获得诉讼案件的复印件，其中可能有不利于竞争对手的文件，这些诉讼案件的复印件中包含了一些惊人的细节。

（2）打电话给市场监管部门，询问是否有投诉竞争对手的记录，如欺骗性的产品宣传或可疑的商业活动等。

（3）假装成记者打电话给竞争对手，问他们一些问题。

（4）复印竞争对手的企业内部文件，并研究这些资料。

（5）购买竞争对手的股票，从而可以得到竞争对手赠送的年度报告和有关信息。

（6）派一些人到竞争对手那里应聘，并嘱咐他们问一些特定的问题。

（7）从竞争对手遗弃的垃圾中寻找相关信息。

问题：1.本案例中存在哪些道德伦理问题？

2.试对上述问题做出你的道德研判。

3.对照教材和网络搜集的资料，说明你的道德研判所依据的行业道德规范。

分析要求：每个学生对善恶研判案例中的几个问题逐一进行分析；小组讨论，形成小组对上述几个问题的善恶研判分析提纲；班级交流，各小组选派代表在班级陈述本组的善恶研判案例分析提纲；教师对各组陈述的观点进行点评；各小组把经过修改并附有教师点评的善恶研判案例分析报告展示在班级本课程平台上。

能力应用与训练

1.价值引领

背景与情境：党的十八大以来，以习近平同志为核心的党中央高度重视公民道德建设，立根塑魂、正本清源，作出一系列重要部署，推动思想道德建设取得显著成效。中国特色社会主义和中国梦深入人心，践行社会主义核心价值观、传承中华优秀传统文化的自觉性不断提升，爱国主义、集体主义、社会主义思想广为弘扬，崇尚英雄、尊重模范、学习先进成为风尚，民族自信心、自豪感大大增强，人民思想觉悟、道德水准、文明素养不断提高，道德领域呈现出积极健康向上的良好态势。

同时也要看到，在国际国内形势深刻变化、我国经济社会深刻变革的大背景下，由于市场经济规则、政策法规、社会治理还不够健全，受不良思想文化侵蚀和网络有害信息影响，道德领域依然存在不少问题。一些地方、一些领域不同程度地存在道德失范现象，拜金主义、享乐主义、极端个人主义仍然比较突出；一些社会成员道德观念模糊甚至缺失，是非、善恶、美丑不分，见利忘义、唯利是图，损人利己、损公肥私；造假欺诈、不讲信用的现象久治不绝，突破公序良俗底线、妨害人民幸福生活、伤害国家尊严和民族感情的事件时有发生。这些问题必须引起全党全社会高度重视，采取有力措施切实加以解决。

问题：结合你所学的管理道德知识，分析目前在企业管理中管理道德实践好的有哪些，哪些方面还需要强化管理道德建设。

讨论分析：

个人：每位同学仔细阅读背景与情境资料，查找相关资料，整理自己对该问题的认知。

小组：5～6名同学为一组，组内交流各自的认知，小组成员共同讨论，形成小组基本观点。

全班：各组推荐1名同学，在全班陈述本组的观点。

老师：结合各组同学的观点进行点评。

2.能力训练

● 训练内容：实地走访企业，也可以从网上收集一些资料，调查了解企业人事、业务等工作中有哪些类型的道德问题。

● 训练目标：

素质目标：通过训练培养同学们在日常管理活动中践行管理道德的自觉性。

知识目标：通过调查活动，进一步加深同学们对企业管理道德内容的理解。

能力目标：通过训练，提升同学们在管理道德对个人、企业管理活动重要性方面的认知能力。

●训练过程：

（1）每位同学认真学习管理道德知识，列出实地调查提纲。

（2）到企业进行实地调查（或通过网络调查），详细了解企业管理中存在的管理道德问题。

（3）针对企业在生产、经营、管理中存在的管理道德问题，分析其产生的原因，了解企业目前采取的解决措施（或拟采取的解决措施），最后撰写调查报告。

●训练成果：每位同学撰写一份企业管理道德问题调查报告。

●成果评价：企业管理道德问题调查训练评价见表4-3。

表4-3　企业管理道德问题调查训练评价表

项目（分值）	评价标准	个人自评（30%）	小组互评（30%）	教师评分（40%）	得分小计（100%）
素养培养（30分）	参与本次调查的积极性较高				
	查阅资料认真，编写提纲准备充分				
	调查过程中认真细致				
能力提升（20分）	调查过程中与人交流、与人沟通的表现良好				
	对管理道德问题存在的现象认知准确，原因、改进建议分析思路清晰				
知识应用（20分）	对管理道德的内涵理解准确				
	对撰写调查分析报告的相关知识了解得较清楚				
项目成果展示（30分）	调查报告展现形式符合规范				
	报告体例规范、展示思路新颖				
	调查报告无内容雷同现象				
合计（100分）					

任务二　社会责任

任务目标

素质目标：通过知识学习（互动问题）、能力分析（善恶研判）、能力应用与训练（价值引领）等教学活动，同学们认同企业的社会责任，并在实践中自觉地践行企业在和谐社会和生态环境建设中的社会责任。

知识目标：通过学习，能够清晰地陈述目前环境下企业社会责任的内容。

能力目标：通过能力分析、能力应用与训练，培养同学们根据社会责任的内容对企业经营中履行社会责任的行为做出基本评价的能力。

能力评估

社会责任认知能力评估见表4-4。

表4-4 社会责任认知能力评估表

序号	评估内容	评估等级				
		非常不同意	比较不同意	一般同意	比较同意	非常同意
1	环境、社会与发展是相互依存的关系					
2	对人的生命和自然界中的其他生命心存敬畏					
3	每一个人与自然环境都是相互依存的关系					
4	人与人之间是一种协调共生的关系					
5	生活方式应具有可持续性					

注：能力评估采用五等级量表，选项越靠近“非常同意”项，说明你对社会责任的相关知识了解得越多。

知识学习

企业既是一个经济组织，又是一个社会组织。为了处理好与各种利益相关者的关系，保证企业的可持续发展，企业必须承担相应的社会责任。企业管理者必须清楚企业应该承担的社会责任的内容。

一、社会责任的内涵

2003年，世界经济论坛对企业的社会责任进行了详细分析，认为其内容包括以下4个方面：

（1）好的企业治理和道德标准，主要包括遵守法律、现存规则及国际标准，防范腐败贿赂。

（2）对人的责任，主要包括员工安全计划、就业机会均等、反对歧视、薪酬公平等。

（3）对环境的责任，主要包括维护环境质量、使用清洁能源、共同应对气候变化和保护生物多样性等。

（4）对社会发展的广义贡献，主要是指对社会和经济福利的贡献，如传播国际标准、向贫困社区提供产品和服务（如水、能源、医疗、教育和信息技术等）。这些贡献可能成为企业核心战略的一部分，成为企业社会投资、慈善或者社区服务行动的一部分。

从企业社会责任的对象来看，企业除了传统的对企业股东负责外，还要承担对企业利益相关者的责任。利益相关者是指企业产品的消费者、员工、供应商、社区民间社团和政府等。企业若想实现可持续经营，仅仅考虑经济因素，仅仅对股东负责是远远不够的，还要考虑环境和社会因素，并承担起相应的环境责任和社会责任。从企业社会责任的性质来看，企业社会责任可分为两个层次：第一个层次是企业必须履行的，第二个层次是社会期望或企业自愿履行的。从企业社会责任的具体内容来看，第一个层次包括社会责任和法律责任，即每个企业的投资者都期望他们的投资有合理的收益，每个企业的雇员都想有一份稳定的收入，每个企业的客户都要求产品质量好、价格公道，要求企业遵守法律规定、遵循游戏规则；第二个层次包括道德责任和慈善责任，即企业无论是否在法律制度的强制下，都要做正确的、公平的、合理的事情，如为员工及其家属建造娱乐设施，支持当地学校建设，支持举办文体活动等。

二、企业应承担的社会责任

（一）对环境的责任

企业社会责任的一个主要方面就是：企业如何处理在给社会创造财富的同时带来的环境污染问题，如何有效保护环境资源。环境的日益恶化对企业的经营管理提出了越来越高的要求。目前，环境污染的类型主要有：

1.大气污染

大气的污染源主要来自汽车等交通工具释放的二氧化碳、工业生产排放的硫化物、不规范的饮食加工方法等。例如，在一些重工业和电厂密集的区域，由于烟尘中的硫化物含量较高，形成酸雨的可能性很大，严重威胁着人们的生命安全。酸雨给社会和企业提出了两难选择：一方面，企业依靠现有技术对废气排放进行控制的成本很高，企业的收益会大大降低，从而直接影响了企业投资的积极性；另一方面，如果社会提出更严格的要求，限制这类企业的开办，那么大量工人会面临失业的危险。

2.水域污染

水域污染主要是指企业和市政部门将工业废水和垃圾倾倒于江河湖泊之中，再加上酸雨的影响，导致水域中的动植物死亡，甚至使人们的生活用水也被污染。为了改变这一情况，我国许多城市投巨资兴建水质净化厂、污水处理厂和垃圾处理厂。尽管如此，情况还是没有得到根本好转，企业和社会依然需要付出巨大的代价来治理污染。最近10多年来，我国珠江三角洲和长江三角洲地区、太湖流域和洞庭湖流域，以及淮河流域与汉水流域，污染触目惊心。水域污染已经引起了社会各界的广泛关注，大规模的反污染治理行动正在展开。

3.土地污染

这方面包括：大规模的农业生产使农产品的产量日益依赖化肥等化学品的使用，导致土壤性状恶化；塑料袋、农用地膜、一次性餐具、塑料瓶等白色垃圾正在成为一种新的土地污染源；废电池等一些固体废弃物对土质的影响也极为严重。

互动问题 4-3

习近平主席在2019年4月28日中国北京世界园艺博览会开幕式上的讲话中提到：绿水青山就是金山银山，改善生态环境就是发展生产力。请谈谈你的认识。

（二）对消费者的责任

从一般意义上说，企业履行对消费者的责任与其履行对环境的责任相比，资本和技术的投入相对较低。只要企业严格遵循生产流程、对质量与标准严格把关以及守法经营，那么与消费者相关的许多问题就可能有效避免或解决。

根据社会公认的准则，企业对消费者的道义责任包括向消费者提供优质、安全、可靠的产品，企业产品的定价公平、合理，以及为消费者提供专业、快捷的售后服务。让消费者满意是企业基本的经营道德准则。全球500强企业的高级主管中有2/3的人认为，产品质量和顾客满意的程度是企业成功的决定性因素。据此可以定义，销售不仅是钱与物的交换，还是生产者与消费者之间的感情交流与沟通。

从法律的角度来说，企业在实现其利益的过程中，必须对消费者的权益给予充分的保障，消费者的权益受法律保护。消费者的权益主要包括：

（1）消费者有权要求企业提供安全、可靠的产品，因此企业必须保证产品设计合理、生产规范、包装完好等。

（2）企业必须向消费者提供关于产品的成分、使用方法、功能、注意事项等方面的说明。

（3）消费者有权向企业提出索赔、换货或退货等要求，企业有义务设立投诉电话，倾听消费者的抱怨和意见，并向消费者做出解释和采取补救措施。

（4）企业必须向消费者做出承诺，保证其产品定价的公平、合理。随着竞争的日趋激烈，竞争对手之间通常会为了自身的利益而制定统一的垄断价格，这样会严重损害消费者的权益。

（三）对员工的责任

不管是在道义上，还是在法律上，企业都必须以公正、公平的态度和行为对待自己的员工。企业对员工的责任贯穿于人力资源管理的各个环节，具体可以概括为以下几个方面：

（1）为员工提供安全的工作场所、舒适的工作环境，保证员工的身心健康。

（2）努力开发和利用企业的人力资源，与员工保持密切的互动，建立和健全在劳动分工基础之上的激励机制，尊重和发挥员工的积极性和主动性。

一些企业经营管理混乱，主要原因是管理者经常忽视员工的正当要求和情绪倾向。例如，员工没有正式的渠道反映情况和提出意见，不知道向哪位领导汇报工作；管理者对员工的工作情况或生活要求漠不关心，管理方式简单，态度专横，致使员工敬而远之等。

（3）企业应确保对员工进行持续性的在岗培训和离岗培训，不断提高员工的工作技能，为他们提供具有挑战性的工作机会，提高他们的参与感和责任感，帮助他们实现人生的价值。

（4）企业应该充分支持工会的工作，保证员工的合法权益得到保护。工会是代表员工利益的组织，是员工参与企业经营管理、实施监督职能的主要渠道。因此，企业管理人员应从企业整体利益和长远利益角度出发，定期或不定期地将企业的财务状况、重大经营事项的行动方案及具体进展情况、企业领导的任免情况等向员工代表公开和汇报，并使之经常化、制度化和规范化。

（5）企业管理者应该廉洁奉公、勤勤恳恳、尽职尽责，保证企业员工有稳定的收入和能够充分展示个人才华的空间。如果企业由于经营管理不善而陷入危机，其员工就会面临失业的危险或不得不另谋职业，这可以说是企业对员工最不负责任的行为。

（6）企业管理者应该具有一种正确的关于企业过去、现在和将来的经营理念，从文化与精神的角度建立和发展健康向上的企业文化机制。这种文化机制应突出“以人为本”的管理思想，具体体现在以下三个方面：

①管理者应时刻把企业的发展问题放在首位，增强全体员工的危机感、责任感。

②形成一种“能人经营、专家管理”的经营管理机制。

③尊重知识，重视人才，提高专业技术人员的待遇，为专业技术人员提供一个正常表达意见、提出建议的渠道。

互动问题4-4

党的十九大报告指出，人才是实现民族振兴、赢得国际竞争主动的战略资源。为什么在今天人才资源这么重要?

（四）对投资者的责任

企业对投资者的责任是指企业必须确保投资者获得经常性收益和资本增值。投资者之所以愿意投资，是因为他们希望获得经常性收益和资本增值。因此，企业应从投资者的切身利益出发，以负责任的态度参与市场开拓和市场竞争。在日常经营活动中，企业对投资者不负责任的行为主要包括以下三种：

1.欺骗性行为

这通常包括向竞争对手非法提供商业秘密以获得非法收入，贪污和浪费企业财产。

2.利用股市进行内部交易

这通常是指向第三方提供可靠的未披露的信息，帮助他人牟取非法所得并从中分利的行为。

3.财务报表不真实

这通常是指企业管理者为了达到某种不可告人的目的，编制虚假财务报表，欺骗投资者。有的企业为了逃税，利用两本账隐瞒实际收入。

（五）对竞争对手的责任

行业自律应该成为企业尊重竞争对手和为行业健康发展做贡献的基本行为准则。

行业自律是市场经济和市场竞争的必然结果，是企业的自觉行为，也是市场有序运作的基本保证。当然，行业自律也要恰当，不能滥用。行业自律能够保证价格机制在一个可以被广泛接受的区间内运行，但是也不要扩大行业自律的使用面，因为优势企业不是靠行业自律的保护长大的，而是市场竞争的最终结果。如果厂商之间人为地制定一些所谓的最低价格或最高价格，必然会损害价格机制的作用。限制价格竞争会导致以下结果：

（1）保护落后，因为在最低价格限制条件下，落后企业也会有利可图。

（2）不利于产业结构调整，因为最低价格保护会强化现有的不适应市场需求变化的工业结构。

（3）不利于优胜劣汰，优秀企业难以通过价格和成本优势扩大市场份额，难以实现规模经济效益。

（六）关心社会公益的责任

微课 4-2

可持续发展理论

关心社会公益属于一种自觉自愿的社会行为，包括为所在社区尽一些义务、向社会慈善机构和公益工程捐助资金或设立基金等。当前，我国经济正处于转型期，慈善事业由政府完全包办的做法已不适应形势发展的需要。基于此，政府和社会机构协作举办慈善事业的格局正逐步形成。

三、影响企业承担社会责任的因素

企业对社会责任的态度会受到各种因素的影响。有些因素是积极的，会增强企业承担社会责任的主观意愿；有些因素则具有一定的消极性，会削弱企业承担社会责任的主观意愿。

（一）促使企业积极承担社会责任的因素

除个人的信仰、伦理观以及价值观外，促使企业积极承担社会责任的因素还有：

1.公众形象

承担社会责任的良好行为有助于企业在公众心目中树立良好的形象。在公众心目中树立良好的形象对企业的好处是多方面的，如销售额上升、能雇用到更好的员工、更容易筹集到资金等。

2.长期利润

良好的社区关系和负责任的行为能为企业赚取更稳定的长期利润。

3.组织系统

社会责任的履行能增强企业的吸引力，从而留住优秀雇员，形成良好的企业文化氛围。

4.规范行为

社会责任中的道德准则能有效约束企业的日常行为，防止企业经营过程中采用非法的、不道德的手段。

（二）阻碍企业承担社会责任的主要因素

1.股东权益

社会公益性举措会减少股东的既得利益，是管理当局对股东不负责任的表现。

2.行为衡量

企业承担社会责任的效果通常难以用确切的指标进行度量，因此企业这一行为的价值不好衡量。

3.成本问题

企业承担社会责任要付出一定的成本，而企业不愿意自己承担这部分成本，这就导致企业最终会以提价的方式将成本转嫁给消费者。

4.权力过大

企业在经济领域内已经拥有很大的权力，若再涉足社会领域，处理社会问题，追逐社会目标，那么企业及其管理者就有可能过度膨胀。

实例4-2　企业的社会责任与商业环境

在法制相对健全的国家，法律、法规比较完善，监督体制健全，企业一旦在履行社会责任方面出现瑕疵，面临的将是社会舆论的谴责、公众信任的丧失和法院的高额罚单。同时，民间维权意识的增强和维权组织的成熟使得社会上形成了强大的监督体系，企业大多不敢冒丧失社会信任的风险。

当前，我国对企业社会责任的要求和约束尚缺乏健全的制度环境。对很多地方政府而言，以社会效益为代价换取地区生产总值的高增长，依然是其执政理念。因此，健全的行政执法和监督机制必不可少，但在政府的引导和社会的支持下，充分发挥民间监督组织的力量，更有特定且无可替代的优势。

资料来源　作者根据相关资料整理而成。

思考：针对上述实例，如果让你提两个问题，你会提什么？

能力分析

1.小组讨论

问题：有人认为企业承担社会责任是其可持续发展的基础，能赢得客户的信赖和政府的支持，能提高运营效率和企业的知名度，能吸引优秀人才。你同意这种说法吗？

分析要求：每5～6人组成一个小组进行讨论，详细总结你们同意的内容和理由；班级交流，各小组选派代表陈述本组观点；教师对各组陈述的观点进行点评；把经过修改并附有教师点评的各小组分析意见展示在班级本课程平台上。

2.善恶研判

背景与情境：张佳发现，他管理的化工厂向附近河流排放的废水标准轻微超过国家相关排放标准，揭露这件事会给工厂带来不利影响，并会影响河流两岸的旅游业，还会引起社会公众的恐慌。要解决公司的排污问题，公司需要花费20多万元，而外界发现排污问题的可能性不大。违反国家法律及相关排放标准的规定不会对他人造成伤害，最多会对河里部分生物的生存造成威胁。

问题：1.本案例中存在哪些道德伦理问题？

2.试对上述问题做出你的道德研判。

3.对照教材和网络搜集的资料，说明你的道德研判所依据的管理道德规范。

分析要求：每个学生结合善恶研判案例问题，拟出分析提纲；小组讨论，形成小组善恶研判案例分析提纲；班级交流，各小组选派代表在班级陈述本组善恶研判案例的分析观点；教师对各组陈述的观点进行点评；各小组把经过修改并附有教师点评的善恶研判案例分析报告展示在班级本课程平台上。

能力应用与训练

1.价值引领

背景与情境：许多企业的CEO凭借他们在企业中的职位，利用委托人给他们的授权及对企业资金与资源的控制，牺牲股东的利益，以满足他们自己的私欲，如包飞机开会、公费国外旅游等。经济学家把这种行为称为岗位消费。除了岗位消费之外，CEO还可能利用他们在董事会的影响力或者对董事会的控制，让董事会薪酬委员会同意给他们提薪，以满足他们增加工资的欲望。1990年，美国CEO的平均收入是蓝领工人平均收入的85倍；近几年，美国CEO的平均收入是蓝领工人平均收入的200倍。企业高层管理者与普通工人之间的工资差距越来越大。令人愤怒的是，某些CEO的综合工资显然与其付出的努力不成正比。

问题：通过阅读上述材料，你发现了什么问题？你认为这些问题该怎样解决？

讨论分析：

个人：每位同学仔细阅读背景与情境资料，查找相关资料，提出自己对该问题的解决方案。

小组：5~6名同学为一组，组内交流各自的方案，小组成员共享信息，形成小组方案，每个小组提出2个以上的问题解决方案（并对方案进行排序）。

全班：各组推荐1名同学，在全班陈述本组的方案。

老师：结合各组同学的方案进行点评。

2.能力训练

● 训练内容：调查企业履行社会责任的情况。

● 训练目标：

素质目标：通过调查了解企业履行社会责任的情况，进一步增强同学们的社会责任感。

知识目标：通过调查了解企业履行社会责任的情况，加深同学们对社会责任内涵的理解。

能力目标：通过调查了解企业履行社会责任的情况，增强同学们对企业践行社会责任的认知能力。

● 训练过程：

（1）请同学们每6人为一组，就下面3类问题实地调查两家企业：

第一类问题：①企业员工遵守健康和安全规定；②员工谦恭、诚实；③员工展示了良好的参与精神和准时观念。

第二类问题：①企业在遵守所有法律、法规的基础上进行商务运作；②反对行贿受贿行为；③遵循所有会计规范和会计控制。

第三类问题：①企业在广告中传达真实的信息；②尽最大努力履行所允诺的义务；③提供高质量的产品和服务。

也可以针对企业在文化建设、社会责任建设、生态文明建设等方面的情况进行调查。

（2）就调查到的问题进行对照分析，注意用事实说话。

●训练成果：每组完成一份企业履行社会责任的调查报告。

●成果评价：企业履行社会责任调查训练评价见表4-5。

表4-5　企业履行社会责任调查训练评价表

项目（分值）	评价标准	个人自评（30%）	小组互评（30%）	教师评分（40%）	得分小计（100%）
素养培养（30分）	参与本次训练的积极性较高				
	查阅资料认真，准备工作充分				
	调查过程中认真细致				
能力提升（20分）	运用企业社会责任知识进行调查				
	运用企业社会责任知识进行对比，分析深刻				
知识应用（20分）	对企业社会责任知识的理解准确				
	对撰写调查报告的相关知识了解得较清楚				
项目成果展示（30分）	调查报告展现形式符合规范				
	排版规范、展示有新意				
	调查报告无内容雷同现象				
合计（100分）					

项目四
扫码答题

思考与训练

1.选择题

□单项选择题

（1）现代管理者应具有的一个主要品德是（　　）。

A.培养人才、尊重技术　　B.培养人才、尊重知识

C.尊重人才、尊重知识　　D.尊重人才、尊重技术

（2）如果一个组织拥有健康的和较高的道德标准，那么这种文化的（　　）必然

会对其中每个人的行为产生很强的控制力。

A.竞争力和向心力　　B.竞争力和创新力

C.竞争力和凝聚力　　D.向心力和凝聚力

（3）职业道德教育的内容包括（　　）。

A.企业价值观、责任观和良心观　　B.企业价值观、责任观和世界观

C.核心价值观、责任观和良心观　　D.核心价值观、责任观和世界观

（4）企业社会责任可分为两个层次，（　　）。

A.第一个层次是对企业外部的责任，第二个层次是对企业内部的责任

B.第一个层次包括企业道德标准和对人的责任，第二个层次是对环境和社会发展的责任

C.第一个层次包括社会责任和法律责任，第二个层次包括道德责任和慈善责任

D.第一个层次包括社会责任和环境责任，第二个层次是对消费者的责任

（5）影响企业承担社会责任的因素包括（　　）。

A.公众形象、长期利润、组织系统、规范行为

B.企业形象、长期利润、组织系统、规范行为

C.企业形象、企业利润、组织系统、规范行为

D.公众形象、企业利润、组织系统、规范行为

□ 多项选择题

（1）在我国，管理道德规范的基本内容包括（　　）。

A.忠于职守　　B.遵纪守法，团结协作

C.敬畏权力　　D.尊重人才，实事求是

（2）自我控制能力实际上就是管理者（　　）的能力。

A.自我判断　　B.自我调节

C.自我控制　　D.自我决策

（3）组织道德准则一般包括（　　）。

A.做一个可靠的组织公民

B.不做任何损害组织的不合法或不恰当的事情

C.为顾客着想

D.管理人员要以身作则

（4）组织关心社会公益的责任包括（　　）。

A.为所在社区尽一些义务　　B.向社会慈善机构捐助资金

C.赞助文化体育事业　　D.向公益工程捐助资金

（5）根据社会公认的准则，企业对消费者的道义责任包括（　　）。

A.向消费者提供优质、安全、可靠的产品

B.企业产品的定价公平、合理

C.为消费者提供专业、快捷的售后服务

D.提供“三包”服务

2.判断题

（1）管理道德的出发点是管理系统的整体利益。（　　）

（2）管理者的道德信条、道德风范、道德实践对其追随者或下属不会产生导向作用和同化作用。（　　）

（3）资产管理人员道德素质的高低与资产的道德风险成正比。（　　）

（4）企业的管理者必须以公平、公正的态度和行为对待自己的员工。（　　）

（5）企业良好的社区关系和负责任的行为能为企业赚取更稳定的长期利润。（　　）

3.思考题

（1）组织管理为什么必须注重道德环境建设？

（2）为什么说道德是重要的管理手段？你是如何理解的？

（3）你是如何理解组织管理目标和手段的道德性的？

（4）环境问题的日益恶化对企业的经营管理提出了哪些要求？

（5）你是如何理解“过度需求”与生态环境恶化之间的关系的？

项目五

计划职能

任务一　决策

任务目标

素质目标：通过知识学习（互动问题）、能力分析（善恶研判）、能力应用与训练（价值引领）等教学活动，同学们在决策过程中能够以国家、社会的整体利益为基本出发点，在兼顾企业、个人利益的同时，考虑决策的社会性。

知识目标：通过学习，能够准确理解决策的含义、决策的分类，掌握基本决策方法。

能力目标：通过能力分析和能力应用与训练，培养同学们熟练运用基本决策方法的能力。

能力评估

决策认知能力评估见表5-1。

表5-1　决策认知能力评估表

序号	评估内容	评估等级				
		非常不同意	比较不同意	一般同意	比较同意	非常同意
1	如果没有足够的证据支持，管理者不会做出决策					
2	在做出决策前，管理者会多方征求意见					
3	每一位管理者做出每一项决策时都有所偏好并且受到情绪影响					
4	在某些情况下，管理者所做出的决策会受到工作伙伴和团队成员的影响					
5	在做决策时，管理者会分析每种决策背后可能存在的风险					

注：能力评估采用五等级量表，选项越靠近“非常同意”项，说明你对决策的相关知识了解越多。

知识学习

决策是企业中做任何事情的第一步，即先要决定做什么，然后才是怎么做的问题。决策是企业最费神同时也是最具风险性的核心管理工作。

一、决策概述

（一）决策的含义

诺贝尔经济学奖获得者赫伯特·西蒙曾经说过“管理即决策”，他把做决策当成管理人员的中心工作。决策工作对管理者尤其是高层管理者来说十分重要。在实际工作中，管理人员必须经常就一些问题做出抉择，如要做什么、由谁来做、何时做、如何做等。这些问题有时候明确，有时候则难以确定，快速准确的决策能力是管理人员必须具备的技能之一。

所谓决策，是指组织或个人为了实现某种目标，从多种可以相互替代的方案中选择一个合理或满意方案的分析、判断过程。从这一概念中，我们可以看出决策有以下4个基本特点：

1.目标性

决策必须有明确的目标。决策是理性行动的基础，行动是决策的延续，目标选择不准和无目标的决策都会导致盲目的行动。

2.选择性

决策必须有两个或两个以上可供选择的方案，如果只存在一个方案，就不存在决策。

3.满意性

选择决策方案应遵循的原则是“满意”或“合理”。由于受决策者认识能力、时间、企业经营状况、外部环境、信息来源、未来状况等方面的限制，决策无法实现最理想的状态，决策的原则只能是“满意”或“合理”。

4.科学性

决策，即通过科学的分析、评价进行优选。一般来说，每个方案都会存在利和弊，必须通过科学、全面、综合的分析判断，才能在多种方案中选择一个较为理想的方案。

互动问题5-1

2021年11月26日，在重庆市沙坪坝区丰文街道文旅城D13地块项目施工中，施工方重庆能强建筑劳务有限公司使用炮机对重庆融创文旅城项目11-2期D13地块3号楼位置旁地面的混凝土进行破碎。破碎过程中，未使用水雾炮等设备进行扬尘控制，也未密闭施工，施工作业点扬尘明显，严重影响到周边群众的生活。沙坪坝区生态环境保护综合行政执法支队对该行为立案，拟对重庆能强建筑劳务有限公司处以1.5万元的罚款，对重庆能强建筑劳务有限公司的主要负责人处以0.5万元的罚款。

资料来源　胡虹. 重庆通报5起涉大气污染综合治理环境违法典型案例［EB/OL］.［2021-12-24］. https：//www.sohu.com/a/511349143_120578424.有删减.

企业在做决策时，会遇到企业利益和社会利益相冲突的情况，这个时候应该如何

决策？结合所学内容回答，也可以和你周围的同学讨论后回答。（从决策的道德层面去考虑答案）

（二）决策的类型

从不同的角度对决策进行分类，有助于决策者把握决策的特点。其常用的分类方法有以下三种：

1.按决策活动的层次划分

按决策活动的层次划分，决策可分为战略决策、战术决策和业务决策。

战略决策是指事关企业大方向，带有全局性、长远性，针对宏观的大政方针所做的决策，如企业方针、目标与计划、技术的引进和改造、组织结构改革等。这类决策主要由企业最高管理者做出。

战术决策又称策略决策，是为了实现战略目标而做出的带有局部性的具体决策，如企业财务决策、销售计划、产品开发方案等。这类决策主要由企业中层管理者做出。

业务决策又称日常管理决策，是企业日常经营活动中有关提高效率和效益、合理组织业务活动等方面的决策。这类决策主要由企业基层管理者做出。

2.按决策信息的可靠程度划分

按决策信息的可靠程度划分，决策可分为确定型决策、风险型决策和不确定型决策。

确定型决策是指各种方案的条件都是已知的，并能较准确地预测它们各自产生的结果，且易于分析、比较和抉择的决策。

风险型决策是指各种方案的条件大部分是已知的，但每个方案的执行都有可能出现几种结果，各种结果的出现有一定的概率，且概率是可以估计出来的，决策结果只能按概率来确定并且存在风险的决策。

不确定型决策与风险型决策类似，是指每个方案的执行都可能出现不同的结果，但各种结果出现的概率是未知的，完全凭决策者的个人经验、感觉和估计做出的决策。

3.按决策的重复性划分

按决策的重复性划分，决策可分为程序化决策和非程序化决策。

程序化决策是指对日常问题做出的决策。这类决策是重复出现的，决策者只需要按照以往处理问题的方法、标准去操作即可。

非程序化决策是指对不经常发生的业务工作、管理工作等例外问题做出的决策，如并购决策、开发新产品决策等。这类决策需要考虑内外部条件的变化及其他因素。决策正确与否，取决于决策者的首创精神、气魄、判断力和决策方法。大多数战略决策属于非程序化决策。

互动问题 5-2

在互联网背景下，手机、电脑上用于学习的App、公众号特别多，如喜马拉雅、樊登读书会、懒人听书等，互联网成为获取知识的一个重要渠道，选择性、创新性学习成为未来学习的一大趋势。这些学习软件对你的学习有什么影响？你目前常用的学习软件有哪些？你是如何做取舍的？

（三）决策的步骤

1.建立目标，明确问题

决策的任务是选择能够实现目标的最有效方案，所以，决策者首先要建立目标。有了目标之后，决策者必须找出问题所在，明确问题的核心，这样才能拟订决策方案，找到最佳决策途径，并通过实施决策去解决问题、消除障碍。

2.分析信息资料

明确了问题以后，如果问题处于现行政策范围或决策者的经验范围之内，就可以着手分析现有的信息资料；如果问题不在现行政策范围或决策者的经验范围之内，就需要收集新的信息并对其进行分析论证。

3.制订备选方案

一般来说，解决问题的方案不止一个，但并非所有的方案都可行。由于方案在实施时会受到技术水平、人力因素、财力因素、政府法令、社会习惯、伦理道德等多种因素的限制，因此在制订备选方案时，必须把这些限制之下不能实施的方案删去，只保留那些可行的方案以备选择。

4.选择方案

这是在两个或两个以上可行方案中做出选择的过程。由于组织的内外部环境一直在变化，因此做出正确的选择并不容易。一个好的决策方案既要保证能达到组织的既定目标，能够最大限度地实现经济效益，又要易于执行。

5.执行和反馈控制

选择的方案只有付诸执行，才会对组织有所贡献，否则与没有决策一样。在实际执行的过程中，不得任意篡改方案内容，否则决策目标将难以实现。

在执行方案的过程中，还可能出现一些新问题，所以决策者必须不断收集实施方案的有关信息，检查方案的效果。如果没有取得预期的效果，则必须及时对方案加以修正。

总之，决策的过程就是目标逐步实现的过程。

互动问题5-3

2022年春季学期中共中央党校（国家行政学院）中青年干部培训班3月1日上午在中央党校开班。中共中央总书记、国家主席、中央军委主席习近平在开班式上发表重要讲话强调，年轻干部要经常对照党的理论和路线方针政策、对照党章党规党纪、对照初心使命，看清一些事情该不该做、能不能干，时刻自重自省，严守纪法规矩。守住拒腐防变防线，最紧要的是守住内心，从小事小节上守起，正心明道、怀德自重，勤掸“思想尘”、多思“贪欲害”、常破“心中贼”，以内无妄思保证外无妄动。

大家对照习近平总书记上面的一段话，谈谈作为一名企业管理者为企业做决策的时候，首先要考虑的问题是什么。

二、决策的基本方法

（一）定性决策法

定性决策法又称主观决策法，是指在决策过程中主要依靠决策者或有关专家的智慧进行决策的方法。决策者运用社会科学的原理并依据个人的经验和判断能力，采取一些有效的组织形式，对企业的经营决策目标、方案的拟订、方案的选择和实施做出判断。定性决策法适用于对受社会、经济、政治等非计量因素影响较大，所含因素错综复杂，难以用准确数字表示的综合性问题的决策。

常用的定性决策法有专家会议法、头脑风暴法、德尔菲法等。

1. 专家会议法

专家会议法是指遵循规定的原则选定一定数量的专家，按照一定的方式组织专家会议，发挥专家集体的智能结构效应，对预测对象未来的发展趋势及状况做出判断的方法。

运用专家会议法时，必须确定专家的最佳人选、最佳人数和专家会议召开的时间。专家小组规模以10～15人为宜，会议时间以20～60分钟为佳。会议提出的设想由分析组进行系统化处理，以便在后续阶段对提出的所有设想进行评估。

专家会议法通过内外信息的交流与反馈，产生“思维共振”，进而将产生的创造性思维用于预测对象，能够在较短的时间内取得富有成效的创造性成果，从而为决策提供依据。

2. 头脑风暴法

头脑风暴法的创始人是美国心理学家奥斯本。头脑风暴法自20世纪50年代开始应用，常用于决策的初级阶段，目的是解决组织中的新问题或重大问题。头脑风暴法一般只用来产生方案，而不是进行决策。

头脑风暴法的特点是倡导创新思维，即针对所要解决的问题，相关专家或人员聚在一起，在宽松的氛围中敞开思路、畅所欲言，形成多种解决方案。会议时间一般为1～2小时，参加者以5～6人为宜。运用头脑风暴法时要注意以下4个问题：

（1）参加者各自发表意见，对他人的建议不做评论。

（2）建议不必深思熟虑，越多越好。

（3）鼓励独立思考、奇思妙想。

（4）可以补充完善已有的建议。

3. 德尔菲法

德尔菲法由美国兰德公司于20世纪50年代初发明，其最早用于预测，后来逐渐推广应用到决策中来。德尔菲法是在专家会议法的基础上发展起来的，它通常的做法是：以匿名的方式通过几轮函询征求专家们的意见，组织决策小组对每一轮的意见进行汇总整理，作为参照资料再发给每一位专家，供专家们分析判断，提出新的意见。如此反复，专家们的意见渐趋一致，最后得出结论。德尔菲法的实施过程大致如下：

（1）编写决策提纲。

（2）选定决策专家。

（3）征询专家意见。

（4）修改决策意见。

（5）确定决策结果。

（二）定量决策法

定量决策法是应用数学模型，借助电子计算机优选决策方案的决策方法。常用的定量决策法有确定型决策方法、风险型决策方法和不确定型决策方法。

1.确定型决策方法

确定型决策方法是根据已知条件，直接计算出各个可行方案的损益值，然后比较其损益值，最后确定最优方案的方法。

例如，企业加工某种产品，可以安排在甲、乙、丙3个车间进行，但3个车间的效率不同。甲车间完成加工任务需要7小时，乙车间需要7.5小时，丙车间需要6.5小时。显然，从加工时间角度选择丙车间为最优方案。

2.风险型决策方法

当一个决策方案对应两个或两个以上相互排斥的自然状态，每一种自然状态都以一定的可能性（概率）出现，并且概率及每种自然状态下的损益值都可以估计出来时，决策者就可以采用风险型决策方法。

风险型决策的标准是期望值，即选择期望值最大的方案；但是当决策指标为成本时，应选择期望值最小的方案。一个方案的期望值是该方案在各种可能状态下的损益值与其对应的概率的乘积之和。期望值决策既可用表格表示，也可用树状图表示。其中，用树状图表示的方法称为决策树法。下面以决策树为例说明风险型决策方法的应用。

决策树是由决策节点、方案枝、状态节点和概率枝4个要素组成的树状图，如图5-1所示。

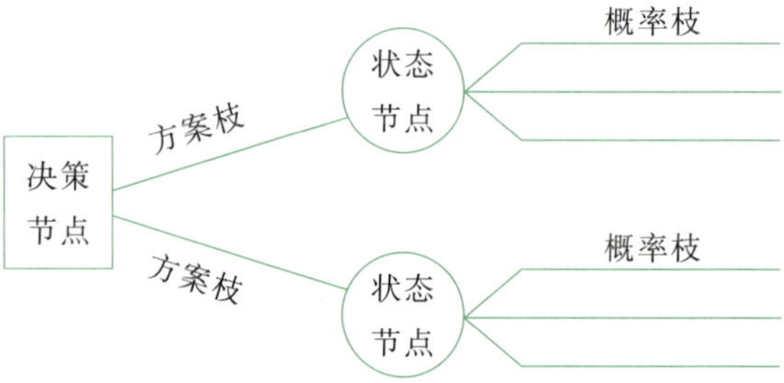

图5-1　决策树图

决策树以决策节点为出发点，引出若干个方案枝，每一个方案枝的末端是一个状态节点，状态节点后引出若干个概率枝，每一个概率枝代表一种状态，这样自左向右层层展开，便可得到形如树状的决策树。决策树法的决策程序如下：

（1）绘制决策树。图形自左向右层层展开，根据已知条件列出各个方案的各种自然状态。

（2）将各种自然状态的概率标于概率枝上，将损益值标于相应概率枝的右侧。

（3）计算各个方案的期望值并将其标于该方案对应的状态节点上。

（4）进行“剪枝”。比较各个方案的期望值，将期望值小的（即劣等）方案“剪掉”，用“//”标于方案枝上。

（5）“剪枝”后剩下的方案即最佳方案。

例如，某工厂针对是建造一座大厂还是小厂来生产新型产品进行决策。产品期望的市场寿命为12年，建大厂及小厂的投资成本分别是200万元和30万元。工厂对12年间销售状况偏差分布的最佳估计为：大量需求的概率为0.5；中等需求的概率为0.3；小量需求的概率为0.2。工厂还对量本利做了分析，研究了在各种组合下的损益值，见表5-2。

表5-2　损益值表

自然状态及概率	方案	年损益值（万元）	经营年限（年）
大量需求（0.5）	建大厂	100	12
	建小厂	25（包括大量需求条件下生产能力不足的机会损失）	12
中等需求（0.3）	建大厂	60	12
	建小厂	45（包括机会损失）	12
小量需求（0.2）	建大厂	-20（小量需求条件下出现剩余生产能力）	12
	建小厂	50（包括机会损失）	12

第一步，绘制决策树，并将各种自然状态的概率标在概率枝上，将损益值标于相应概率枝的右侧，如图5-2所示。

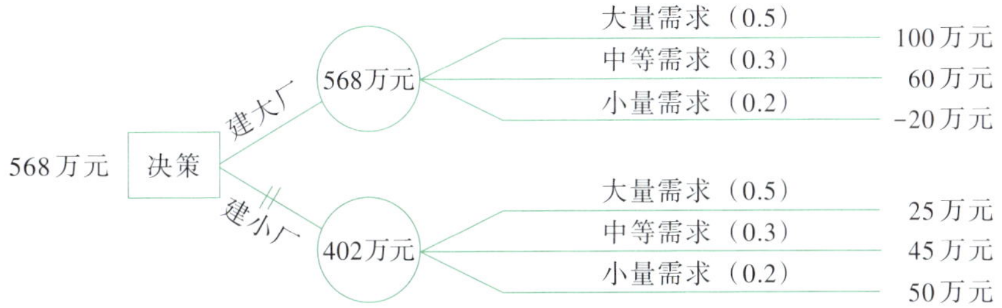

图5-2　建大厂或小厂的决策树图

第二步，分别计算建大厂和建小厂的期望值，并将其标于对应的状态节点上。

期望值=$\sum$(损益值×概率)×经营年限－投资额

建大厂的期望值=（100×0.5+60×0.3−20×0.2）×12−200=568（万元）

建小厂的期望值=（25×0.5+45×0.3+50×0.2）×12−30=402（万元）

第三步，进行“剪枝”。经比较，建大厂的期望值大于建小厂的期望值，因此舍弃建小厂的方案。

第四步，确定建大厂为最佳方案。

3.不确定型决策方法

当未来各种自然状态发生的概率无法确定时，决策者就可以采用不确定型决策方法，这时的决策完全取决于决策者的经验和估计。在进行这种决策时，选择最佳方案的原则有悲观原则、乐观原则、最大最小后悔值原则、乐观系数原则（折中原则）和等可能性原则等。

例如，有5个方案A1、A2、A3、A4、A5，它们分别有4种自然状态θ1、θ2、θ3、θ4，这些自然状态发生的概率无法确定，5个方案的损益见表5-3。试用悲观原则、乐观原则、最大最小后悔值原则选择最佳方案。

表5-3 各方案损益表

方案	自然状态			
	θ1	θ2	θ3	θ4
A1	4	5	6	7
A2	2	4	6	9
A3	5	7	3	5
A4	3	5	6	8
A5	3	5	5	5

（1）运用悲观原则选择最佳方案

悲观原则又称小中取大法，这种方法的思想基础是不愿冒风险，因此从保险和稳妥的立场出发做决策，着眼于收益或损失不能超过一定的限度，即从各个方案中选取一个损失最小的方案作为决策方案。其步骤如下：

第一步，确定每个方案在各种自然状态下的最小损益值。

Min［A1（4，5，6，7）］——4

Min［A2（2，4，6，9）］——2

Min［A3（5，7，3，5）］——3

Min［A4（3，5，6，8）］——3

Min［A5（3，5，5，5）］——3

第二步，在这些最小损益值所代表的不同方案中选择一个损益值最大的方案为备选方案。

Max［Min（4，2，3，3，3）］——4

因为最大损益值4所对应的方案是A1，所以选择方案A1。

（2）运用乐观原则选择最佳方案

乐观原则又称大中取大法，这种方法的思想基础是对未来的自然状态持乐观态度，因此做决策时着眼于最有利的结果，即哪种方案收益最大就选哪种方案。其步骤如下：

第一步，确定每个方案在各种自然状态下的最大损益值。

Max［A1（4，5，6，7）］——7

Max［A2（2，4，6，9）］——9

Max［A3（5，7，3，5）］——7

Max［A4（3，5，6，8）］——8

Max［A5（3，5，5，5）］——5

第二步，在这些最大损益值所代表的不同方案中选择一个损益值最大的方案为备选方案。

Max［Max（7，9，7，8，5）］——9

因为最大损益值9所对应的方案是A2，所以选择方案A2。

（3）运用最大最小后悔值原则选择最佳方案

最大最小后悔值原则又称大中取小后悔值法。当某种自然状态出现时，明确了哪个方案是最佳的，也就知道了最大损益值。如果决策者当初并未采取这一对应方案，而是采取其他方案，他就会感到后悔。最大损益值与所采取的方案的损益值之差称为后悔值，选择最小的最大后悔值方案作为最佳方案。其步骤如下：

第一步，找出各种自然状态的最大损益值。

θ1——5

θ2——7

θ3——6

θ4——9

第二步，用各种自然状态的最大损益值分别减去各方案的损益值，即可得到后悔值，见表5-4。

表5-4　后悔值表

方案	自然状态				max
	θ1	θ2	θ3	θ4	
A1	1	2	0	2	2
A2	3	3	0	0	3
A3	0	0	3	4	4
A4	2	2	0	1	2
A5	2	2	1	4	4

第三步，找出每个方案的最大后悔值。

A1——2

A2——3

A3——4

A4——2

A5——4

第四步，在各个方案的最大后悔值中选择最小的最大后悔值所对应的方案作为决策方案。

A1——2

A4——2

由上可知，应选择方案A1或A4作为决策方案。

能力分析

1.小组讨论

要求同学们提前收集华为公司近几年研发投入方面的有关资料。

问题：对华为的研发投入进行横向、纵向的对比，分析华为这样做决策的原因。

分析要求：每5～6人分成一个小组进行讨论，形成小组观点。各小组选派代表在班级陈述小组观点，教师对各小组的观点进行点评，把经过修改并附有教师点评的小组讨论成果展示在班级课程平台上。

2.善恶研判

背景与情境：某大公司准备以高薪聘请一名小车司机，经过层层筛选和考试之后，只剩下三名技术最优良的竞争者。

主考官问他们："悬崖边有块金子，你们开着小车去拿，觉得距离悬崖多近而又不至于掉落呢?"

"两米。"第一位说。

"半米。"第二位很有把握地说。

"我会尽量远离悬崖，越远越好。"第三位说。

结果，这家公司录取了第三位。

资料来源　作者根据相关资料整理而成。

问题：1.本案例中主考官为什么做出了录取第三位的决定？试对主考官的决定做出道德研判。

2.对照教材和平时的知识积累，说明你的道德研判所依据的道德规范。

分析要求：每个学生结合善恶研判案例问题，拟出分析提纲；小组讨论，形成小组善恶研判案例分析提纲；班级交流，各小组选派代表在班级陈述本组善恶研判案例分析提纲的观点；教师对各组陈述的观点进行点评；各小组把经过修改并附有教师点评的善恶研判案例分析报告展示在班级本课程平台上。

能力应用与训练

1.价值引领

背景与情境：2022年3月份以来，新冠肺炎疫情在我国呈多点散发态势，阳性感染者数量逐渐增多，尤其是吉林省，成为疫情最严重的省份之一。3月17日凌晨2点，当得知急需500名抗疫志愿者时，吉林辽源某高校护理专业的学生踊跃报名，500个名额很快被一抢而空。很多学生报名时说："看到家乡吉林省的疫情如此严重，身为当代大学生，我们愿意在这危急时刻，付出绵薄之力；我们自愿值守最危险的岗位，有危险我们先上，有困难我们来扛。"据该校老师介绍，凌晨5点多，学生们都已经准备好了；6点多，学校进行统一安全培训，以确保他们能够安全地完成市民的核酸采样工作。

问题：同学们的表现让每个人感动、泪目，大家看到这样的事例有何感想？

讨论分析：

个人：作为新时代的大学生，如果要第一时间做出这样的选择，你会犹豫吗？其实做出选择不难，比较难的是后面的坚持，工作量会很大，压力也会很大，这是对每个人的考验。经历过这样的考验之后，会有哪些收获？

小组：5～6名同学为一组，每位同学都要发表自己的看法，小组成员互相交流，形成小组观点。

全班：各组抽选1名同学，在全班表述本组的观点。

老师：对各位同学的发言进行点评。

2.能力训练

●训练内容：向某位有兴趣成为创业者的人士提供咨询服务，并记录下他进行理性决策分析的过程。

咨询服务的内容包括：

（1）找出商业机会。

（2）确定希望实现的经营目标。

（3）衡量每个经营目标的重要性。

（4）列出几项可能的行动措施。

（5）根据经营目标对各项行动措施进行评估、分级。

（6）为创业者提供最优行动建议。

请与你的同学们分享这次能力训练的评估过程以及最优行动建议。

●训练目标：

素质目标：通过为创业者设计最优行动方案，培养同学们理性思考、有条理分析问题的素养。

知识目标：通过为创业者设计最优行动方案，加深同学们对决策具体内容的理解与掌握。

能力目标：通过为创业者设计最优行动方案，提高同学们在现实生活中的决策能力。

●训练过程：

（1）5名同学为一组，认真学习决策的相关知识；由其中1位同学扮演有创业意向的创业者，其他4位同学扮演咨询人员。

（2）讨论分析目前的商业机会，并制定几项行动措施。

（3）根据主客观条件给出最优行动建议。

●训练成果：每组撰写一份关于最优行动建议的文字报告。

●成果评价：创业方案策划训练评价见表5-5。

表 5-5 创业方案策划训练评价表

项目（分值）	评价标准	个人自评（30%）	小组互评（30%）	教师评分（40%）	得分小计（100%）
素养培养（30分）	参与本次训练的积极性较高				
	调查分析认真，准备工作充分				
	完成任务认真细致				
能力提升（20分）	对商业机会的分析全面、把握准确				
	最优行动建议具有可操作性				
知识应用（20分）	对决策知识理解准确				
	对撰写文字报告的相关知识了解清楚				
项目成果展示（30分）	文字报告的展现形式符合规范				
	报告撰写规范清楚				
	文字报告无内容雷同现象				
合计（100分）					

任务二 计划

任务目标

素质目标：通过知识学习（互动问题）、能力分析（善恶研判）、能力应用与训练（价值引领）等教学活动，培养同学们制订生活、学习、工作计划并长久坚持遵照执行的习惯，逐渐拥有做人、做事必须具备的优良品质。

知识目标：通过知识学习，能够准确陈述计划的含义、分类，掌握计划制订的方法等陈述性知识。

能力目标：通过能力分析和能力应用与训练，培养同学们熟练制订常见计划的能力。

能力评估

计划认知能力评估见表 5-6。

表 5-6　　计划认知能力评估表

序号	评估内容	评估等级				
		非常不同意	比较不同意	一般同意	比较同意	非常同意
1	在团队工作中，管理者会描绘愿景、指导下属工作					
2	企业如果缺乏清晰的战略计划，会处于竞争的劣势地位					
3	在分析战略计划时，管理者会将进军新业务的成本考虑在内					
4	管理者在制订企业的战略计划时，一定会想到执行中所需的关键行动和支持行动					
5	计划会提高做事情的效率并且增强约束力					

注：能力评估采用五等级量表，选项越靠近“非常同意”项，说明你对计划的相关知识了解越多。

知识学习

决策者从多种方案中选出合理方案后，接下来要做的就是落实这些方案。为了实现决策所确定的目标，企业必须编制详细的实施计划，计划使决策方案的实施过程更具体化。计划旨在为决策所确定的任务和目标提供一种合理的实现方法。

一、计划的基本知识

（一）计划的含义

“计划”一词既可以作动词理解，又可以作名词理解。

1.作动词理解

“计划”作动词理解，反映了一种思考行为或程序，是指一项具体的工作。它有广义和狭义之分。

广义的计划是制订计划、执行计划和检查计划执行情况三个紧密衔接的工作过程，就是把管理活动纳入一个全面计划的过程中；狭义的计划就是指制订计划，即通过科学预测，权衡客观的需要和主观的可能，提出组织在未来一定时期内要达到的目标以及实现目标的途径和方法。

管理学中所讲的“计划”通常都是指狭义的计划。

2.作名词理解

“计划”作名词理解，是指用文字、符号和指标等形式表述的，组织在未来一定时期内关于目标和行动方案的管理文件。这里的计划是一系列计划工作之后的成果，也就是通常所说的计划书。计划书的内容常用“5W1H”来表示。

（1）做什么（what）。这是指组织在未来一段时间内的经营活动内容及要求。以生产企业为例，计划通常包括拟定生产产品的品种、数量、生产进度、销售额增长率等。

（2）为什么做（why）。这是指计划工作的原因和目的。其统一组织各个层次的行动，使各个层次都有明确的目的，从而提高组织的运行效率。

（3）何时做（when）。这是指计划中各项工作的开始时间和完成时间，以便对组织资源进行合理安排。

（4）何地做（where）。这是指在了解计划实施的环境和限制条件的基础上，规定计划实施的地点和场所，以便合理安排计划实施的空间。

（5）谁去做（who）。这是指组织中各个部门的职责，即规定每个阶段的工作由哪些部门完成，哪些部门应当协助。

微课5-1

为何要制订计划

（6）怎么做（how）。这是指通过制定相应的措施对组织的资源进行合理分配和使用，以便实现组织目标。

不难看出，动态的计划是一个过程，即一个由一系列工作构成的活动过程；静态的计划则是这一过程的结果。也就是说，前者是产生后者的原因，后者是前者的结果。

互动问题5-4

你在学习过程中是否做过计划？有计划或没计划对你有什么影响？

（二）计划的类型

计划是对未来行动的安排，按照不同的角度，计划可以分为不同的类型。

1.按组织层次分

按照组织层次的不同，计划可以分为高层管理计划、中层管理计划和基层管理计划。

高层管理计划着眼于组织整体的、长远的安排与定位；中层管理计划着眼于组织内部各个组成部分的定位和相互关系的确定；基层管理计划着眼于每个岗位、每个人员、每段时间具体工作的安排和协调。

2.按时间跨度分

按照时间跨度的不同，计划可以分为短期计划、中期计划和长期计划。

短期计划一般指1年之内的计划，它具体规定组织的各个部门在最近的时段中应该从事何种活动；长期计划一般在5年以上，它描述组织在较长时间内的发展方向和经营方针，规定组织在较长时间内应达到的目标和要求；中期计划介于前面二者之间。

3.按明确程度分

按照明确程度的不同，计划可以分为具体计划和指导性计划。

具体计划是指具有明确目标的计划，不存在模棱两可的情况；指导性计划只规定一般的方针和行动原则，指明重点，但不会把管理（者）限定在具体的目标和特定的行动方案上。

（三）计划的程序

任何计划工作都要遵循一定的程序或步骤。虽然小型计划比较简单，大型计划比较复杂，但是管理人员在编制计划时，其工作步骤都是相似的。具体来说，计划的程序如下：

1.认识机会

认识机会先于实际的计划工作，严格来讲，它不是计划的一个组成部分，但它却是计划工作的真正起点。因为它预测到了未来可能出现的变化，发现了组织发展的机会，弄清了组织的优势、弱点及所处的地位，认识到了组织利用机会的能力，了解了不确定因素可能对组织造成的影响等。

2.确定目标

这一步是在认识机会的基础上，为整个组织及其所属的下级单位确定目标。目标是指期望取得的成果，它为组织整体、各部门和各成员指明了方向，描绘了组织未来的状况，并且可以作为标准来衡量组织的实际绩效。计划的主要任务就是对组织目标进行层层分解，以便落实到各个部门、各个活动环节中，形成组织的目标结构，包括目标的时间结构和空间结构。

3.确定前提条件

所谓前提条件，是指计划工作的假设条件，即计划实施时的预期环境。负责计划工作的人员对计划的前提条件了解得越细、越透彻，越能始终如一地运用它，则计划工作越协调。

按照组织内外环境的不同，计划工作的前提条件可以分为外部前提条件和内部前提条件两种；按照可控程度的不同，计划工作的前提条件可以分为不可控的前提条件、部分可控的前提条件和可控的前提条件三种。外部前提条件大多是不可控的和部分可控的前提条件，而内部前提条件大多是可控的前提条件。不可控的前提条件越多，不确定性就越大，就越需要通过预测工作确定其发生的概率和影响程度的大小。

4.拟订可供选择的行动方案

“条条大路通罗马”，这说明实现某一目标的方案很多，但是方案也不是越多越好。编制计划时没有可供选择的合理方案的情况是不多见的，更常见的情况是减少可供选择的方案的数量，以便把主要精力集中在对少数最有希望的方案的分析上，从而得到最佳方案。

5.评价可供选择的方案

在找出了各种可供选择的方案并分析了它们的优缺点后，下一步就是根据前提条件和目标对可供选择的方案进行评价。评价实质上是一种价值判断，它一方面取决于评价者所采用的评价标准，另一方面取决于评价者对各个标准所赋予的权重。例如，有的方案看起来可能是最有利可图的，但是需要投入大量资金，而且回收资金很慢；

有的方案看起来可能获利较少，但是风险也较小；有的方案从眼前看没有多大的利益，但可能更适合组织的长远目标。多数情况下，某项计划工作有很多可供选择的方案，并且有很多应考虑的可变因素和限制条件，因此对这些方案的评价会极其困难。评价可供选择的方案要注意以下几点：

（1）认真分析每个方案的制约因素和隐患。

（2）要用总体的效益观来衡量各个方案。

（3）既要考虑到每个方案有形的、可以用数量表示出来的因素，又要考虑到无形的、不能用数量表示出来的因素。

（4）要动态地考虑方案的效果，不仅要考虑执行方案所带来的利益，还要考虑执行方案有可能遭受的损失，尤其要注意那些潜在的、间接的损失。

6.选择方案

这是在前五步工作的基础上做出的关键一步决策，也是决策的实质性阶段。在这一阶段可能遇到的情况是，存在两个以上可取方案。在这种情况下，必须确定首选哪个方案，同时对其他方案进行细化和完善，将其他方案作为备选方案。

7.制订派生计划

基本计划还需要派生计划的支持。例如，一家公司在年初制订了“当年销售额比上年增长15%”的销售计划，与这一计划相关联的计划还有许多，如生产计划和促销计划等。所以，组织还要认真制订派生计划，以保证整个计划的实现。

8.编制预算

计划工作的最后一步就是把计划转变成预算，使计划数字化。编制预算的目的：一方面，使计划的指标体系更加明确；另一方面，使组织更易于对计划的执行进行控制。

互动问题5-5

2022年3月18日下午，江苏省生态环境厅印发《省生态环境厅2022年推动碳达峰碳中和工作计划》。按照该计划，2022年，江苏省生态环境厅将编制《江苏省减污降碳协同增效实施方案》，方案中会特别强调协同推进大气污染防治、水环境治理、土壤污染治理、固体废物处置等领域的工作，并加强甲烷排放管控，强化生态环境准入管理。为了生态环境的改善，相关企业的利润会有很大影响。

请大家谈谈对江苏省出台并执行《江苏省减污降碳协同增效实施方案》的看法。

二、计划的方法

（一）滚动计划法

滚动计划法是一种将短期计划、中期计划和长期计划有机结合起来，根据近期计划的执行情况和环境变化，定期修订未来计划并逐期向前推进的方法。在制订长期计划时，我们很难准确预测未来影响经济发展的各种变化因素，并且随着计划期的延长，不确定性会越来越大，如果机械地按照原计划执行，就可能会脱离实际，从而造成严重的损失。滚动计划法采用近细远粗的方法制订计划，可以有效避免不确定性带来的不良后果。

1.滚动计划法的步骤

（1）根据前一期计划的执行情况和客观条件的变化，将近期的详细计划和远期的粗略计划结合在一起，制订近期计划。

（2）近期计划完成后，根据近期计划的执行情况和新的环境变化逐步细化并修正远期计划，将计划期向前延伸一段时间，使计划不断地向前滚动。

2.滚动计划法的特点

（1）计划期分为若干个执行期。近期计划应制订得详细、具体，它是计划的具体实施部分，具有指令性；远期计划应制订得粗略笼统，它是计划的准备实施部分，具有指导性。

（2）计划执行一段时期后，就要根据实际情况和客观条件的变化，对以后各期计划的内容进行适当的修改、调整，并向前延伸至下一个执行期。

例如，某公司在2016年年底制订了2017—2021年的5年计划。如果采用滚动计划法，到2017年年底，就要根据2017年计划的实际完成情况和客观条件的变化，对原先制订的5年计划进行必要的调整和修订，并在此基础上编制2018—2022年的5年计划，依此类推，具体情况如图5-3所示。

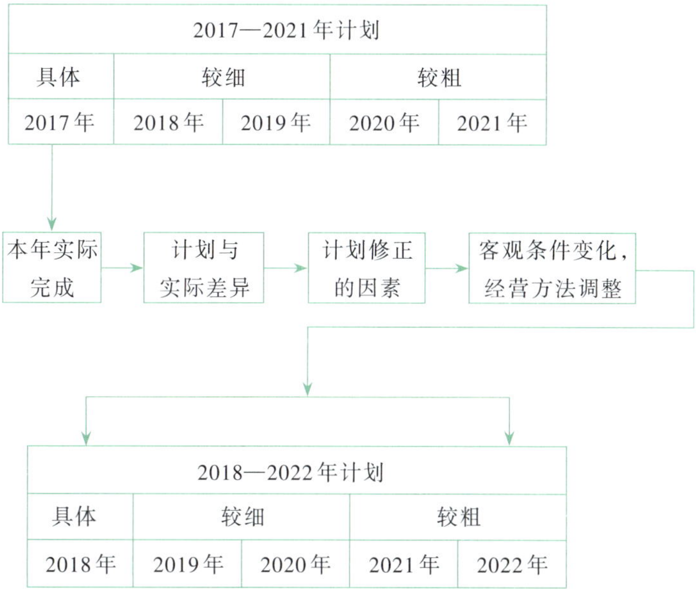

图5-3 滚动计划法示意图

实例5-1 计划的制订

例如，一家公司年初制订了“年销售额比上一年增长15%”的销售计划，与这一计划相关联的计划还应该有原料采购计划、生产计划、销售人员培训计划、促销计划等。又如，某公司决定拓展一项新业务，这势必会派生出招聘和培训新员工计划、资金筹集计划、广告宣传计划等。

资料来源　作者根据相关资料整理而成。

思考：本实例对你最大的启发是什么？试用三句话来说明。

（二）网络计划技术

1.网络计划技术概述

网络计划技术于20世纪50年代后期在美国产生和发展起来。这是一种利用网络安排工程的计划，是寻求最优方案，以此组织和控制计划的执行，从而实现预期目标的管理方法。

网络计划技术主要应用于项目型工作计划，如建筑工程建设项目计划、大型博览会项目计划、企业资产并购项目计划、教学培训项目计划、联欢会项目计划等的制订。

网络计划技术的原理：首先把一个完整的工作项目分解成各项具体的作业或活动，然后确定各项作业或活动的先后顺序，最后通过网络图对整个工作项目进行统筹规划和控制，以便用最少的人力、物力和财力资源，以最快的速度完成相关工作。利用网络图阐释工作项目的进度安排及其中各项活动（工序、作业）之间的相互关系，可以形象地反映出整个工作项目的全貌；利用网络图可以进行网络分析，计算网络时间，确定关键工序与关键路线；利用时差可以不断改善网络计划，确定工期、资源与成本的最优方案。

在实际工作中，编制一个计划不仅要考虑时间的合理利用问题，还要考虑资源合理利用和降低成本费用问题。时间、资源和成本是相互联系、互为条件的，但有时又是相互矛盾的。我们追求的目标是编制一个用时短、资源耗费少、成本低的计划，利用网络计划技术能够实现最短的工期、最低的成本和对资源最合理的利用。

2.网络计划技术的基本步骤

（1）分析作业和作业时间。根据某个项目的目标要求，给出该项目所包含的各项作业，以及各项作业的估计完成时间。例如，装修工程项目包括水电排线、木工、地板铺设、门窗装修、墙面平整、墙面粉刷、灯具安装等具体作业，装修前应估计出各项作业的完成时间。

（2）确定各项作业的先后顺序。这一步骤要确定哪些作业需要率先完成；或者说，当开展某项作业时，前期需要完成哪些作业（先行作业）。例如，对于装修工程项目，墙面粉刷的前期作业是墙面平整等。

（3）绘制网络图。根据网络图的表现形式的不同，绘制网络图的方法可以分为箭线活动法和节点活动法。前者用箭线来表示活动，后者用节点来表示活动。这里主要介绍箭线活动法。

在箭线活动法下，网络图由箭线、节点、作业代号和作业时间等标识组成，如图5-4所示。

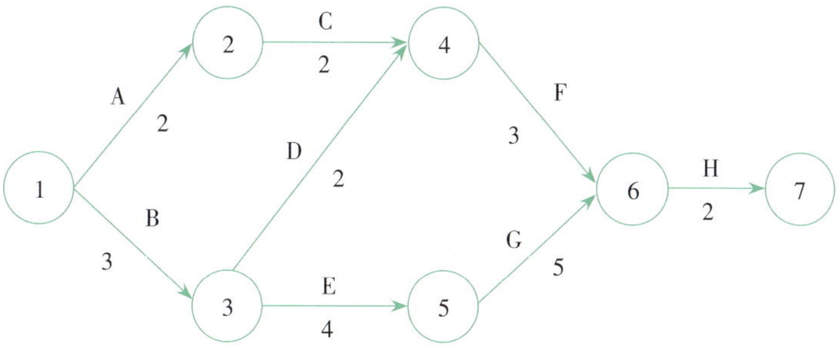

图 5-4 箭线活动法下的网络图

“→”（箭线）表示一项具体的作业、活动或工序，箭尾表示活动的开始，箭头表示活动前进的方向。箭线上方的字母表示该项作业的名称或代号，箭线下方的数字表示完成该项作业需要的时间。若有必要，可以将该项作业所需的关键资源和数量同时加以标注。

“○”表示两个活动或工序之间的节点。不同的节点采用不同的数字来区分。节点既不消耗资源，也不占用时间。除起始节点和结束节点以外，其他节点只表示前一项活动结束和后一项活动开始的瞬间。网络图应该只有唯一的起始节点和唯一的结束节点。

（4）计算各个节点的最早开始时间，得出总工期。在靠近各个节点处绘制方形框，在方形框内标上经过计算得到的该节点的最早开始时间。网络图起始节点的最早开始时间为零。其他节点的最早开始时间等于上一节点的最早开始时间与作业时间之和；若上一阶段有多个节点，则取各个节点的最早开始时间与作业时间之和的最大值。网络图结束节点的最早开始时间即完成该项目的总工期。

（5）计算各个节点的最迟结束时间。在靠近各个节点处绘制三角形，在三角形内标上经过计算得到的该节点的最迟结束时间。网络图结束节点的最迟结束时间假设为已经计算得到的项目总工期，然后逆向计算得出各个节点的最迟结束时间。各个节点的最迟结束时间等于下一节点的最迟结束时间与作业时间之差；若下一阶段有多个节点，则取各个节点的最迟结束时间与作业时间之差的最小值。

（6）计算节点上的时差，得出关键路线。时差等于各个节点最迟结束时间与最早开始时间之差。将时差为零的节点相连，经过验证，即为关键路线。

关键路线是指通过整个工作网络需要花费最长时间的路径。当网络图较为简单时，可以直接找出该网络图上的所有工作路径，计算这些工作路径所花费的时间，其中花费时间最长的路径即关键路线。关键路线需要花费的时间，就是完成整个项目的总工期。然而，当网络图的形式十分复杂、工作路径很多时，就需要对每个节点的工作时间进行推算，这样才能得到项目总工期和关键路线。

关键路线上的工序被称为关键工序。关键路线的长度决定了完成整个项目所需的时间。关键路线上各个工序的完工时间是提前还是推迟，直接决定了整个项目能否按时完成。确定关键路线，据此合理安排各种资源，对各个工序的进度进行控制，是利用网络计划技术的主要目的。

掌握和控制关键路线是网络计划技术的核心。关键路线决定了一项计划工作的工期，因此要缩短工期或生产周期、提高经济效益，就必须从缩短关键路线的时间入手。

3.实例分析

某项工程的作业情况见表5-7，请绘制网络图，并根据关键路线确定工程的总工期。

表5-7　某项工程的作业情况表

作业代号	节点（i）	编号（j）	作业时间（天）	先行作业
A	1	2	4	—
B	1	3	5	—
C	2	4	5	A
D	3	4	8	B
E	3	5	5	B
F	4	5	7	C和D
G	4	6	5	C和D
H	5	7	4	E和F
I	6	7	5	G

第一步，根据工程顺序编制网络图，如图5-5所示。

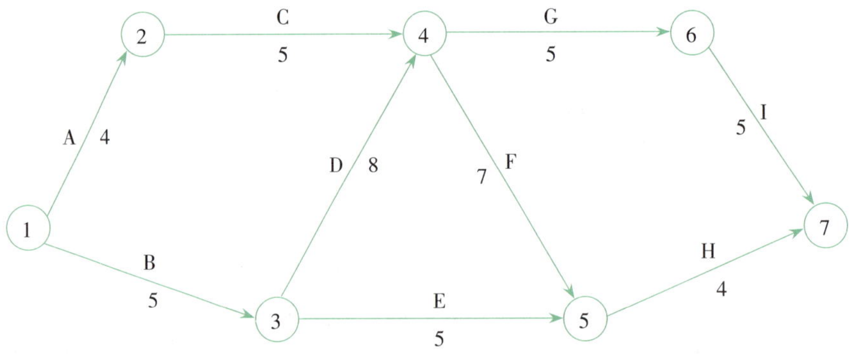

图5-5　网络图（1）

第二步，计算各个节点的最早开始时间，分别标注在方形框内，如图5-6所示。其中，节点2的最早开始时间等于节点1的最早开始时间加上A的作业时间，即4天（0+4）。节点4的最早开始时间在9天（4+5）与13天（5+8）之间选择，即来自节点2与节点3两条路径。为了确保节点4之前的作业全部结束，二者之间取较大的值，即节点4的最早开始时间取13天。经过计算，节点7的最早开始时间为24天，得到总工期为24天。

第三步，计算各个节点的最迟结束时间，分别标注在三角形内，如图5-6所示。其中，节点6的最迟结束时间等于节点7的最迟结束时间减去I的作业时间，即19天（24−5）。节点4的最迟结束时间在13天（20−7）与14天（19−5）之间选择，为了确保节点4之后的作业有足够的时间进行，二者之间取较小的值，即节点4的最迟结束时间为13天。

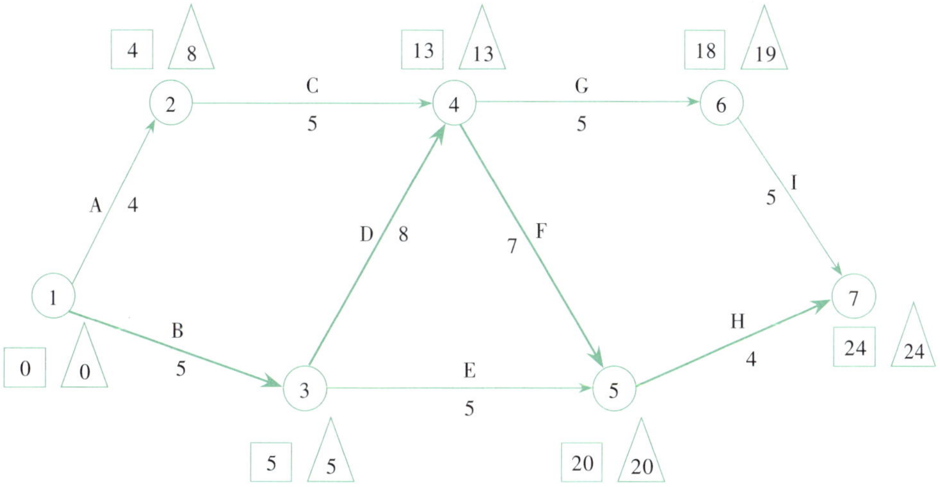

图5-6　网络图（2）

第四步，计算各个节点的时差。各个节点的时差等于最迟结束时间减去最早开始时间，其中节点1、3、4、5、7的时差为零。

第五步，确定关键路线。经过判断，由作业B、D、F、H构成的路径为关键路线，如图5-6中较粗箭线所示。

能力分析

1.小组讨论

这是一位大一同学制订的计划：

（1）认真上课，学好专业知识。

（2）熟练掌握Office等办公软件。

（3）多看书，看好书，包括科学、自然、地理、经济、政治、文化、管理、心理等方面的实用书籍。此外，还要积极关注国内、国外时事动态，让自己与时俱进。

（4）提高自己的观点表述及演讲能力。

（5）坚持锻炼身体。

（6）积极参加校内、校外组织的各种招聘会，为以后找到一份满意的工作积累经验。

问题：你平时注重制订计划吗？这位大一同学的计划制订得怎么样？谈谈你的看法。

分析要求：每5～6人组成一个小组进行讨论，详细总结你们的看法与制订计划、执行计划的体会；班级交流，各小组选派代表在班级陈述本组的心得体会；教师对各组陈述的观点进行点评；把经过修改并附有教师点评的各小组观点展示在班级本课程平台上。

2.善恶研判

背景与情境：某电器零售商于今年1月在报纸上刊登促销广告，笔记本电脑满6 500

元送16G的U盘1个。某消费者在该卖场内以6 800元的成交价购买了1台三星笔记本电脑，但实际获赠的是4G的U盘1个，商家的理由是16G的U盘已经送完了。

资料来源 佚名. 出尔反尔不履行承诺［EB/OL］.［2021-01-24］. https://wenku.baidu.com/view/7bf282209989680203d8ce2f0066f5335b816762.html.

问题：

1.对本案例中电器零售商的做法做出道德研判。

2.对照教材和平时的知识积累，说明你的道德研判所依据的道德规范。

分析要求：每个学生结合善恶研判案例问题，拟出分析提纲；小组讨论，形成小组善恶研判案例分析提纲；班级交流，各小组选派代表在班级陈述本组善恶研判案例分析提纲的观点；教师对各小组陈述的观点进行点评；各小组把经过修改并附有教师点评的善恶研判案例分析报告展示在班级本课程平台上。

能力应用与训练

1.价值引领

背景与情境：中国兵器淮海工业集团有限公司十四分厂工具钳工周建民被评选为2021年“大国工匠”。作为中国兵器淮海工业集团有限公司十四分厂工具钳工、中国兵器首席技师、“三晋工匠”的周建民，制作量具不借助机器设备，全凭眼看、耳听和手感，就能使量具达到头发丝1/60的精度。“我的工作就是和毫厘较劲。”周建民说。

在理论与实践的反复探索中，他先后总结提炼出“第二基准法”“整体研磨法”“冷热配合法”等工作方法。这些优秀的工作方法被淮海工业集团以其个人名字命名为“周建民操作法”，这在山西军工行业还是第一次。

进厂以来，周建民共制作完成1.6万余套专用量具，没有出现过一次质量问题，成为山西省荣获中国质量奖个人提名奖的第一人。

与毫厘较劲间，40载的时光已从周建民的指尖掠过。如今依然坚守在量具钳工岗位上的他，又有了新的目标——将自己的技艺传承下去。“单丝不成线，孤木不成林。自己能做的工作是有限的，只有培养出更多的技能人才，才能助力制造大国走向制造强国”。多年来，周建民通过开设讲座，更大范围地讲授“周建民工作法”。帮助企业培养出越来越多的技能人才成了他的梦想。

“企业不仅需要技能人才，未来我们还需要更多的‘大师’。”作为山西省第一个国家级技能大师工作室的带头人，周建民看得很远。在他的带领下，淮海工业集团先后涌现出“杨兴隆国家级技能大师工作室”“刘波国家级技能大师工作室”等10个技能大师工作室，还成立了山西省第一家大师工作室联盟。

问题：作为一名高职院校的学生，了解了“大国工匠”周建民的工作成绩，大家有何感想？

讨论分析：

个人：每位同学认真阅读背景资料，谈谈你的人生规划和下一步打算，“大国工匠”的案例对你有哪些启发？

小组：5～6名同学为一组，每位同学都要发表自己的看法，小组成员共享信息，形成小组意见。

全班：各组推荐1名同学，在全班陈述本小组的意见。

老师：结合各组同学的意见进行点评，引导同学们确立正确的人生目标。

2.能力训练

●训练内容：根据所学内容，为自己制定一份职业生涯规划，并选择合适的规划实施方法。

职业生涯规划的具体内容主要包括以下几个方面（仅供参考，同学们可根据自己的情况自主设计）：

（1）外部环境评价。

（2）内部环境分析。其包括：我是谁？我想干什么？在环境支持的条件下，我可能做什么？我能做什么？我最终应该做什么？

（3）确立目标。

（4）职业定位。

（5）实施策略。

（6）评估与反馈。

●训练目标：

素质目标：通过为自己制定职业生涯规划，培养学生恰当认识自己、评价自己、正确分析问题的素养。

知识目标：通过为自己制定职业生涯规划，加深对计划相关知识以及具体内容的理解。

能力目标：通过为自己制定职业生涯规划，提高同学们的计划与执行能力。

●训练过程：

（1）请同学们每5人组成一组，认真学习计划的相关知识。

（2）讨论目前的就业状况，分析自己和组内其他4位同学相比存在的优势和不足。

（3）根据分析结果，每位同学制定一份职业生涯规划。

●训练成果：每组制定一份职业生涯规划。

●成果评价：制定职业生涯规划训练评价表见表5-8。

表5-8　制定职业生涯规划训练评价表

项目（分值）	评价标准	个人自评（30%）	小组互评（30%）	教师评分（40%）	得分小计（100%）
素养培养（30分）	参与本次训练的积极性较高				
	查阅资料认真，准备工作充分				
	完成任务认真细致				

续表

项目（分值）	评价标准	个人自评（30%）	小组互评（30%）	教师评分（40%）	得分小计（100%）
能力提升（20分）	对自己和同学相比存在的优势和不足分析准确				
	职业生涯规划符合自己的实际情况				
知识应用（20分）	对计划知识理解准确				
	对职业生涯规划的相关内容了解清楚				
项目成果展示（30分）	职业生涯规划的展现形式符合规范				
	书写规范清楚、易于辨认、没有涂改				
	职业生涯规划无内容雷同现象				
合计（100分）					

任务三　目标管理

任务目标

素质目标：通过知识学习（互动问题）、能力分析（善恶研判）、能力应用与训练（价值引领）等教学活动，培养同学们根据国家的发展、社会的需要，合理确定人生的志向和目标，汇聚前进的动力。

知识目标：通过学习，能够准确理解目标管理的含义、步骤及优缺点。

能力目标：通过能力分析、能力应用与训练，培养同学们依据目标制定有效措施、服从目标管理、完成组织任务的能力。

能力评估

目标管理认知能力评估见表5-9。

表5-9　目标管理认知能力评估表

序号	评估内容	评估等级：非常不同意	比较不同意	一般同意	比较同意	非常同意
1	管理者应该为自己所做的事情设置开始时间和完成时间					
2	很容易达到的目标会失去激励效果，很难实现的目标员工会放弃					
3	管理者会因为目标任务的驱动而受到激励					
4	没有目标可以达成的工作是具有悲剧性的工作					
5	在你所做的事情中，只有20%是真正重要的事情，它们将为你的成长提供80%的贡献					

注：能力评估采用五等级量表，选项越靠近“非常同意”项，说明你对目标管理的相关知识了解越多。

知识学习

“目标管理”一词是1954年由美国管理大师彼得·德鲁克首先提出的。德鲁克说：“并不是有了工作才有目标，而是有了目标才能确定每个人的工作，所以管理者必须通过目标对下级进行管理。”

一、目标管理的含义

微课 5-2

目标管理

目标管理又称成果管理，是以制定和实现目标为中心，由组织的员工共同参与制定具体的、可行的并且能够客观衡量效果的目标，使员工在工作中自我控制，努力实现工作目标的一种现代管理方法。

目标管理的实质：将目标作为各项管理活动的指南，以目标形成组织的向心力和综合力，以目标来激励和调动广大组织成员的积极性，以目标的实现程度来评价每个单位和个人工作的好坏和贡献的大小。

互动问题 5-6

在日常生活、学习中，你是否有制定目标的习惯？如果有，你觉得这样做的好处是什么？如果没有，试着去制定目标并严格执行，坚持一段时间后自己体会制定目标前后的变化。

二、目标管理的特点

目标管理提倡运用科学的目标体系进行激励与控制，提倡提升员工的自控能力，努力使员工自觉、自愿、自主地完成工作。因此，目标管理具有如下特点：

1.制定明确的目标

制定明确的目标是目标管理的首要特点。明确的目标能够带来更好的业绩，而且高水平的业绩通常是和高目标相联系的。

2.提倡员工参与目标的制定

目标管理提倡每个员工都参与目标的制定，由上下级共同商定目标。首先，完成组织总目标的制定；然后，根据部门情况层层落实，依次确定各个分目标。用总目标指导分目标，通过分目标的完成实现总目标。

3.强调自我管理

目标管理是一种主动型的管理方式，鼓励员工自我管理，以自我控制代替被监督和被控制，鼓励员工发挥自己的潜能，自觉实现目标。这种措施会给员工带来更大的工作热情和动力。

4.强调自我评价

目标管理强调自我评价，要求员工对工作中的成绩、不足、错误进行对照总结，经常自检自查，从而不断提高工作效率。

5.强调权力下放

目标管理要求各级管理人员必须有相应的职权，员工在完成工作的过程中也应有一定的自主权。

6.规定时限

目标管理强调时间性，要求制定的每个目标都有明确的期限要求，如一个季度、一年、五年，或在已知环境下的任何适当期限。一般情况下，组织层次越高，完成目标的时间越长。

7.强调绩效和反馈

目标管理重视成果评价，并将评价重点放在工作绩效上；按照员工实际贡献的大小如实评价，将员工的工作绩效与奖励、职务晋升、薪酬和福利待遇相联系，激发员工完成目标的动力。同时，目标管理要求不断将目标的进展情况反馈给管理人员和员工，以便他们调整自己的行动。

三、目标管理的步骤

1.制定组织的整体目标

组织应制定为组织全体成员所接受和认同的总目标。总目标的制定一般由最高管理者负责，但也必须让一些中层、基层管理人员和普通员工参加。最高管理者要向员工说明组织所处的环境和面临的问题、总目标的内容、实现的可能性、实现总目标对组织的意义等，充分听取广大员工的意见，逐步形成共识。

2.在经营单位和部门之间分配主要目标

最高管理者把以总目标为核心的目标体系中的分目标分别落实到下属各单位和部门中，分解以后的目标体系必须与组织结构相吻合，并使每一项目标都能够落到实处。

3.部门管理者及其上级一起制定本部门的具体目标

在上下协调的基础上，组织的各层次、各单位、各部门应根据自己的职责范围制定出本层次、本单位、本部门的具体目标。

4.部门所有成员参与制定自己的目标

各部门成员应结合自己的特长和爱好，根据组织整体目标、部门目标制定出自己的具体目标，个人目标应符合实际和契合组织的整体目标。

5.管理者与下级共同商定实现目标的行动计划

各个分目标制定以后，管理者应与下级共同商定实现目标的行动计划，并给予各单位、各部门相应的职权。

6.实施行动计划

目标确定以后，组织的各单位、各部门以及每个员工都要紧紧围绕所制定的目标、肩负的责任、被授予的权限，为实现目标而采取有效的措施，寻找有效的工作途径。

7.定期检查目标的进展情况并进行反馈

一般来说，目标在实施过程中，主要靠员工的自我管理和自我控制，但是组织也必须定期检查各项任务的完成情况，以及时发现问题，调整计划进度和管理策略，从而更有效地完成目标。

8.进行绩效奖励，促进目标实现

一个周期之后，组织必须与有关下级逐项检查目标任务的完成情况，并与原定目标相比较。目标完成较好的，根据完成情况给予相应的报酬和奖励；目标未完成的，要分析原因，积极改正，总结经验教训。

互动问题 5-7

明代王阳明从小的愿望就是成为圣贤。

在很小的时候，他就曾请教过自己的老师："天下第一等大事是什么？"老师告诉他："读书及第，当官获取功名。"王阳明却并不认同，他说自己的愿望就是"做圣贤"，并且他的一生一直往这个方向努力，最后终于成为一代圣人。

古今中外，但凡有成就者，无不是年少时就立下志向、定下目标，即使经历艰难曲折，也不动摇，最终实现自己的目标，为国家、为社会做出自己的贡献。

大家认真思考一下，"立志"为什么如此重要？

四、目标管理的优缺点

（一）目标管理的优点

1.激励作用明显

在实施目标管理的过程中，当目标制定合理、实现的可能性较大时，目标就会对组织成员起到激励作用，组织就会形成一个能够充分调动成员积极性的良好环境。特别是当目标实现时，如果组织还有相应的报酬，那么激励作用更大。

2.管理效率提高

目标管理可以提高组织的管理效率。在实施目标管理的过程中，管理者只规定各层次、各部门的分目标，对于完成目标的方式、手段没有严格限制，因此能够充分发挥员工的创造力，有效提高管理效率。

3.任务明确具体

目标分解使组织各级主管及成员都能够明确组织的总目标、组织的结构体系、组织的分工与合作及各自的任务。在实施目标管理的过程中，管理人员在充分履行自己职责的同时，将相关的权限下放，既有利于管理人员发挥自己的管理才能，也有利于下级更好地利用组织资源。

4.自我约束管理

目标管理在传统的上级监督管理的同时，引导组织成员进行自我约束管理。员工进行自我管理、自我控制，通过定期检查和总结及时发现问题、及时调整，能够有效实现目标。

5.实现有效控制

目标管理能够实现对组织运营的有效控制，以组织分目标的实现来保证组织总目标的实现。这一过程就是一种对结果的控制。在实施目标管理的过程中，组织高层管理者要经常检查、对比目标，发现偏差后及时进行纠正。

实例 5-2　　个人目标和企业目标

三个建筑工人在回答“你在做什么”这一问题的时候，一个人说“我在卖力为儿子赚学费”，另一个人说“我在为成为最棒的建筑师积累经验”，第三个人说“我在盖这个城市最好的大厦”。可以发现，只有第三个人的目标和企业的目标相一致，也只有他才能真正服务、服从于这个企业。

资料来源　作者根据相关资料整理而成。

思考：本实例对你最大的启发是什么？试用三句话来说明。

（二）目标管理的缺点

1.执行目标的高层管理者参与度低

在实施目标管理的过程中，高层管理者只是参与制定总目标、总战略，而具体任务则交给下属去执行，高层管理者的创造力、积极性没有得到充分发挥，这势必会影响目标管理的效果。

2.过分强调数量

目标管理对数量比较重视，导致报表和总结过多，这不仅会占用管理者很多时间，而且会造成上下级沟通不够，个别人的工作流于形式、缺乏深度。

3.强调短期目标

一般来说，在实施目标管理的过程中，组织的短期目标较多。短期目标比较具体，易于分解，见效速度快；长期目标比较抽象，难以分解，见效速度慢。如果长期目标和短期目标不能相联系，势必会造成计划之间的断层，从而对组织最终目标的实现产生很大影响。

4.目标量化困难

目标的实现是大家共同努力的结果，不易区分哪个部门的贡献大或者贡献小，因此真正可用于考核的目标很难设定。

5.目标调整困难

目标确定下来就不能改变，这会使组织的运作缺乏弹性，组织无法通过权变来适应不断变化的外部环境。

能力分析

1.小组讨论

资料 1：著名管理学家彼得·德鲁克说：“目标管理改变了经理人过去监督部属工作的传统方式，取而代之的是主管与部属协商具体的工作目标，事先设立绩效衡量标准，并且放手让部属努力去达成既定目标，此种双方协商一个彼此认可的绩效衡量标准的模式，自然会形成目标管理与自我控制。”

资料 2：彼得·德鲁克说：“任何企业都必须形成一个真正的整体，企业每个成员所做的贡献各不相同。但是，他们都必须为着一个共同的目标做贡献，他们的努力必须全都朝着同一方向，他们的贡献都必须融为一体，创造出一种整体的业绩——没有隔阂，没有冲突，没有不必要的重复劳动。”

问题：认真思考管理学家彼得·德鲁克关于目标管理的论述。谈谈你对上述两段话的理解与体会。

分析要求：每5～6人组成一个小组进行讨论，详细总结你们的体会；班级交流，各小组选派代表在班级陈述本组的学习体会；教师对各组陈述的学习体会进行点评；各小组把经过修改并附有教师点评的学习体会展示在班级本课程平台上。

2.善恶研判

背景与情境：2017年下半年至2018年上半年国内好多二三线城市的房地产业特别火爆，价格也是水涨船高，售楼部的销售员、房地产中介公司的业务员收入可观。2019年国内大部分城市的房价基本趋于稳定，好多二三线城市房地产交易市场趋于平稳，成交量和2018年相比明显下滑。房地产业销售人员的收入依据业绩提成，实行严格的目标管理，因此他们的收入也随之降低。在这样的大背景下，一部分房地产中介公司的销售员为了完成任务私自对客户承诺，一旦成交，他们把自己的提成让出一部分补偿给客户，用降低自己的收入来吸引客户成交。

资料来源　作者根据相关资料整理而成。

问题：1.试对房地产中介公司业务员的行为做出道德研判。

2.对照所学知识和平时的知识积累，说明你的道德研判所依据的道德规范。

分析要求：每个学生结合善恶研判案例问题，拟出分析提纲；小组讨论，形成小组善恶研判案例分析提纲；班级交流，各小组选派代表在班级陈述本组善恶研判案例分析提纲的观点；教师对各组陈述的观点进行点评；各小组把经过修改并附有教师点评的善恶研判案例分析报告展示在班级本课程平台上。

能力应用与训练

1.价值引领

背景与情境：江梦南，感动中国2021年度人物。

岁月静好，梦里江南！江梦南是一个特别有诗意的名字。

然而在人生的最初，她的经历却与诗意背道而驰。江梦南半岁失聪，学习唇语与人交流，从小异地求学。凭借“尽自己最大的努力去克服”的坚强信念和惊人的毅力，江梦南一路逆袭考上重点本科、上清华读博。江梦南的目标始终是明确的，那就是解决生命健康的难题。

《感动中国2021年度人物》组委会给予江梦南的颁奖致辞是“你觉得，你和我们一样；我们觉得，是的。但你又那么不同寻常，从无声里突围，你心中有嘹亮的号角。新时代里，你有更坚定的方向；先飞的鸟，一定想飞得更远；迟开的你，也鲜花般怒放。”

问题：通过了解江梦南的事迹，你有哪些触动？你对自己的人生意义与价值是如何思考与定位的？

讨论分析：

个人：每位同学仔细阅读背景与情境资料，说明一位失聪女孩逆袭的经历给了你什么样的启发。

小组：5~6名同学为一组，每位同学都要阐释自己的心得体会，小组成员共享信息，整理大家的思想感悟，并对自己的学习、生活以及将来的目标做一个清晰的规划。

全班：各组抽选1名同学，在全班阐述本组的观点。

老师：结合各位同学的发言进行点评。

2.能力训练

●训练内容：为了提高同学们的英语水平，请针对学院组织的英语等级考试进行目标管理。

●训练目标：

素质目标：通过英语等级考试的目标管理，培养同学们发现问题、分析问题、发散综合思维的素质。

知识目标：通过英语等级考试的目标管理，加深同学们对目标管理相关知识的理解。

能力目标：通过英语等级考试的目标管理，提高同学们的自我约束能力与执行力。

●训练过程：

（1）请同学们每5人为一组，认真学习目标管理的相关知识。

（2）讨论分析目前英语等级考试的相关要求，小组同学集思广益，提出总目标与按照时间划分的阶段性目标，甚至可以具体到每一天需要达到的目标。

●训练成果：每位同学依据自己现有的英语基础制定总目标以及阶段性目标，并写清楚完成目标的方法。

●成果评价：提高英语水平目标管理训练评价见表5-10。

表5-10　提高英语水平目标管理训练评价表

项目（分值）	评价标准	个人自评（30%）	小组互评（30%）	教师评分（40%）	得分小计（100%）
素养培养（30分）	参与本次训练的积极性较高				
	准备工作充分				
	目标制定认真细致，解决方法切实可行				
能力提升（20分）	对自己的英语水平分析准确				
	目标制定符合考试要求和自己的实际情况				
知识应用（20分）	对目标管理知识的理解较准确				
	对总目标和分目标的关系了解得较清楚				
项目成果展示（30分）	目标管理的书面报告形式符合规范				
	书写规范清楚、易于辨认、没有涂改				
	目标管理的书面报告无内容雷同现象				
合计（100分）					

思考与训练

项目五
扫码答题

1.选择题

□ 单项选择题

（1）在企业管理中，即使是相当聪明的人，也可能会出现被专家的某些高级技术搞得晕头转向的情况，而类似的高水平的计划与控制技术（如变动预算或网络计划技术等方法）在实际应用中的效果并不好，导致这一现象出现的主要原因是（　　）。

A.企业管理人员倾向于定性研究而非定量研究

B.控制信息应当满足理解的需要，这是实现有效控制的前提

C.管理是一门不精确的科学，因此高水平的计划与控制技术不适用

D.企业管理人员的素质会影响先进管理技术的应用

（2）战略性计划一般由（　　）负责制订。

A.操作者　　　　B.高层管理人员

C.中层管理人员　　　　D.基层管理人员

（3）以下对计划工作描述不正确的是（　　）。

A.计划工作是为实现组织目标服务的

B.计划工作具有普遍性和效率性

C.计划工作是管理活动的基础

D.由于环境具有不确定性，因此计划再周详也是多余的

（4）决策是工作和日常生活中经常进行的活动，但人们对其含义的理解不尽相同，以下理解较为完整的是（　　）。

A.出主意　　　　C.既出主意又拿主意

B.拿主意　　　　D.评价各种主意

（5）面对未来可能出现的多种状态，决策者由于无法把握其后果有多少种可能，因此只能主要依靠经验和态度来进行的决策属于（　　）。

A.确定型决策　　　　B.风险型决策

C.不确定型决策　　　　D.非程序化决策

□ 多项选择题

（1）以下对计划的认识，正确的有（　　）。

A.计划不等于策划未来

B.计划的灵活性不在于计划本身，而在于制订计划的人

C.不管环境如何变化，计划都是必要的

D.计划会浪费管理者一定的时间

（2）一般而言，高层管理计划属于（　　）。

A.战略计划　　　　B.长期计划

C.战术计划　　　　D.指导性计划

（3）以下说法正确的有（　　）。

A.滚动计划法的原则是“近细远粗”

B.滚动计划法主要用于长期计划的制订

C.网络计划技术主要用于短期计划的制订

D.网络计划技术特别适用于大型工程项目的生产进度安排

（4）在实行目标管理的过程中，目标的作用主要体现在它具有（　　）。

A.方向性和激励性　　B.层次性和多元性

C.凝聚性和考核性　　D.细分性和时间性

（5）以下对目标管理的描述正确的有（　　）。

A.注重结果而不重视过程

B.把目标作为管理的对象

C.运用多种管理手段为实现目标服务

D.建立在“Y理论”的人性假设基础上

2.判断题

（1）由于计划是为实现组织既定的目标，对组织未来的行动进行规划和安排的行动方案，因此计划应是刚性的，不能有弹性。（　　）

（2）决策是管理的首要职能。（　　）

（3）决策时应选用“满意准则”，而不是“最优准则”。（　　）

（4）喜好风险的人往往会选取风险程度较高而收益较低的行动方案。（　　）

（5）组织目标是组织进行决策的基本依据，所以组织目标一旦确立就不能变动。（　　）

3.思考题

（1）联系实际阐述计划职能与管理的其他职能之间的关系。

（2）怎样理解“管理就是决策”?

（3）简述滚动计划法的基本内容，并对其加以评价。

（4）你认为目标管理可以引入你的学习过程中吗？试以一门具体的课程为例说明实施目标管理的过程。

（5）利用定量决策方法解决以下问题：

某公司计划未来3年生产某种产品，现在需要确定产品批量。根据预测，这种产品不同自然状态的概率分别是：畅销为0.2；一般为0.5；滞销为0.3。现有大批量、中批量、小批量3种生产方案，各方案损益值见表5-11，试确定能够获得最大经济效益的方案。

表5-11　　各方案损益值表　　单位：万元

	畅销（0.2）	一般（0.5）	滞销（0.3）
大批量	40	30	-10
中批量	30	20	8
小批量	20	18	14

项目六

组织职能

任务一　组织结构的类型与设计

任务目标

素质目标：通过知识学习（互动问题）、能力分析（善恶研判）、能力应用与训练（价值引领）等教学活动，同学们能理解组织结构的类型与设计，树立个人与组织相协调的价值观念，增强在组织中进行有序高效工作的使命与意识。

知识目标：通过学习，能够清晰地陈述组织的概念，区分正式组织与非正式组织，理解管理宽度、管理层次等具体内容。

能力目标：通过能力分析、能力应用与训练，培养同学们用管理宽度、管理层次等知识分析组织结构中的实际问题的能力。

能力评估

组织结构认知能力评估见表 6-1。

表 6-1　组织结构认知能力评估表

序号	评估内容	评估等级				
		非常不同意	比较不同意	一般同意	比较同意	非常同意
1	为实现共同目标而形成的有机整体才是组织					
2	员工对工作的感觉对其工作行为有重要影响					
3	当出现多个领导指挥时，员工会感到无所适从					
4	反馈有助于改善行为表现					
5	面对一个事必躬亲型的领导，要提高工作效率，应该缩小管理幅度					

注：能力评估采用五等级量表，选项越靠近“非常同意”项，说明你对组织结构类型与设计的相关知识了解得越多。

知识学习

在管理活动中，任何组织都有特定的目标，都有目标实现的具体计划。组织要不断适应外在环境的变化，并逐步协调好部门与部门之间、个人与任务之间的关系，必须明确组织结构并能加以合理设计，使员工明确自己应有的权利和应承担的责任，这样才能有效集聚新的组织资源，促进组织快速成长。

一、认识组织

（一）什么是组织

组织是为了实现共同目标而形成的协调行动的有机整体。例如，医院、学校和工厂等，都是组织的具体形式。直观外在的组织形象，可能是一幢建筑物、友善的员工等。组织的关键要素是组织目标、组织结构和组织成员。

（二）正式组织和非正式组织

1.正式组织

正式组织是为了完成特定目标与特定工作而产生的法定组织。正式组织一般都是经过决策产生的，并且具有法定的性质。正式组织中的工作人员按照职务关系形成一系列的职务等级，如厂长、车间主任、工段长、班组长、职工等。他们中的一些人是管理者，另一些人是被管理者，每个人按其职务的不同有不同的权利和义务。在正式组织中，人们应当从事组织目标规定的工作，并使自己的工作指向组织目标。

2.非正式组织

非正式组织既没有正式结构，也不是由组织确定的群体，它是为了满足人们交往的需要而在工作环境中自然形成的组织。譬如，在同一车间的同事之间，或者在兴趣相同的人之间，或者在因职务关系接触较多的人之间，彼此有各种各样的往来，从而形成了各种各样的群体。非正式组织的成员可能是同一单位的，也可能是跨单位的；可能是同级的，也可能是不同级的。

在任何正式组织中，都可能存在着非正式组织。一般说来，非正式组织形成的原因主要包括以下三个方面：一是某种利益或观点上的一致性；二是具有共同的价值观和兴趣爱好；三是有类似的经历或背景。因此，非正式组织具有如下特点：

①以感情为纽带，具有明显的情绪色彩；

②有较强的内聚力和行为一致性；

③自发产生的领袖人物对其他成员具有精神上的支配权；

④有一套见效快、不成文的奖惩制度与手段；

⑤成员间有比较灵敏的信息传递渠道；

⑥有较强的自卫性和排外性等。

管理人员必须意识到非正式组织的存在，并学会利用非正式组织进行有效管理。

二、组织结构及其类型

（一）组织结构的定义

组织结构是指组织内的全体成员为了实现组织目标，在管理工作中进行分工协作，通过职务、职责、职权及相互关系构成的结构体系。组织结构的本质是成员间的分工协作关系。组织结构的内涵是人们的职、责、权关系，因此组织结构又可称为权责结构。

（二）组织结构的类型

1. 直线式组织结构

直线式组织结构是出现最早的和最简单的一种组织形式。它产生于手工作坊，当时的老板和工场主都实行个人管理，即对生产、技术、销售、财务等各项事务都要亲自处理。因此，这种组织形式没有职能机构，从最高管理层到最下层实行直线垂直领导，只适用于小型的、处于初创期的企业组织。直线式组织结构如图 6-1 所示。

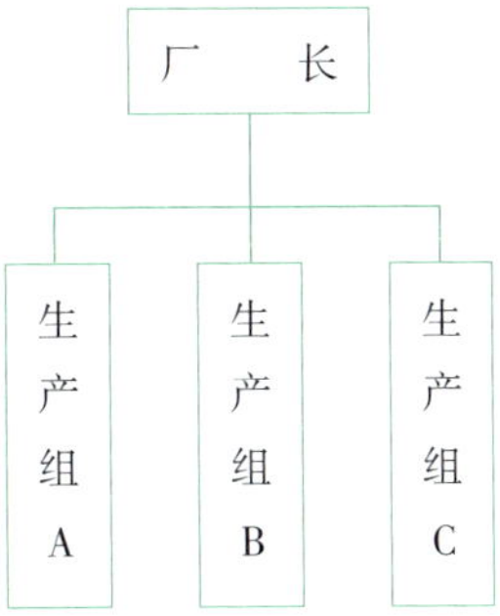

图 6-1　直线式组织结构

2. 直线职能式组织结构

直线职能式组织结构较直线式组织结构先进，因此被广泛采用。在直线职能式组织结构中，每个层次除了有上下级关系人员之外，还有一些职能部门的工作人员，他们的任务是协助上级行政主管从事管理工作，为直线人员当好参谋，指导下级工作并代表上级进行监督。图 6-2 展示了某工厂的直线职能式组织结构。

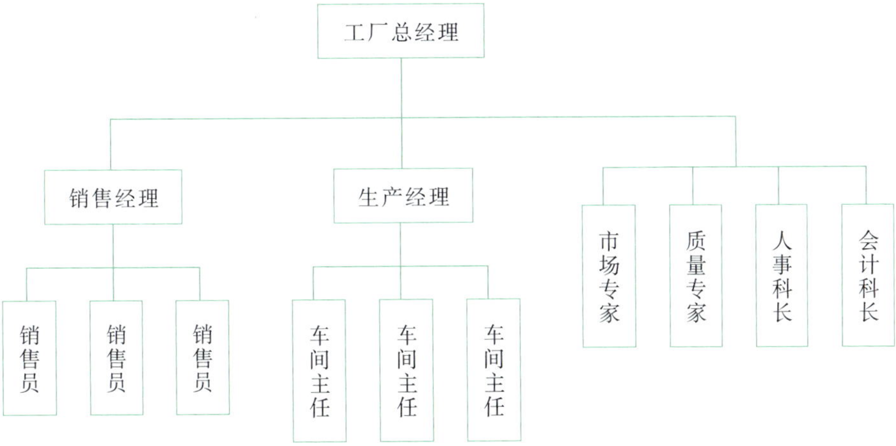

图 6-2　直线职能式组织结构

3. 事业部式组织结构

事业部式组织结构也叫联邦分权制结构，是在公司总部下增设一层独立经营的“事业部”，公司统一政策、事业部独立经营的一种组织形式。事业部式组织结构的特点：每一个事业部都有足够数量的服务对象，其技术要求相近；每一个事业部都能独立开展活动，有独立的人事权、财务权、运营权；每一个事业部都有独立的服务对象（如企业组织表现为独立的市场），以免互相冲突。总体来说，事业部必须包括 3 个基本要素，即相对独立的利益、相对独立的自主权、相对独立的市场。图 6-3 为某公司的事业部式组织结构。

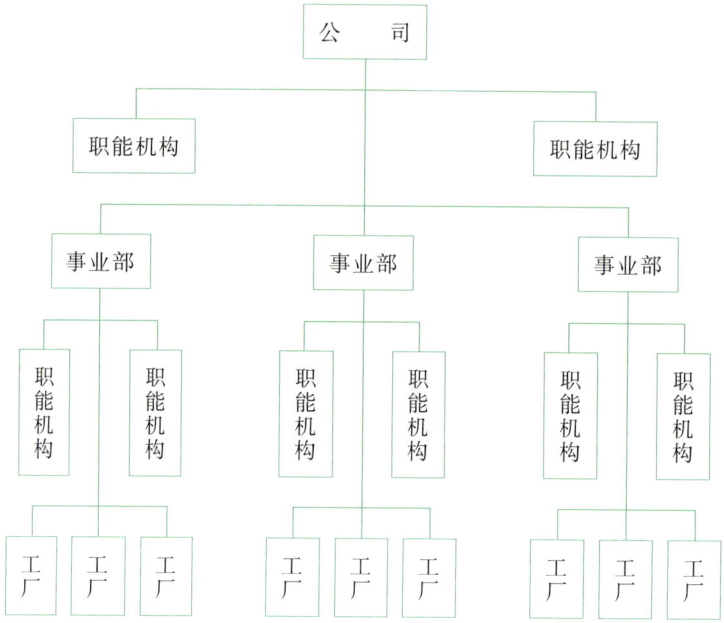

图 6-3　事业部式组织结构

4. 矩阵型组织结构

矩阵型组织结构是把按职能划分的部门同按产品、服务或工程项目划分的部门结合起来的一种组织形式。在这种组织结构中，每个成员既要接受垂直部门的领导，又要在执行某项任务时接受项目负责人的指挥。矩阵型组织结构的主要优点：灵活性和适应性较强，有利于增强各职能部门之间的协作配合，有利于开发新技术、新产品和激发组织成员的创造性。其主要缺点：组织结构的稳定性较差，双重职权关系容易引起冲突，还可能出现项目经理过多、机构臃肿等弊端。这种组织结构主要适用于科研、设计、规划项目等创新性较强的企业。图 6-4 为矩阵型组织结构。

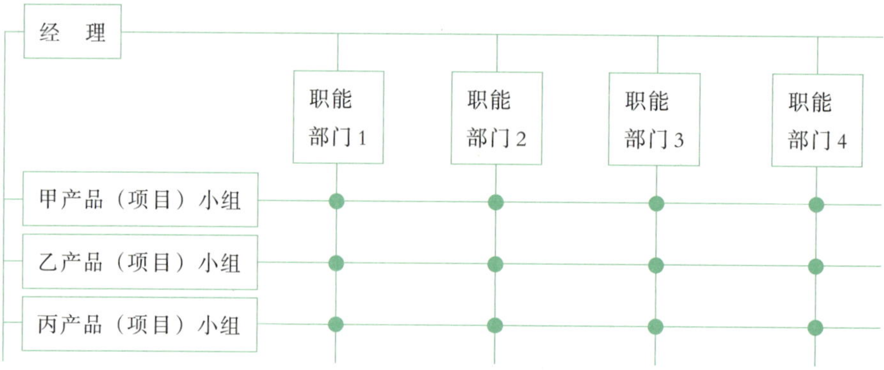

图 6-4　矩阵型组织结构

5. 网络型组织结构

网络型组织结构是利用现代信息技术手段建立和发展起来的新型组织结构。它是以契约关系的建立和维持为基础，依靠外部机构进行制造、销售和开展其他业务经营活动的一种组织形式。网络型组织结构如图 6-5 所示。

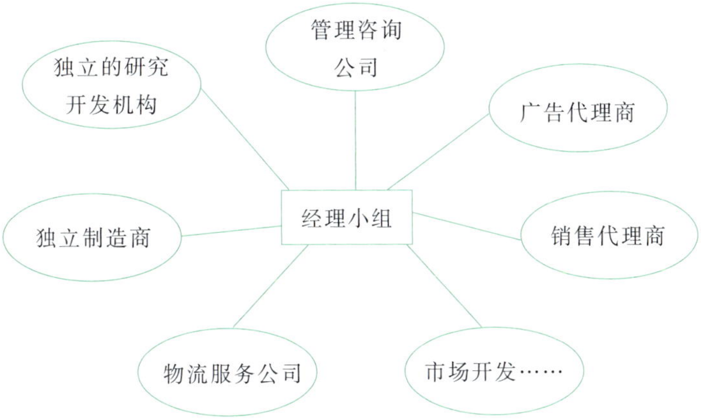

图 6-5　网络型组织结构

三、组织结构设计

互动问题 6-1

组织在创新任务比较多、生产经营复杂多变的条件下，采用哪种组织结构比较适宜？为什么？

组织结构设计是指把为实现组织目标而需要完成的工作划分成若干性质不同的业务工作，再把这些工作“组合”成若干部门，并规定各部门的职责与职权的过程。组织结构设计还要明确组织内各部门之间的上下级关系，以及领导与被领导的关系。具体来说，组织结构设计包括两个方面的内容，即组织的横向结构设计和组织的纵向结构设计。

（一）组织结构设计的原则

1. 任务目标原则

组织结构设计要服从每一项工作的任务目标，尤其是价值链上的目标，以体现一切设计为目标服务的宗旨。

2. 分工协作原则

一个组织应设置若干个部门，每个部门都要承担企业的一部分工作，组织各部门之间是分工协作的关系。也就是说，组织中有财务部门、人力资源部门、后勤保障部门，还有主导业务流程中各个环节的部门。因此，把握好分工协作原则对组织来说至关重要。

3. 统一指挥原则

无论组织结构如何设计，都要服从统一指挥的原则，都要在组织总体发展战略的指导下工作。例如，公司所有部门都要按照董事会制定的战略方针，在总经理的统一指挥下工作。

4.合理管理幅度原则

组织中的每一个部门、每一位领导者都要有合理的管理幅度。管理幅度太大，则管理者无暇顾及全面；管理幅度太小，则可能无法完全发挥每个部门的作用。所以，在设计组织结构的时候，管理者要制定合理恰当的管理幅度。

5.责和权对等原则

设置的部门或单位承担了责任，就应该使其拥有相应的权利。如果没有相应的权利，部门或单位就根本无法完成相应的职责。所以，责和权应该对等。

6.集权和分权原则

在设计组织结构时，权力的集中与分散应该适度，集权和分权要控制在合适的水平上，既不能影响工作效率，又不能影响工作积极性。

7.执行部门与监督部门分设原则

执行部门与监督部门分设，以形成有效的制约机制。例如，财务部门负责日常的财务管理、成本核算，审计部门专门监督财务部门。

8.协调有效原则

组织结构的设计应遵循协调有效的原则，而不应在执行组织结构设计方案之后出现部门之间无法相互监督的情况。

（二）组织的横向结构设计

1.部门设计

所谓部门设计，就是将组织中的工作和人员划分成可管理的单位。部门设计是组织结构设计的重要环节和基本途径，其核心在于有效分工。常见的部门设计方式有以下几类：

（1）职能部门化。职能部门化是指按主要职能设置部门。例如，在企业中设置财务、生产、研发、人事、法律咨询等部门。职能部门化的优点：把同类专业人员集中在一起，便于指导和监管工作，便于配置专业人员；简化了人员培训的内容；有利于协调部门内部的活动。

（2）产品部门化。产品部门化是指按组织生产和经营的产品大类设置部门。产品部门化的优点：能够对某大类产品进行产供销一条龙式的管理，便于协调产品大类内的各种经济活动；便于进行产品大类的业绩考核；有利于提高决策效率。

（3）地区部门化。地区部门化是指按客户分布或生产的地域设置部门。例如，银行按省、市、县和社区设置银行分行或支行。又如，产品市场销售按消费者分布地域设置部门，进而有针对性地开展销售管理。地区部门化适用于用户在较大区域分布的企业。地区部门化的优点：对本市场范围内的问题的决策和反应较为灵敏，便于进行区域性协调；能够培养综合性人才。

（4）过程部门化。过程部门化是指按生产过程或工艺流程设置部门。例如，某炼铝厂按工艺流程设置生产部门，不同部门负责铝管制造过程的不同阶段。过程部门化的优点：能够获取规模经济效益；可以充分利用专业技术与技能，便于采用专业化的机械和设备；简化了员工的培训内容。

（5）用户部门化。用户部门化是指按用户的类型设置部门。例如，银行设置了个人信贷部、农业信贷部和工业信贷部，分别面对个人、农业用户和工业用户开展业务。用户部门化的优点：能够为用户提供专业化服务；有利于提高工作效率。

2.职位设计

职位设计是为了实现组织的特定目标而对组织中的各类职位进行职责分配和安排的活动。职位设计必须运用一定的原则来了解、分析员工与职位的关系，在员工满意的情况下，将组织的工作范围、责任、义务安排于职位中，并考虑哪些因素在多变的环境中会影响职位设计，运用什么技巧才能更好地完成职位设计。职位设计必须满足以下基本要求：

（1）工作专业化和简单化。工作专业化是指一项工作不是由一个人独立完成，而是先将其分解成若干个步骤，每个步骤由一个人单独完成。其实质是每个人专门从事工作的一个环节或步骤，而不是全部工作。也就是说，只有把工作限制在有限的动作或知识技术的领域内，才能提高工作效率，员工才有可能成为某一方面的专家。

工作简单化是指运用科学的技术及工具，找出最经济有效的工作方法，以提高工作效率，并使员工轻松愉快地完成工作。

（2）工作扩大化及丰富化。工作专业化和简单化会造成分工过细、工作内容单调，长时间的重复性劳动会使员工难以从工作中得到心理上的满足，从而造成士气低落、情绪不佳。于是，有人提出了工作扩大化及丰富化的观点。工作扩大化是指将员工的工作范围扩大，使其能够从工作中感受到更强的心理激励。工作丰富化是指将有关激励因素融于职位内（如赋予员工工作职责），使员工较高层次的需要能够在其职位中得到满足。

（3）有利于信息沟通与绩效反馈。信息沟通不仅可以提供员工开展工作所需的各种资料，而且可以促进员工间的相互了解与合作。组织中信息沟通的有效性决定了组织中所有员工的工作效率和士气。因此，在进行职位设计时，必须考虑信息沟通的流程。

在进行职位设计时，还必须把绩效反馈考虑进来，即确定员工或部门的工作目标，用其衡量员工或部门的实际成果，同时将其作为不断修正和改进职位设计的依据。

（4）职位的工作团体设计。科技进步使许多工作无法单凭一个人的力量去完成，而必须由员工合作完成。因此，在进行职位设计时，必须考虑该项工作应该由个人承担还是由团体承担。若由个人承担较合适，就考核个人绩效；若由团体承担较合适，则考核团体绩效，以此调动团体的工作积极性。

（5）以人为本。在进行职位设计时，必须充分考虑人的因素，尽可能使员工安全、轻松地工作。因此，职位设计应以人为本，合理运用有关行为科学的原理及其他现代科学知识。

职位设计的基础性方法是职位分类法。职位分类法是一种比较科学的职位设计方法，也是一种较为科学的人事管理方法。

科学的职位分类有利于对不同专业、不同级别的人应用不同的管理方法，做到管理科学化；同时，可以对同一类、同一级别人员用统一的标准管理，做到同工同酬、适材适所、职责分明、公平合理。

职位分类有它的前提，那就是进行职位设计时，必须对这一职位的任职条件和资格有明确的规定，具体内容包括：①职位名称；②职务内容（包括工作性质、职务复杂程度、职权、管辖与协调联系的范围）；③责任程度；④任职条件（包括学历、工作经历、专业知识、能力、个人品格和健康状况等）。

（三）组织的纵向结构设计

1.管理幅度设计

管理幅度亦称管理宽度，是指一名管理者能够直接有效管理的下级人员的数量。比如，一个公司经理能领导几个营业部长，一个营业部长能管理多少人。上级直接管理的下级人员多，说明管理幅度大；反之，则说明管理幅度小。管理幅度的大小，实际上反映了上级管理者直接控制和协调的业务活动量的多少。由于管理者的时间和精力是有限的，其管理能力也因个人的知识、经验、年龄、个性等不同而有所差异，因此任何管理者的管理幅度都有一定的限度，超过一定的限度，领导行为就无法做到具体、高效、正确。影响管理幅度的因素主要有以下几个：

（1）职务的性质。一般说来，高层职务管理幅度较小，基层职务管理幅度较大。因为高层管理者多从事决策性工作，所以管理幅度要小一些；基层管理者主要从事日常性的、重复性的工作，所以管理幅度要大一些。

（2）工作能力的强弱。工作能力包括管理者的工作能力和下级的工作能力。如果下级工作能力强、技术水平高、经验丰富，那么管理者处理上下级关系所需的时间和次数就会减少，这样就可扩大管理幅度；反之，如果上级委派的任务下级不能胜任，那么上级指导和监督下级的活动所花的时间无疑会增加，这时管理幅度势必要缩小。另外，如果管理者的知识、经验丰富，理解能力、表达能力和组织能力强，能够迅速把握问题的关键，则管理幅度可以增大；反之，管理幅度就要缩小。

（3）工作本身的性质。如果工作性质复杂，管理者与其下属之间需要保持经常性的接触和联系，一起探讨、解决工作中遇到的问题，这时应设置较小的管理幅度；相反，如果工作性质简单，则允许管理幅度较大一些。

（4）标准化和授权程度。如果管理者善于同下级共同制定出若干工作标准，能够放手让下级按标准行事，并把一些次要问题授权给下级处理，自己只负责重大问题、例外事项的决策，则管理幅度可以较大；相反，如果管理者对下属不放心，事必躬亲，又没有一套健全的工作标准，那么管理幅度较大必然会导致管理者精力不足、管理不周，甚至影响工作。

（5）信息反馈速度。如果信息反馈速度快，上下级意见能及时交流，员工之间能有效配合，则管理幅度可以大一些；反之，管理幅度应缩小。

通过调查美国100家大企业总经理的管理幅度获知，在管理幅度最小的企业，领导者管理1人；在管理幅度最大的企业，领导者管理24人。其中，领导者管理6～12人的企业最多，领导者管理6人以下、12人以上的企业较少。通常，企业领导者管理6～12人比较合适。但是这个统计不是绝对的，因为管理多少人还与领导者自身的能力有关。管理幅度太大或太小，都很难取得最佳管理效果。

实例6-1　职责与职权

某公司在各省市都设有销售办事处，并且办事处的费用很高，总公司觉得控制起来有难度，就把所有办事处都撤了。公司总经理提出了一个口号，叫作“大企业、大营销、大财务”。原来叫分散求生存，现在叫集中求发展。营销权、财务权全部集中在总部，原来的弊病消除了。但是，新的问题也产生了：

报销全部要由总经理签字，总经理每天上午8点到8点半专门负责签字，他的办公室门口排成了长龙。

外地客户打电话买产品，北京营销公司要专门派一位员工坐飞机去谈合同。签了合同后，营销人员再飞回北京，向领导报告。产品不在销售部门，北京营销公司要凭总经理的批条，物流中心才能发货。

效率如此低下，原来的客户纷纷另觅合作伙伴。

资料来源　作者根据相关资料整理而成。

思考：针对本实例中的主要问题，试用三句话来表述。

2.管理层次设计

管理层次亦称组织层次，是指组织内部从最高一级管理组织到最低一级管理组织的组织层级。管理层次实际上反映的是组织内部纵向的分工关系，各个层次分担不同的管理职能。因此，伴随着层次分工，必然会产生层次之间的联系与协调问题。

管理幅度与管理层次互相制约，它们之间存在着反比例关系，其中起主导作用的是管理幅度。所谓起主导作用，是指管理幅度决定管理层次，即管理层次的多少取决于管理幅度的大小。

互动问题6-2

小米公司刚成立的时候，只有7位创始人及部分员工，到小米公司成立的第四年，员工数已经超过5 000人。到目前为止，小米的员工规模已经超过1万人。这么大的员工规模，小米公司的组织结构从高度集权的组织逐步转变为分权化的组织。你喜欢在哪种组织中工作？为什么？

能力分析

1.小组讨论

问题：企业组织结构的类型与设计各有特点，就你们所熟悉的企业列举出三个各有特点的企业组织结构进行分析说明。你们认为哪种组织结构管理效率高、管理效果好？

分析要求：每5～6人组成一个小组进行讨论，详细列出3个各有特点的企业组织结构；班级交流，各小组选派代表在班级陈述针对本组三个各有特点的企业组织结构的分析说明；教师对各小组陈述的分析说明进行点评；各小组把经过修改并附有教师点评的分析说明展示在班级本课程平台上。

2.善恶研判

背景与情境：中华苏维埃共和国临时中央政府是由中国共产党领导的工农民主政权，绝大部分党员干部都具有高度的无产阶级革命觉悟。但新生的苏维埃政权刚刚建立时，外部面临反动派让苏区军民“不战而自亡，未剿而先灭”的图谋，内部各项制度还不健全，成员思想复杂，不可避免地会产生一些消极腐败现象和贪污腐化问题，威胁着红色政权的生存与发展。

中央苏区中的官僚主义和腐败虽然是个别现象，但如果不重拳惩治，党就会在思想上、组织上涣散，威胁苏维埃政权的稳定。因此，中华苏维埃共和国临时中央政府成立后不久，就加强和改进巡视检查工作，雷厉风行地开展反对官僚主义、惩治腐败的斗争。

1931年5月，中华苏维埃共和国临时中央政府颁布《中央巡视条例》，阐明了巡视工作的四项主要内容：一是查找工作中的具体错误和不足，并提出改进意见；二是严格检查巡视地区的领导架构和工作方式；三是考察当地政治、经济状况；四是发现和培养工农干部。巡视员是中央的代表，必须对中央绝对负责，“生活必须下层化，经济必须节省，做一般同志的模范”。各个省都要根据中央的指示精神，建立起符合本地实际的巡视制度。

巡视检查的成果，首先是贪腐分子得到严惩，减少了贪污浪费所造成的经济损失。其次是转变了苏区干部的工作作风，“苏区干部好作风，自带干粮去办公，日着草鞋干革命，夜打灯笼访贫农”。最后是纯洁了革命队伍，为以后党的巡视检查工作积累了宝贵经验。

资料来源　李成林.巡视检查工作巩固中央苏区红色政权［EB/OL］.［2022-01-26］. http://m.thepaper.cn/baijiahao_16467919.有删减.

问题：1.本案例中存在哪些道德伦理问题？

2.试针对上述问题做出你的道德研判。

3.对照教材和网络搜集到的资料，说明你的道德研判所依据的管理道德规范。

分析要求：每个学生结合善恶研判案例问题，拟出分析提纲；小组讨论，形成小组善恶研判案例分析提纲；班级交流，各小组选派代表在班级陈述本组善恶研判案例分析提纲的观点；教师对各组陈述的观点进行点评；各小组把经过修改并附有教师点评的善恶研判案例分析报告展示在班级本课程平台上。

能力应用与训练

1.价值引领

背景与情境：

对党赤胆忠心的东北抗联

东北抗联是中国共产党领导的第一支人民抗日武装。在长期内无粮草、外无援兵的情况下，他们始终红心向党，自觉地进行了长期艰苦卓绝的斗争。尽管长期与党中央失去联系，东北抗联仍把自身置于党组织的领导之下。1936年7月，中共南满省委的成立，标志着在与党中央失去联系后，东北党组织开始实现了党的领导与军事指挥的统一。杨靖宇牺牲后，中共南满省委书记、抗联第一路军副总司令魏拯民向中央代表团写了一份恳切而深情的报告。报告中说：得不到中央的具体指示与中央所发行的文件与通讯，“我们有如在大海中失去了舵手的小舟，有如双目失明的孩提，东碰西撞，不知所从。”1942年9月，在教导旅内又成立了中共东北党组织特别支部局，亦称中共东北党委员会。这使自1936年中共满洲省委撤销后，一直处于分散状态的东北党组织重新实现了统一。

问题：运用你学过的组织结构的类型与设计的相关知识，分析东北抗联为什么要寻找并建立党组织。

讨论分析：

个人：每位同学仔细阅读背景与情境资料，并查找相关资料，形成自己对该问题的理解与认知。

小组：5～6名同学为一组，组内交流各自的认知，小组成员共同讨论，形成小组基本观点。

全班：各组推荐1名同学，陈述本组的观点。

老师：结合各组同学的观点进行点评。

2. 能力训练

● 训练内容：为一家广告公司设计组织结构。

该广告公司是一家拥有近200名员工的大型广告公司，就广告业务而言，具体工作内容包括：

（1）与老顾客建立固定联系，挖掘新顾客。

（2）对承揽的广告业务进行文字创作和艺术创作。

（3）对广告内容进行电视制作、电台制作、报纸制作、杂志制作或路牌制作等。

（4）调查各种新闻媒体的性质、栏目、时间、版面、价格，决定是整段时间购买、整版面购买、整个地段购买，还是分别购买，并与新闻媒体保持联系。

（5）帮助顾客设计陈列方式、包装样式等。

（6）帮助顾客调查市场、估计潜力、确定广告影响力等。

● 训练目标：

素质目标：通过为广告公司设计组织结构，培养同学们从系统、能级等角度设计企业组织结构的意识。

知识目标：通过为广告公司设计两种不同的组织结构的训练活动，学生从实践角度了解组织类型、每种组织类型的特点等陈述性知识。

能力目标：通过为广告公司设计组织结构的训练，提高学生应用组织结构设计的基本知识分析问题、解决问题的能力，为广告公司设计出两种不同的组织结构。

● 训练过程：

（1）请同学们每5～6人为一组，认真分析该广告公司的具体工作内容，查找相关资料。

（2）根据分析结果和对相关资料的学习，讨论确定该广告公司的两种组织结构设计方案。

（3）根据组织结构设计方案，撰写一份该广告公司组织结构设计报告。

●训练成果：每组撰写一份关于该广告公司组织结构设计报告。

●成果评价：组织结构设计训练评价见表6-2。

表6-2 组织结构设计训练评价表

项目（分值）	评价标准	个人自评（30%）	小组互评（30%）	教师评分（40%）	得分小计（100%）
素养培养（30分）	参与本次训练的积极性较高				
	调查分析认真，准备工作充分				
	完成任务认真、细致				
能力提升（20分）	对广告公司的具体工作内容分析得较准确				
	组织结构设计符合工作要求				
知识应用（20分）	对组织结构设计的知识理解得较准确				
	对撰写组织结构设计报告的相关知识了解得较清楚				
项目成果展示（30分）	组织结构设计报告展现形式符合规范				
	报告排版规范、内容展示清晰				
	组织结构设计报告无内容雷同现象				
合计（100分）					

任务二　人员配备

任务目标

素质目标：通过知识学习（互动问题）、能力分析（善恶研判）、能力应用与训练（价值引领）等教学活动，培养同学们运用人力资源管理的相关理论进行人员配备，树立人岗匹配的价值观，养成持续进行职业生涯规划的素养和意识。

知识目标：通过学习，能够准确理解人力资源的含义、人员配备的主要内容，掌握岗位分析、人员选聘和人员激励等具体内容。

能力目标：通过能力分析、能力应用与训练，培养同学们运用岗位分析、人员选聘和激励的知识分析和解决企业人员配备中的实际问题的能力。

能力评估

人员配备认知能力评估见表6-3。

表 6-3 人员配备认知能力评估表

序号	评估内容	评估等级				
		非常不同意	比较不同意	一般同意	比较同意	非常同意
1	企业中的人员不是一种成本，而是一种资源					
2	企业中的大部分员工对待工作都是积极主动的					
3	培养员工的有效行为之一是协作					
4	无论问题是什么，都要把员工看成绝对有自尊且有价值的人					
5	自我评价有时会有偏高现象					

注：能力评估采用五级量表，选项越靠近“非常同意”项，说明你对人员配备的相关知识了解得越多。

知识学习

我们已经了解了什么是组织、组织结构的类型及设计等知识，在组织结构确定以后，如何对组织内部进行人员配备就成了重要的问题。人员配备就是利用合格的人力资源对组织结构中的职位进行不断补充的过程。

一、人力资源

（一）人力资源的含义

“人力资源”一词从20世纪70年代初开始作为一个管理术语出现至今，其内涵越来越丰富。从企业的角度来认识，人力资源是指在一定时期内，组织中的人所拥有的能被企业所利用，且对价值创造起贡献作用的教育、能力、技能、经验、体力等的总称。

有的管理者认为，增加员工意味着相应的成本费用的增加，于是一味减员或增加员工的工作量与工作强度。其实，员工是企业的一种资源，一旦使用得当，员工就会为企业创造出巨大的财富。因此，企业应该全面、正确地认识人力资源的特性，对人力资源进行合理的配置、管理和开发，使其价值得到最大程度的发挥。

（二）人力资源的特点

1. 主导性

人类社会的生产活动需要综合运用人力资源和物力资源。其中，人是活的、主动的，物是死的、被动的，对物的开发和利用要靠人去发现、认识、设计和制造。因此，与物力资源相比，人力资源占主导地位。

2. 社会性

人具有社会属性，个人创造力的发挥受社会环境、文化氛围的影响和制约。

3. 主动性

人不仅能适应环境，更重要的是，人可以改变环境、创造环境，因此人具有主动性。在社会化生产中，只有人力资源可以充分发挥主观能动性，积极调整其他资源的配置，从而达到既定目标。

4. 自控性

人力资源的利用程度由人自身控制，工作积极性的高低制约着人的作用的发挥。

5. 成长性

一般来说，物力资源只有客观限定的价值，而人的创造力可以通过教育培训以及实践经验的积累不断成长，因此人的潜力是无限的，人具有成长性。

二、人员配备的主要内容

人员配备是指管理者运用科学的方法，通过制订人力资源计划、招聘、选拔、培训与开发、业绩评估、制定工资和福利制度等一系列活动，为组织提供合适人选，以开发人的潜能，并取得高绩效水平的过程。

人员配备的主要内容包括岗位分析与评价、人员选聘、绩效考评、人员激励、薪酬设计与管理、培训与开发等，下面我们主要介绍前四项内容。

（一）岗位分析与评价

岗位分析与评价是指根据对事不对人的原则，系统收集与工作岗位有关的情况，对岗位本身的特征进行调查记录、分析整理和确定的过程。岗位分析的内容主要包括岗位的职责范围、工作内容、工作形式、工作目的及工作条件等。岗位分析的方法有问卷法、访谈法、观察法三种。

在岗位分析的基础上给出的包括有关岗位全部重要因素在内的一整套文件称为岗位规范，又叫岗位说明书或岗位描述。岗位规范的内容主要包括工作任务和责权范围、工作责任、对人员的基本要求、工作条件等。在实践中，岗位分析和岗位规范的制定往往结合起来统一进行。

岗位规范已经对岗位任职资格的一些基本要求进行了明确，但对于组织中一些较重要的岗位，如领导和关键管理岗位，仅仅依据这些基本要求还不能达到优选人员的目的，还需要进一步进行任职资格评价，具体包括评价指标体系的设计、岗位任职标准参照体系的建立、评价方式的确定等内容。

不同岗位的劳动技能、强度、条件和责任存在着客观差别，因此各个岗位上劳动者的付出、对企业的贡献是不同的，即各个岗位在企业中的存在价值是有差异的。对岗位相对值的评价就能反映这种差异程度，其结果可作为支付报酬的主要依据之一。

对岗位相对值的评价步骤如下：

首先，建立岗位评价因素体系，分配权重。尽管不同组织的岗位评价因素不尽相同，但大致可归纳为四大类，即技能、强度、条件、责任。这四大类评价因素可根据组织的需要再进行细分。某计算机企业软件开发岗位评价因素体系如图6-6所示。对于不同的组织，其岗位评价因素之间的相对权重也不同。评价因素之间的相对权重取决于组织的行业性质及评价因素自身的特点。例如，"工作环境"这一因素在一个具有现代化教学设备的学校，配给的权重最多为6%，而在水泥厂或铸造厂，配给的权重可能在10%以上。不符合组织实际情况的权重分配，会在不同程度上影响对岗位相对值的评价。权重分配的方法有专家咨询法、层次分析法等。

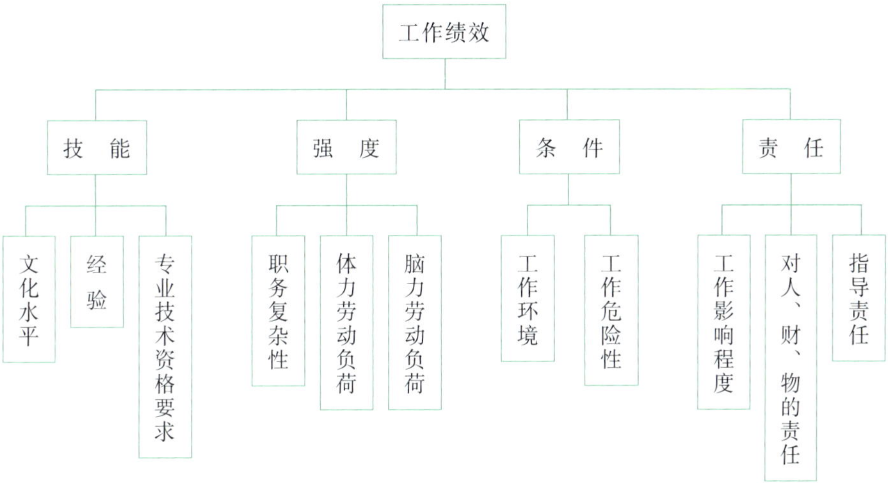

图6-6　某计算机企业软件开发岗位评价因素体系

其次，定义评价因素，建立等级标准。对每一个评价因素进行定义，然后依据实际情况把各项评价因素划分为若干不同的等级。等级划分多少，依因素复杂程度而定，但应以能明确区分各等级间的不同为原则，一般以4～8级为宜。每一项因素的每一个等级都应有明显的界限和详细的定义，并将其作为岗位评价的尺度。在划分好岗位评价因素的等级后，还要对各评价因素的每个等级进行适当的评分。评分所采取的方法可以多种多样，没有特定要求。

最后，计算岗位相对值。以岗位分析和岗位规范为评价基础，以岗位评价因素的定义和等级标准为评价尺度，以岗位主管的意见为参考，组成专家评价小组，确定该岗位在每个评价因素上的等级和应得的分数；然后将该岗位在每个因素上的得分和该因素的权重相乘，其结果即该岗位在该因素上的加权得分；最后将所有因素的加权得分相加，即可得到该岗位的相对值。

（二）人员选聘

人员选聘包括招聘和选拔两个方面，是组织寻找那些既有能力又有兴趣到本组织任职的人员并予以录用的过程。

1. 人员选聘的原则

（1）计划性原则。按照国家法令、法规和政策，根据组织在不同阶段对人力的需求，制订分阶段的人员招聘计划；为了解决由人事变化、运行变化及行业变化而带来的人员短缺问题，还必须制订人员需求计划来指导人员招聘工作。

（2）公正性原则。对于来自不同渠道的应聘人员，组织应采取一视同仁、任人唯贤、择优录用的态度，使应聘人员有平等的竞争机会；否则，有失公正的录用不仅会损害组织的形象，而且不利于组织的发展。

（3）科学性原则。岗位用人标准和规范必须科学且符合实际，能够为选拔合格人员提供客观依据；必须形成一套科学的考核方法体系，以保证招聘工作的公正性；必须建立一套科学实用的操作程序，使招聘工作有条不紊地进行，提高工作效率。

2. 人员选聘的程序

（1）对招聘人员将要从事的工作进行岗位分析和岗位评价，确定所招聘人员必须具备的条件。

（2）由组织的人力资源管理部门制订招聘计划。

（3）由组织的人力资源管理部门公布招聘简章，其内容包括招聘的范围及对象、招聘人员应具备的条件、招聘人数、员工待遇等。

（4）根据自愿原则，在划定的范围内接受招聘对象报名。

（5）进行人员素质测评。

（6）对测评合格的人员进行体检。

（7）将测评材料、体检表、档案以及本人提交的其他有关资料一并报送组织的人力资源管理部门。

（8）批准录用后，发出录用通知书，签订劳动合同。

3. 人员素质测评

所谓人员素质测评，是指以人为评价客体，运用各种考核、测试手段，判断和评价客体的知识、技能、心理等内在素质以及相关方面。前述岗位评价，是以岗位为评价客体，通过调研分析，确定该岗位所需的任职资格。二者评价的目的和作用不同，但内容和形式却有相似之处，都包含了对人的素质的分析评价，因此，二者在评价指标体系和评价方式方面是完全相通（同）的。

人员素质测评可以采用面谈、笔试等不同手段完成。根据测评内容的不同，人员素质测评可以分为两类，即知识技能测试和心理测试。

（三）绩效考评

绩效考评就是考察组织成员对岗位所规定职责的执行程度，从而评价其工作成绩和效果。组织希望实现预期的发展目标，而组织成员希望自己的工作得到承认，希望获得应有的待遇，也希望上级能够指点自己，使自己明确努力的方向。因此，绩效考评不仅在人员选聘上具有指导意义，而且具有很强的激励作用。绩效考评的过程既是对组织的人力资源进行评价的过程，也是了解组织成员的发展意愿、制订教育培训计划和为人力资源开发做准备的过程。

1.绩效考评的原则

（1）尽可能科学地进行评价，使考评结果具有可靠性、客观性、公平性。组织应根据明确的考评标准和考评程序，针对客观的考评资料进行绩效考评，尽量减少主观性和感情色彩，这样才能使组织成员对考评工作产生信任和采取合作的态度，使组织成员理解和接受考评结果。

（2）坚持差别性原则。若考评结果不能产生明显的差别，并且组织不会根据考评结果对考评对象进行奖罚，那么绩效考评就失去了其激励作用。

（3）考评结果一定要反馈给被考评者本人，这是保证绩效考评民主性的重要手段。这样做一方面有利于防止考评中可能出现的偏见以及种种误差，保证考评的公平与合理；另一方面可以使被考评者了解自己的优点和缺点，使考评结果优秀者再接再厉，使考评结果不如意者心悦诚服、奋发向上。

互动问题 6-3

有些人认为评价是领导的事情，领导想怎样评就怎样评，请你从管理道德角度分析这种说法。

2.绩效考评的内容

（1）工作实绩。工作实绩就是组织成员在各自岗位上对组织的实际贡献，即完成工作的数量和质量。工作实绩的具体内容包括组织成员是否按时、按质、按量地完成本职工作和规定的任务，在工作中有无创造性成果等。

（2）行为表现 。行为表现是指组织成员在执行岗位职责和任务时所表现出来的行为。行为表现的具体内容包括职业道德、工作积极性、组织纪律性、责任心、事业心、协作性、出勤率等。

（3）绩效考评的方式 。按考评主体的不同，绩效考评的方式可分为主管考评、自我考评、同事考评和下属考评。

①主管考评，即上级对下级的考评。这种由上而下的考评方式能够比较准确地反映被考评者的实际状况，也能减轻被考评者心理上的压力，但有时也会受上级疏忽、偏见、感情等主观因素的影响而产生考评偏差。

②自我考评，即被考评者本人对自己的工作实际和行为表现所做的评价。这种考评方式透明度较高，有利于被考评者在平时自觉地按考评标准约束自己，但容易出现考评成绩偏高的现象。

③同事考评。这种考评方式体现了考评的民主性，但考评结果易受被考评者人际关系的影响。

④下属考评，即下级对其直接上级的考评。这种考评方式往往是让一些有代表性的组织成员用比较直接的方法对其上级进行考评。

（四）人员激励

激励，从一般意义上说，就是受需要、愿望、兴趣、感情等的刺激作用，使人保持一种兴奋状态，鼓励人朝着所期望的目标采取行动的心理过程。激励的手段有物质激励和精神激励两种。

1.物质激励

物质激励的主要形式有工资、奖金和福利等。工资是组织成员定额劳动的报酬，奖金是组织成员额外劳动的报酬，这两部分对组织成员劳动行为的激励作用都很重要。从能力的角度来看，取得工资说明组织成员具备从事目前岗位工作的能力，取得奖金意味着组织成员具有超越目前职务的能力。工资和奖金不仅决定了人们基本需要的满足程度，而且会影响人们精神需要（如社会交往、文化娱乐、继续教育甚至社会地位等）的满足程度。除了工资和奖金之外，福利也是一个较重要的激励手段。福利问题解决不好，会使组织成员的家庭负担过重，从而导致他们不能安心工作。人力资源管理部门只有制定公平合理的劳动成果评价标准，真正体现按劳分配的原则，才能激发组织成员的积极性和竞争意识，从而取得良好的激励效果。

2.精神激励

精神激励的主要形式包括目标激励、荣誉激励、培训激励、晋升激励、参与激励和环境激励等。

无论是物质激励还是精神激励，都必须注意以下两点：第一，二者必须有机结合起来，在不同的历史阶段、不同的环境条件下，采取恰当的“激励组合”；第二，由于二者都以激发组织成员的劳动积极性为目的，因此只有进行公正、客观、科学的绩效考评，客观评价人的行为表现和工作成果，才能真正发挥激励的作用。

互动问题6-4

党的十九届中央委员会第五次全体会议通过的《中共中央关于制定国民经济和社会发展第十四个五年规划和二〇三五年远景目标的建议》提出：“加强干部队伍建设，落实好干部标准，提高各级领导班子和干部适应新时代新要求抓改革、促发展、保稳定水平和专业化能力，加强对敢担当善作为干部的激励保护，以正确用人导向引领干事创业导向。”大力培养选拔信念坚定、为民服务、勤政务实、敢于担当、清正廉洁的好干部，把重品德、重才干、重担当、重实绩、重公认的导向鲜明树立起来。请你分析为什么要坚持这样的用人导向。

实例6-2　天宏公司的高离职率

天宏公司是一家发展中的商业零售公司，它在15年前创立，现在拥有125家连锁门店。在过去的3年里，由于公司高速发展，门店数量激增，因此门店店长严重短缺。在无法通过内部培训选拔店长的情况下，公司不得不对外直接招聘店长。但是，与从公司内部选拔出来的店长相比，外聘店长的工作绩效明显较低。不仅如此，外聘店长的离职率也很高。就在上个月，又有9名外聘店长相继辞职。外聘店长的高离职率引起了公司总部领导的高度重视。

资料来源　作者根据相关资料整理而成。

思考：本实例对你最大的启发是什么？试用3句话来分析说明。

能力分析

1.小组讨论

问题：实践证明评价具有导向作用，在目前的社会环境下，企业配备人员应该关注哪些问题？请至少列出5个应该关注的问题，并说明理由。

分析要求：每5～6人组成一个小组进行讨论，详细列出5个以上企业应该关注的问题，并分析理由；班级交流，各小组选派代表在班级陈述建议关注的问题，并进行分析；教师对各组陈述的建议进行点评；把经过修改并附有教师点评的各小组建议和分析展示在班级本课程平台上。

2.善恶研判

关于选人用人，习近平总书记是这样要求的：

背景1：2013年6月，习近平总书记在全国组织工作会议上对领导干部提出如下要求：

内容：信念坚定、为民服务、勤政务实、敢于担当、清正廉洁。

背景2：2014年3月，习近平总书记在参加全国“两会”安徽代表团审议时提出：

内容：严以修身、严以用权、严以律己，谋事要实、创业要实、做人要实。

背景3：2014年10月，习近平总书记对云南工作的指示及在之后多个重要会议上提出：

内容：对党忠诚、个人干净、敢于担当。

背景4：2015年1月，习近平总书记在中央党校与县委书记座谈会上提出：

内容：心中有党、心中有民、心中有责、心中有戒。

背景5：2015年1月，习近平总书记在十八届中央纪委五次全会上提出：

内容：必须维护党中央权威、必须维护党的团结、必须遵循组织程序、必须服从组织决定、必须管好亲属和身边工作人员。

背景6：2015年6月，习近平总书记在会见全国优秀县委书记时提出：

内容：做政治的明白人、发展的开路人、群众的贴心人、班子的带头人。

背景7：2015年12月，习近平总书记在全国党校工作会议上提出：

内容：铁一般信仰、铁一般信念、铁一般纪律、铁一般担当。

背景8：2019年2月，习近平总书记在《求是》杂志上刊发文章，总结新时代选人用人的理念并概括为5个字：学、德、公、宽、管。

内容：学贵在辩、德贵在忠、公贵在心、宽贵在广、管贵在爱。

问题：习近平总书记关于选人用人的标准中，对干部的政治品质、道德品质有哪些具体要求？

分析要求：每个学生结合背景资料，分析整理；小组讨论，形成小组分析意见；班级交流，各小组选派代表在班级陈述本组整理分析的意见；教师对各组陈述的意见进行总结；各小组把经过修改并附有教师总结的分析意见展示在班级本课程平台上。

能力应用与训练

1.价值引领

背景与情境："瞄准"碳中和：2021年绿色低碳发展扫描

回眸2021年，"双碳""碳达峰碳中和"是这一年的热词，还有人称为碳中和行动"元年"。碳达峰碳中和工作顶层设计出台，新能源项目落地开工，绿色低碳技术广泛应用……2021年，我国低碳转型迈出坚实步伐。力争2030年前实现碳达峰、2060年前实现碳中和，是一场广泛而深刻的经济社会系统性变革。打好这场硬仗，要把碳达峰、碳中和纳入经济社会发展和生态文明建设的整体布局中。减少化石能源利用，推动减污降碳一体谋划、一体部署、一体推进、一体考核，有利于碳达峰碳中和与生态环境根本好转同步落实。

资料来源：高敬."瞄准"碳中和：2021年绿色低碳发展扫描［EB/OL］.［2021-12-23］. https://baijiahao.baidu.com/s? id=1719901361724368047&wfr=spider&for=pc.有删减.

问题：运用你学过的绩效考评的相关知识，查找资料，分析我国对碳达峰碳中和进行考核的原因与必要性。

讨论分析：

个人：每位同学仔细阅读背景与情境资料，查找相关资料，形成自己对该问题的理解与认知。

小组：5~6名同学为一组，组内交流各自的认知，小组成员共同讨论，形成小组基本观点。

全班：各组推荐1名同学，在全班陈述本组的观点。

老师：结合各组同学的观点进行点评。

2.能力训练

●训练内容：为本系学生会设计人员配备方案。

●训练目标：

素质目标：通过为本系学生会设计人员配备方案，认同学生会的工作，认同本系文化。

知识目标：通过调查、了解本系学生会的主要工作内容，加深对人员配备相关知识的理解。

能力目标：通过为本系学生会设计人员配备方案活动，提高同学们应用组织结构知识设计人员配备方案的能力。

●训练过程：

（1）5名同学分为一组，认真学习人员配备的相关知识。

（2）深入调查本系学生会及各组成部门的主要工作内容、岗位设置及职位说明、人员选聘的主要方向等。

（3）根据上述调查及分析结果，撰写一份本系学生会人员配备方案。

●训练成果：每组撰写一份本系学生会人员配备方案。

●成果评价：人员配备方案训练评价见表6-4。

表6-4 人员配备方案训练评价表

项目（分值）	评价标准	个人自评（30%）	小组互评（30%）	教师评分（40%）	得分小计（100%）
素养培养（30分）	参与本次训练的积极性较高				
	调查分析认真，准备工作充分				
	完成任务认真细致				
能力提升（20分）	对系学生会的岗位分析较准确				
	岗位评价准确、招聘方式合理、激励符合要求				
知识应用（20分）	对人员配备知识的理解较准确				
	对撰写人员配备方案的相关知识了解得较清楚				
项目成果展示（30分）	人员配备方案展现形式符合规范				
	排版规范、内容展示有新意				
	人员配备方案无内容雷同现象				
合计（100分）					

任务三 团队建设

任务目标

素质目标：通过知识学习（互动问题）、能力分析（善恶研判）、能力应用与训练（价值引领）等教学活动，培养同学们运用团队建设的相关理论建设团队，提升团队责任感与凝聚力，牢固树立政治意识、大局意识、核心意识、看齐意识。

知识目标：通过学习，能够准确理解团队建设的具体内容。

能力目标：通过能力分析、能力应用与训练，培养同学们有意识建设团队的能力。

能力评估

团队建设认知能力评估见表6-5。

表6-5 团队建设认知能力评估表

序号	评估内容	评估等级				
		非常不同意	比较不同意	一般同意	比较同意	非常同意
1	团队成员有时候必须要做一些自己不想做的事					
2	团队越成熟，领导者拥有的权力越小					
3	团队不能完全满足每个成员的需求					
4	为了使整个团队得到更好的发展，团队成员应该做出一些牺牲					
5	不断学习可以提高团队的竞争力					

注：能力评估采用五等级量表，选项越靠近“非常同意”项，说明你对团队建设的相关知识了解得越多。

知识学习

团队作为一种组织形式，在很久以前就出现在体育、军事、经济等领域。近年来，这一概念日益受到人们的青睐，“团队”几乎成了将个体利益与整体利益相统一从而实现理想工作状态的代名词。依靠团队，促进企业各项工作健康而顺利地开展，已经成为许多企业坚定不移的战略选择。

一、团队及构成要素

斯蒂芬·罗宾斯认为，团队是为了实现某一目标而由相互协作的个体组成的正式群体。团队由若干要素构成。

（一）目标

团队应该有一个既定的目标，这个目标能为团队成员导航，让团队成员知道要往何处去。没有目标，这个团队就没有存在的价值。

实例6-3　爱吃三叶草的昆虫实验

自然界中有一种昆虫很喜欢吃三叶草（也叫鸡公叶）。这种昆虫在吃食物的时候都是成群结队的，第一个趴在第二个身上，第二个趴在第三个身上，由一只昆虫带队去寻找食物，它们连接起来就像一节一节的火车车厢。管理学家做了一个实验，把这些像火车车厢一样的昆虫连在一起，组成一个圆圈，然后在圆圈中放了它们喜欢吃的三叶草，结果它们爬得精疲力竭也吃不到这些三叶草。

资料来源　作者根据相关资料整理而成。

思考：试用三句话来表述本实例的内容。

（二）人

人是构成团队最核心的力量。3个或3个以上的人就可以构成团队。

目标是由人来实现的，所以人员的选择是团队建设中非常重要的一部分。一个团队中可能需要有人出主意，有人制订计划，有人去实施，有人去协调不同的人一起工作，还需要有人去监督团队工作的进展，评价团队最终的贡献，不同的人通过分工共同实现团队的目标。所以在人员选择方面，要考虑人员的能力如何、技能是否互补，以及人员的经验如何。

（三）定位

定位包含两层意思：一是团队的定位，即团队在企业中处于什么位置，由谁选择和决定团队的成员，团队最终应对谁负责，团队采取什么方式激励下属；二是个体的定位，即团队成员在团队中扮演什么角色，是制订计划者、具体实施计划者还是评估计划者。

（四）权限

在团队中，领导者权力的大小与团队的发展阶段相关。一般来说，团队越成熟，领导者拥有的权力越小；在团队发展的初期，领导权是相对集中的。团队权限的大小取决于两个方面：一是组织的基本特征；二是团队在组织中拥有的决定权。

（五）计划

计划包括两层含义：一是实现最终目标的行动方案；二是团队的工作进度。

二、团队建设的内容与过程

（一）团队建设的内容

1.团队目标

团队领导者要运用领导力促使团队目标趋于一致，让一群人从一盘散沙逐渐形成具有战斗力的团队。因此，团队建设的首要内容便是确立团队共同的目标。

2.团队关系

团队需要和谐的正式关系与非正式关系，这就需要团队领导者创造环境与机会，让团队成员之间从生疏到熟悉，从防卫到开放，从动荡到稳定，从排斥到接纳，从怀疑到信任。团队关系越坚固，成员之间越信任，则组织内耗越小，团队效能越大。

3.团队规范

没有规矩不成方圆，制定规范容易，贯彻规范则较为困难。团队领导者必须有能力建立合理的、有利于组织的规范，并且促使团队成员认同规范、遵从规范。

4.团队领导

拥有一位优秀的领导者是团队成功的关键因素之一，所以团队领导者必须具备较强的领导力。领导力是指领导者在动态环境中，运用各种方法，促使团队目标趋于一致，建立良好的团队关系，以及树立团队规范的能力。

（二）团队建设的过程

第一时期：形成期

团队成员由具有不同动机、不同需求、不同气质与性格的人组成，因此团队在成立初期缺乏共同的目标，人与人之间的了解与信任不足，整个团队还未建立规范。在这一时期，团队领导者必须立即掌控团队，使团队成员迅速进入工作状态，以减少不稳定的风险，确保工作顺利进行。具体来说，团队领导者要设立合理的目标，清晰直接地告知成员团队目标；强调成员间要互相支持、互相帮助；快速确立必要的规范，尽快让团队步入正轨，注意规范不能太多、太烦琐，否则不易被成员理解与接受。

第二时期：培养期

在这一时期，团队成员逐渐了解了领导者的想法与团队目标，互相之间也从熟悉到产生默契，对团队规范也渐渐了解，违规的事项逐渐减少。但是，团队成员对领导者严重依赖，主要决策与问题都需要领导者做出指示。所以，团队领导者必须挑选核心成员，提高核心成员的竞争力；建立更清晰的权责划分制度；更广泛地授权，对于短期目标与日常事务，可以授权下属直接处理，自己定期检查与监督，在成员能接受的范围内，提出善意的建议。需要注意的是，授权的过程必须进行控制，且授权不能太急、太多、太广。

第三时期：加强期

在这一时期，团队领导者营造了开放的团队氛围，允许成员提出不同的意见与看法，甚至鼓励良性冲突；团队目标由领导者制定转变为团队成员的共同愿望；团队中形成了互相信赖、坦诚相待的团队关系；团队规范由外在限制变成内在承诺。此时，团队领导者必须归纳团队成员的愿望，形成自主化团队，调和差异，运用创造力增强团队凝聚力。这个时期团队要经历团结（表面）、混乱、调整、团结（内在）的一个过程。

第四时期：成熟期

在这一时期，团队强而有力，所有人都有强烈的集体感、使命感，团队爆发出了前所未有的潜能，创造出了非凡的成绩，并且能以更低的成本更好地满足客户的需求。此时，团队领导者应综观全局，系统思考，强化危机意识，促进团队持续学习，使团队不断成长，避免团队老化。

互动问题 6-5

有人说：当今社会，随着知识经济时代的到来，各种知识、技术不断推陈出新，竞争日趋紧张激烈，社会需求越来越多样化，人们在工作、学习中所面临的情况和环境极其复杂。在很多情况下，单靠个人能力已很难处理各种错综复杂的问题并采取切实高效的行动。所有这些都需要人们组成团队。结合你个人的理解，分析促成组织组建团队的因素还有哪些。

三、团队建设的途径

建设高效团队既是许多企业管理者的主要任务之一，也是对企业管理者管理能力的一种特殊挑战。企业在建设高效团队时，应从以下几个方面入手：

（一）确立清晰明确的愿景和目标

共同的愿景和目标是团队存在的基础。由于人的需求不同、动机不同、价值观不同、地位不同、看问题的角度不同，因此他们对企业的目标和期望值也存在很大的差别。要使团队高效运转，必须使团队成员有一个共同的愿景和目标，即让所有成员都知道“我们要完成什么”“我能得到什么”。这一目标是团队成员的共同愿望在客观环境中的具体体现，是团队的灵魂，是团队运行的核心动力，它能够为团队成员指明方向。为了使团队目标更具激励作用，在设计目标时，必须坚持以下原则：

1.明确原则

明确团队的目标、价值观及指导方针。

2.激励性原则

制定的目标必须能够激励成员，使每位成员都相信团队的愿景，并愿意努力去实现它。

3.切实可行原则

团队目标应该根据团队的内外环境、资源与市场机会，通过理性分析、综合评判确定；同时，团队目标必须建立在团队成员确实能实现的基础上。总之，目标既不能定得太高，也不能定得太低。

4.共识原则

团队目标应该是团队成员利益的集中体现，不仅要合乎社会规范，具有时代性，而且要与团队成员的价值取向相一致。对一个团队来说，团队所有成员都支持一种观点是至关重要的。

5.应变原则

管理者在关注团队目标的同时，还要重视团队成员的发展，激励团队成员充分挖掘自己的潜能，以适应团队发展的大环境；同时，团队的愿景和目标也应随着社会的进步不断创新。这样的团队才能不断发展壮大。

（二）明确角色组合与任务设计

许多团队管理者对团队的理解是片面的，因为团队的概念经常会淡化层级的概念。“大家是一个团队，我们是一个战壕里的弟兄”。在这种情况下，团队管理者经常会模糊自己的角色，大家更像好朋友而不是一个工作小组。而经验性的研究表明，团队管理者需要以恰当的形式、利用恰当的机会向团队成员传递这样一种信息：“我是这个团队的负责人。”因为团队中经常会出现一些冲突，但冲突并不都是坏事。对任务型团队来讲，团队管理者经常需要在某个关键点上明确统一团队成员的意见和方向，虽然这个意见和方向并不一定能够得到每个团队成员的认同，但是如果团队管理者的负责人角色足够明确，则很容易取得一致的意见。通常，角色搭配合理的团队更能创造好的业绩。因此，一个高效的团队需要管理者、执行者、监督者、协调者等各种角色，并实现有效的搭配和组合。

（三）营造良好的团队氛围

健康和谐的人际关系能使团队健康发展，因此企业高层管理者之间应该团结一心，按时、按量履行对团队的承诺；管理层在执行企业政策时要公正、公开，从而使团队成员对企业领导的信用及企业的政策产生信心。同时，企业管理者应该充分授权给团队成员，并向团队成员公开团队工作所必需的信息，为团队成员创造机会，与团队成员充分沟通，注重团队成员工作满意度和生活满意度的提高。个体的满足感离不开团队这一集体，团队管理者要在团队内部经常性地营造感恩和关爱他人的良好氛围，尊重团队成员的自我价值，将团队价值与团队成员自我价值有机统一起来，通过良好的福利待遇、改善工作环境、调换岗位等手段，使团队成员感受到工作的乐趣及挑战性，从而提高团队的工作效率。

（四）建立健全有效的管理制度和激励机制

健全的管理制度、良好的激励机制是团队精神形成与维系的内在动力。一个高效的团队必须建立合理的、有利于组织的规范，并且促使团队成员认同规范、遵从规范。管理制度和激励机制建设主要包括以下内容：

1.团队纪律

只有严肃纪律，团队才能战无不胜。

2.上级对下级合理授权

只有上级对下级合理授权，才能明确彼此的责任和义务，充分调动各方的积极性和创造性。

3.有效的激励与约束机制

要制定科学的工资制度以及公平的考核与升迁制度；在实施激励时，要充分考虑团队成员需求的多样性，激励形式要丰富多样，注重精神激励与物质激励并重。此外，不论是正激励还是负激励，都应该做到及时，这样才能促进团队不断发展。

（五）注重培训

要有效提高团队的整体素质和竞争力，学习是一个重要手段。在知识经济时代，唯一持久的竞争优势是比竞争对手更快、更强的学习能力。对现代企业来说，培训已经成为持续不断地学习和创新的手段与工具，培训对团队目标的实现非常重要。

在团队中，管理者应该营造积极的培训氛围，使团队成员乐于接受培训，确信培训后自己可以做得更好；同时，必须重视并积极创造条件，组织团队成员学习新知识、新技术，经常开展岗位练兵与技术比赛活动，为团队成员提供各种外出进修和学习的机会，提高团队成员的知识、技能和业务水平，使团队成员能够不断提高自身素质，以适应团队发展的需要。另外，管理者还要做好团队成员的思想政治工作，加强团队成员的职业道德建设，培养团队成员爱岗敬业、团结拼搏的精神，在团队内形成和谐、友善的人际关系和团结一心、通力合作的团队精神。

（六）提高团队管理者的领导力

优秀的团队管理者往往充当教练员和协调员的角色，能在动态的环境中为团队提供指导和支持，鼓舞团队成员的信心，帮助团队成员充分认识自己的潜力，为团队指明方向。团队管理者的行为直接影响团队精神的建立。众所周知，一个优秀的团队管理者能够带动并提高整个团队的活力，指导并帮助团队取得更加突出的成绩。由此可见，团队管理者首先要懂得如何管人、育人、用人；其次，必须加强对自身素质和能力的修炼，要善于学习、勤于学习，懂得运筹帷幄，懂得把握方向和大局，懂得研究事业发展战略；再次，要加强自身的德行修养，懂得以德服人，做到开阔胸襟、讲究信誉、发扬民主，敢于否定自己、检讨自己；最后，要善于集中团队成员的智慧，采纳团队成员的意见，发扬民主管理的作风，不断提高领导水平。

互动问题6-6

女排精神是中国女子排球队“顽强奋斗、团结协作、勇攀高峰、永不言败”等精神品格的总概括。

从1981年到1986年，中国女排创下世界排球史上第一个“五连冠”，成为一代中国人的集体回忆。女排精神被人们口口相传，成为耳熟能详的体育价值符号。竞技场上没有常胜将军，中国女排输过比赛、丢过冠军，也经历过漫长的低谷期，却秉持团队精神、咬紧牙关拼到底，体现了女排精神的内核。

2019年9月，中国女排夺得2019年女排世界杯冠军，成功卫冕。这是中国女排赢得的第十个世界大赛冠军。习近平总书记在贺电中指出，中国女排在比赛中不畏强手、敢打敢拼，打出了风格、赛出了水平，充分展现了团结协作、顽强拼搏的女排精神。请你分析中国女排的团队建设有哪些值得学习的地方？

能力分析

1.小组讨论

在激烈的市场竞争和组织变革中，企业要想生存与发展，要想做强做大，在进行准确的战略定位的同时，打造与其相适应的高绩效的团队显得尤为重要。

问题：结合本项目学习的内容，依据你的认知，讨论什么样的团队是高绩效团队，怎样组建高绩效团队。

分析要求：每5～6人组成一个小组进行讨论，每组详细列出两种以上组建高绩效团队的方案；班级交流，各小组选派代表在班级陈述本组组建高绩效团队的方案；教师对各组陈述的方案进行点评；各小组把经过修改并附有教师点评的方案展示在班级本课程平台上。

2.善恶研判

背景与情境：刘强东曾说，一家企业如果成功是因为团队，如果失败也一定是因为团队内部出了问题。培养团队，是我花费时间最多也是内部最重要的一件事。毕竟，作为一家高速增长的公司，外界常常觉得我们会因为发展速度而“疲于奔命”。但实际上，如果问我京东运营体系中哪里最让我“疲于奔命”，一刻也不敢放松，那就是培养团队。刘强东认为，如果有一天京东失败了，那么不是市场的原因，不是京东对手的原因，也不是投资人的原因，一定是自己的团队出了问题。

刘强东提出了京东人事管理的四大原则：第一原则就是能力价值观体系。根据能力的不同对员工进行分类，价值观第一、能力第二；按照能力高低和价值观匹配度将员工分为5类：铁锈、废铁、铁、钢和金子。刘强东经过多年的摸索和实践，提出了“倒三角”管理模式，将整个倒三角形分为4个板块，最底层是“团队”，倒数第二层是“物流系统、IT系统及财务系统”，倒数第三层是“成本和效率”，最上面一层是“产品、价格和服务”（是面向用户的）。这4部分所对应的关键分别是基础、供应链、关键KPI以及用户体验。由此可见，刘强东管理策划的重点是“团队是基础”。

资料来源　佚名.刘强东的独特管理模式团队是基础［EB/OL］.［2021-04-22］. http://www.sohu.com/a/462248846_593571.

问题：1.本案例中存在哪些道德伦理问题？

2.试对上述问题做出你的道德研判。

3.对照教材和网络搜集的资料，说明你的道德研判所依据的管理道德规范。

分析要求：每个学生结合善恶研判案例问题，拟出分析提纲；小组讨论，形成小组善恶研判案例分析提纲；班级交流，各小组选派代表在班级陈述本组善恶研判案例分析提纲的观点；教师对各组陈述的观点进行点评；各小组把经过修改并附有教师点评的善恶研判案例分析报告展示在班级本课程平台上。

能力应用与训练

1.价值引领

背景与情境：同时间赛跑与病魔竞速短短一周多时间，一座建筑面积3.4万平方米、拥有1 000张床位的专用医院建成投用。“火神山速度”的背后，是中国发展建设积累的强大国力，是中国特色社会主义制度的鲜明优势，是中国共产党团结带领各族人民战胜新冠肺炎疫情的坚强意志。

（1）集中力量办大事。针对复杂严峻的疫情防控形势，中央明确提出“集中患者、集中专家、集中资源、集中救治”的原则，举全国之力与疫情展开斗争。

（2）八方支援筑防线。中联重科、三一重工等企业调集大批高性能工程机械支援前方；联想集团为火神山医院捐赠IT设备并提供现场技术支持；兴源环境科技股份有限公司等企业提供的污水处理装备每天可处置800～1 000吨污水；7 000余名经验丰富的建筑工人暂别亲人、不舍昼夜、轮番上阵……正是坚挺的经济、优秀的企业、勤劳的工人，为我们构筑起战胜疫情的坚固防线。

“中方行动速度之快、规模之大，世所罕见，展现出了中国速度、中国规模、中国效率。”世界卫生组织总干事谭德塞这样评价。

资料来源　王俊岭.同时间赛跑与病魔竞速［N］.人民日报，2020-02-03.

问题：“火神山速度”对企业团队管理者有什么启发？运用你学到的团队建设的相关知识进行分析说明。

讨论分析：

个人：每位同学仔细阅读背景与情境资料，查找相关资料，形成自己对该问题的理解与认知。

小组：5～6名同学为一组，组内交流各自的认知，小组成员共同讨论，形成小组基本观点。

全班：各组推荐1名同学，在全班陈述本组的观点。

老师：结合各组同学的观点进行点评。

2.能力训练

● 训练内容：你们宿舍想建设学习型宿舍，请为本宿舍确定学习型宿舍的团队目标。

● 训练目标：

素质目标：通过为本宿舍确定学习型宿舍的团队目标实训活动，凝聚宿舍成员的向心力，形成良好的学习型宿舍风气。

知识目标：通过为本宿舍确定团队目标活动，能陈述团队建设方法、团队目标、组建团队等内容。

能力目标：通过为本宿舍确定学习型宿舍的团队目标实训活动，提高同学们设计团队目标的能力，培养彼此之间的沟通协调能力。

●训练过程：

（1）请同学们以宿舍为小组，分析本宿舍的具体情况。

（2）分析目前本宿舍所处的环境，提出学习型宿舍的团队目标。

（3）根据上述分析，结合宿舍实际，撰写宿舍团队目标分析报告。

●训练成果：每组撰写一份学习型宿舍团队目标分析报告。

●成果评价：团队目标分析训练评价见表 6-6。

表 6-6　团队目标分析训练评价表

项目（分值）	评价标准	个人自评（30%）	小组互评（30%）	教师评分（40%）	得分小计（100%）
素养培养（30 分）	参与本次训练的积极性较高				
	调查分析认真，准备工作充分				
	完成任务认真细致				
能力提升（20 分）	对宿舍的环境因素分析较准确				
	提出的团队目标合理、正确				
知识应用（20 分）	对学习型宿舍团队目标的内涵理解得较准确				
	熟练掌握团队建设的相关知识				
项目成果展示（30 分）	学习型宿舍的团队目标分析报告展现形式符合规范				
	排版规范、内容展示清晰				
	分析报告无内容雷同现象				
合计（100 分）					

任务四　组织文化建设

任务目标

素质目标：通过知识学习（互动问题）、能力分析（善恶研判）、能力应用与训练（价值引领）等教学活动，培养同学们树立与组织文化相适应的价值观，具有目标意识、大局意识，培养责任与担当精神，提高文化自信。

知识目标：通过学习，能够准确理解不同组织文化的具体内容，掌握组织文化建设的方法及途径。

能力目标：通过能力分析、能力应用与训练，培养同学们运用不同的组织文化建设方法建设企业组织文化的能力。

能力评估

组织文化建设认知能力评估见表 6-7。

表 6-7　　组织文化建设认知能力评估表

序号	评估内容	评估等级				
		非常不同意	比较不同意	一般同意	比较同意	非常同意
1	任何组织都有自己的组织文化					
2	一个求职者期望通过面试官来了解组织文化是不可能的					
3	即使经过学习，睿智的管理者也不可能很快改变组织文化					
4	在创业初期，组织文化更接近于“老板文化”					
5	一个人在某个组织中表现出色，在另一个组织中不见得也表现出色					

注：能力评估采用五等级量表，选项越靠近“非常同意”项，说明你对组织文化建设的相关知识了解得越多。

知识学习

组织文化能对组织整体和组织每个成员的价值取向及行为取向起引导作用，使之符合组织所确定的目标。组织文化一旦形成，组织的价值体系和规范标准就会建立，而这一价值体系和规范标准能够塑造和引导员工的心理和行为，使员工在潜移默化中接受共同的价值观念，自觉把组织目标作为自己的追求目标。

一、组织文化概述

（一）组织文化的含义

组织文化是指在一定的社会政治、经济、文化背景下，组织在生产与工作实践过程中所创造的或逐步形成的价值观念、行为准则和团体氛围的总和。培育健康向上的组织文化，组建高激励性、高凝聚性的企业团队，是企业管理的核心内容。这里所讲的组织文化，是狭义的组织文化，也称企业文化。

任何组织都有自己的组织文化，优秀的组织文化反映和代表了推动组织发展的整体精神、共同的价值观、合乎时代的道德标准和追求发展的文化修养。

（二）组织文化的层次

由于每个组织都有自己特殊的环境条件和历史传统，因此每个组织都形成了自己独特的价值取向和行为方式，这种特定的价值取向和行为方式就是组织文化。一般认为，组织文化分为3个层次，即精神文化层（潜层）、制度文化层（表层）和物质文化层（显层）。

1.精神文化层

精神文化层也称核心文化层，是组织文化中的核心和主体，是广大成员共同而潜在的意识形态。它包括管理哲学、敬业精神、人本主义的价值观、道德观念等，表现为成员共性的目标、责任、观念、态度和传统等。我们把组织文化的核心内容概括为组织理念和文化价值观。

2.制度文化层

制度文化层是指体现组织文化特色的各种规章制度、道德规范和成员行为准则的总和，也包括组织内体现分工协作关系的组织结构。它是组织文化潜层（内隐部分）与显层的中间层，是由虚体文化（意识形态）向实体文化转化的中介，表现为对组织成员的观念、习惯、态度和传统等内容的规范或统一。

3.物质文化层

物质文化层是凝聚着组织文化抽象内容的物质的外在显现。它是组织的物质环境、物质手段、物质载体，既包括组织物质的和精神的活动过程、组织行为、组织产出等外在表现形式，也包括组织实体性的文化设备、设施等，如带有组织色彩的工作环境、作业方式。物质文化层是组织文化最直观的部分，也是组织成员最易感知的部分。

微课6-1

认识企业文化

组织的精神文化、制度文化和物质文化是密不可分的，它们相互影响、相互作用，共同构成组织文化的完整体系。同时，组织文化与社会文化之间也存在着相互影响的关系。

实例6-4

格力电器的董事长董明珠说，女人真想干点事，谁也拦不住！很多访谈节目抑或媒体无不赞美和推崇董明珠的企业文化，认为那是一种“工匠精神”，而这其实就是格力品牌的精神：一是注重细节，追求完美和极致，不惜花费时间、精力，孜孜不倦，反复改进产品，把99%提高到99.99%，做到精益求精；二是不投机取巧，必须确保每个部件的质量，对产品采取严格的检测标准，不达要求绝不轻易交货，做到严谨、一丝不苟；三是不断提升产品和服务质量，因为真正的工匠在专业领域上绝对不会停止追求进步，无论是使用的材料、设计还是生产流程，都在不断完善，做到耐心、专注、坚持；四是打造本行业最优质、同行无法匹敌的卓越产品，做到专业、敬业。

资料来源　北国鹰飞.董明珠的企业文化是“工匠精神”的引领［EB/OL］.［2021-05-07］. https://baijiahao.baidu.com/s? id=1699077401848215908&wfr=spider&for=pc.

思考：本实例对你最大的启发是什么？试用三句话来说明。

二、组织文化建设

（一）组织文化建设的原则

1.以人为中心的原则

组织文化体现着人本主义精神，因此它的建设应该体现以人为中心的原则。人既是组织文化建设的主体，也是组织文化建设的客体。组织文化应该来自每个成员积极的思想情感的提炼和升华，反过来又对成员的精神面貌起着塑造的作用。组织文化重在对成员精神的培养，如对成员进行激励和增强组织的凝聚性。因此，组织的管理作风、经营理念、沟通规则和职业道德应该成为组织文化建设的中心内容。组织文化的内容应该顺应人的本性的发展，充满人情味。良好的组织文化应该是尊重人性的，同时能对组织领导及成员的价值观和社会责任做出积极的引导，带动企业朝着文明生产、文明经营的方向发展。

2.全员参与的原则

组织文化是组织的人格化，是组织成员思想行为的精华，它只有在大部分员工认同的基础上才会有效。因此，组织文化的建设应该贯彻全员参与的原则。组织成员的思想观念、价值体系、行为准则是组织文化生长的根基，只有全员关注和参与，组织成员才会觉得这是他们自己的意识，而不是由任何人强加给他们的观念，组织成员行动起来才有自觉性和积极性。组织文化是一种观念的统一，要想在推行时受到较少的阻力甚至没有阻力，就必须奉行全员参与的原则，使组织文化具有坚实的群众基础。组织文化的建设和推行无法通过行政命令来实现，只有通过模范人物的示范作用、领导的身体力行，成员才能在认同的基础上将组织文化转化成自己的思想意识和自觉行动。

3.系统的原则

组织文化的核心是精神层，同时还有物质层和制度层，所以在建设组织文化时首先应进行全面的考虑，在倡导一种观念的同时，推出相应的制度保障和物质准备。其次，组织文化是由个人的、班组的、部门的观念集聚起来的，因此在建设组织文化时还要考虑各部门的特点、各部门与组织总体目标的联系，进行系统的思考。最后，组织文化具有历史继承性，建设组织文化时，对历史的批判是必要的，可以摒弃过时的观念，但切不可否定一切，对传统观念的精华应加以适当的保留。

4.个性化的原则

组织文化的建设应该遵循个性化的原则，如果组织文化千篇一律，就会失去其应有的作用。在进行组织文化建设时，我们容易犯的一个错误就是“赶时髦”，不少人喜欢将社会上流行的口号拿来作为组织的文化，而不顾自己组织的具体特点，这是应该避免的。比如，我们经常能看到不少组织都在显著的位置上标示着“团结奋进、求实创新”“顾客第一、服务至上”等字眼，这些观念其实是作为一种基本观念存在于组织文化之中的，它们因为不具有个性而没有识别作用。只有根据组织的特点建设与众不同的组织文化，才能使组织成员为拥有这样的组织文化而感到骄傲、受到激励。

5.目标融合的原则

组织文化能够调节成员与组织之间的关系，统一成员的目标。要使组织文化的这种作用发挥出来，就必须使组织的目标和成员的目标有机结合起来。组织文化应该既包含组织的特点，又能融合成员的个性。组织和成员是合作伙伴关系，而不是单纯的雇佣关系。组织和成员在竞争的海洋中就像船和水手一样相互依存，只有同舟共济，才能到达希望的彼岸。所以，只有在实现组织目标的同时使成员个人目标也顺利实现的组织文化，才能真正扎根在全体成员的心中，成为激发成员斗志的精神源泉。换句话说，组织文化应该包含这样的理念，即组织的发展能够让组织和成员同步成长。

（二）组织文化建设的途径

1.选择价值标准

由于组织的价值标准是整个组织文化的核心和灵魂，因此选择正确的价值标准是建立和塑造组织文化的首要问题。选择价值标准有以下两个前提：

（1）应准确把握组织的具体特点，选择适合组织发展的价值标准，否则组织文化就不会得到广泛的认同与理解。

（2）使组织的价值标准与组织文化各要素之间相互协调，因为各要素只有经过科学的组合与匹配，才能实现系统整体优化。

在此基础上，选择价值标准还要抓住以下4点：

①组织的价值标准要正确、明晰、科学，具有鲜明的特点。

②组织的价值标准要体现组织的宗旨、管理战略和发展方向。

③要认真调查本组织成员的认可程度和接纳程度。

④组织的价值标准要能够充分发挥成员的创造精神。

互动问题6-7

请你思考所在院校校园文化价值标准的内容，可以用几组词语来展示，你会选哪几组词？

2.强化员工认同

明确了组织的价值标准之后，组织就应通过一定的方式将这一价值标准灌输给员工，使其深入人心。

（1）充分利用一切宣传工具和手段，大力宣传组织文化的内容和要求，使之深入人心。

（2）树立榜样人物。典型榜样是组织精神和组织文化的人格化身与形象缩影，具有独特的感染力、影响力和号召力。尤其是在组织发展的关键时期，组织成员总是以榜样人物的言行作为自己行为的导向。

（3）培训教育。有目的的培训教育能够使组织成员系统接受和深度认同组织所倡导的组织精神和组织文化。培训教育的形式可以多种多样，在健康有益的娱乐活动中恰如其分地融入组织文化的基本内容和价值准则，往往不失为一种有效的方法。

3.分析定格

（1）精心分析。在经过群众性的初步认同与实践之后，组织应当对反馈回来的意见加以剖析和评价，详细分析和比较实践结果与组织文化设计方案的差距，必要时可吸收有关专家和成员的合理化意见。

（2）全面归纳。在系统分析的基础上，进行综合的整理、归纳、总结和反思，采取去粗取精、去伪存真、由此及彼、由表及里的方法，删除组织文化设计方案中那些落后的、不为成员所认可的内容与形式，保留那些进步的、卓有成效的、为广大成员所接受的内容与形式。

（3）精练定格。把经过科学论证和实践检验的组织精神、组织价值观、组织文化予以条理化、完善化、格式化，同时加以必要的理论加工和文字处理，用精练的语言表述出来。

4.巩固落实

（1）建立必要的制度。在组织文化演变为全体成员的行为习惯之前，要想使每一位成员都能自觉主动地按照组织文化和组织精神的标准去行事几乎是不可能的。即使在组织文化已经成熟的组织中，个别成员背离组织文化的行为也会时常出现。因此，建立奖优罚劣的规章制度是十分必要的。

（2）领导者率先垂范。组织的领导者在塑造组织文化的过程中起着决定性作用，领导者的模范行为会产生强大的示范效应。这就要求组织的领导者作风正派、率先垂范，真正肩负起带领组织成员共建优秀组织文化的重任。

5.丰富发展

任何一种组织文化都是特定历史阶段的产物，当组织的内外条件发生变化时，不失时机地调整、更新、丰富和发展组织文化的内容和形式是必然选择。这既是一个不断淘汰旧文化特质和不断生成新文化特质的过程，也是一个认识与实践不断深化的过程，组织文化由此经过循环往复达到更高的层次。

互动问题6-8

从个人行为层面对社会主义核心价值观的具体凝练表现在哪几方面？你是如何理解的？

（三）组织文化建设的方法

1.示范法

通过宣传模范人物的事迹、表扬好人好事，为组织成员提供学习的榜样。这些先进事迹就是组织文化中关于道德规范与行为准则的具体样板。做好这项工作，就是把组织所要建立的文化意识告知组织成员。

2.激励法

对组织成员进行精神激励，如通过开展知识竞赛、攻克技术难关、评选先进等活动，使组织成员在工作中获得成就感与满足感。同时，组织必须在生活上关心成员，通过不断改革分配制度，满足组织成员在物质利益方面的合理要求。

3.感染法

组织可以开展一系列文艺活动、体育活动和读书活动，培养组织成员的自豪感和向心力，在潜移默化中形成集体凝聚力。

4.自我教育法

组织可以采用谈心活动、演讲比赛、达标活动、征文活动等形式，让组织成员对照组织的要求找差距，进行自我教育，转变价值观念和行为方式。

5.灌输法

组织可以通过培训、报告会、研讨会等宣传手段进行宣教，把组织想要建立的文化目标直接灌输给组织成员。

微课 6-2

团队拓展训练

6.定向引导法

组织可以有目的地举行各种活动，引导组织成员树立新的价值观念。

能力分析

1.小组讨论

问题：改革开放发展到今天，经济体制、社会结构、利益格局、思想观念都发生了深刻的变化。在这种环境下的任何组织都会受到各种影响，组织要健康发展，就必须建设自己的组织文化。以你们熟悉的一个中小型企业为例，讨论怎样建设组织文化。

分析要求：每5～6人组成一个小组进行讨论，详细列出两种以上建设方案；班级交流，各小组选派代表在班级陈述本组建设方案；教师对各组陈述的建设方案进行点评；各小组把经过修改并附有教师点评的建设方案展示在班级本课程平台上。

2.善恶研判

背景与情境：阿里巴巴集团董事局前主席马云说："上等公司治理靠文化，中等公司治理靠制度，下等公司治理靠亲友义气。"马云认为，企业文化必须做实才有意义，否则难以取得成效。在日常生活中，我们看到一些企业把企业文化的标语贴在墙上，印在杂志上，或者举办活动予以宣传，这固然可以理解，但关键还是文化能否落到实处，能否"说的和想的一样，做的和说的一样"。

企业文化的落实需要内外言行一致，这是执行企业文化最关键的部分。毕竟，员工不是看你如何说，而是看你如何做。一般来说，制度可以更改，但是文化一旦形成就很难改变。因此，制定适合本公司的文化战略非常重要。

马云认为，企业文化的核心点就是确立一个共同的目标，只有整个团队朝着这个目标努力，企业才能朝气蓬勃。在这方面，以马云为核心的阿里巴巴领导层决定要做102年的企业。

有了共同的目标、使命，马云还提出要将"六脉神剑"作为阿里巴巴的六大价值观。这"六脉神剑"分别为：客户第一，团队合作，拥抱变化，诚信，激情，敬业。

资料来源　薛定谔的猫.马云谈企业文化［EB/OL］.［2020-12-10］. http://zhuanlan.zhihu.com/p/335543577.

问题：1.本案例中存在哪些道德伦理问题？

2.试对上述问题做出你的道德研判。

3.对照教材和网络搜集的资料，说明你的道德研判所依据的管理道德规范。

分析要求：每个学生结合善恶研判案例问题，拟出分析提纲；小组讨论，形成小组善恶研判 案例分析提纲；班级交流，各小组选派代表在班级陈述本组善恶研判案例分析提纲的观点；教师对各组陈述的观点进行点评；各小组把经过修改并附有教师点评的善恶研判案例分析报告展示在班级本课程平台上。

能力应用与训练

1.价值引领

背景与情境：讲好民族品牌故事，助力企业海外传播中华民族的伟大复兴不仅是经济层面的崛起，还包括民族品牌在全球范围内获得广泛的认可。长期以来，囿于西方媒体刻意而片面的宣传报道，民族品牌给海外消费者留下了“廉价”“低劣”的刻板印象。近年来，以高铁、华为、OPPO、比亚迪等为代表的中国民族品牌在国际上赢得了许多声誉，消解了部分海外消费者对民族品牌的负面认知。但是海外消费者对民族品牌的信任度与西方发达国家品牌相比仍存在一定差距，这成为民族品牌进军海外市场的一道屏障。随着越来越多的企业加入“出海”大潮，提升民族品牌在国际受众心目中的地位和影响力迫在眉睫。在技术驱动传播环境变革的背景下，讲好中国民族品牌故事是扭转海外消费者对中国民族品牌负面认知的有效路径。

随着“一带一路”倡议的深入实施，“政策沟通、设施联通、贸易畅通、资金融通和民心相通”的“五通”模式让沿线国家逐步形成区域大合作格局。中国企业全球化迎来了前所未有的好时机，讲好民族品牌故事是中国企业形象海外传播的重要内容和抓手。民族品牌故事不仅要有中华优秀传统文化的信心与底气，要有对他国文化理解与包容的大气，更要有中国特色的品牌精神内涵与文化基因，这样才能向国际社会呈现出立体的、负责任的民族品牌形象。

资料来源　邹文兵.讲好民族品牌故事 助力企业海外传播［EB/OL］.［2021-12-27］. https://baijiahao.baidu.com/s? id=1719915707365234797&wfr=spider&for=pc.有删减.

问题：运用你学习的组织文化建设的相关知识，分析说明为什么要讲好民族品牌故事，企业怎样才能讲好这些故事。

讨论分析：

个人：每位同学仔细阅读背景与情境资料，查找相关资料，形成自己对该问题的理解与认知。

小组：5~6名同学为一组，组内交流各自的认知，小组成员共同讨论，形成小组基本观点。

全班：各组推荐1名同学，在全班陈述本组的观点。

老师：结合各组同学的观点进行点评。

2.能力训练

●训练内容：根据所学知识，总结你非常崇拜的一家公司的组织文化（组织文化的特点、组织文化建设路径、组织文化成效等）。

●训练目标：

素质目标：通过对某公司组织文化的分析，培养同学们对组织文化的认同感。

知识目标：通过对某公司组织文化的分析，加深同学们对组织文化内容和相关知识的理解。

能力目标：通过对某公司组织文化的分析，提高同学们的组织文化建设能力。

● 训练过程：

（1）每5名同学分为一组，针对选定的公司进行组织文化调查，小组间所选公司不得重复。

（2）讨论分析该公司的组织文化，认真进行归纳。

（3）根据上述调查与分析，围绕公司组织文化的特点、组织文化建设路径、组织文化成效等撰写一份该公司组织文化调查报告。

● 训练成果：每组撰写一份组织文化调查报告。

● 成果评价：组织文化调查训练评价见表6-8。

表6-8　组织文化调查训练评价表

项目（分值）	评价标准	个人自评（30%）	小组互评（30%）	教师评分（40%）	得分小计（100%）
素养培养（30分）	参与本次训练的积极性较高				
	调查分析认真，准备工作充分				
	完成任务认真细致				
能力提升（20分）	对组织文化的分析较准确				
	对组织精神的归纳正确				
知识应用（20分）	对组织文化建设的理解准确				
	组织文化建设的方法应用熟练				
项目成果展示（30分）	组织文化调查报告展现形式符合规范				
	排版规范、报告展示有新意				
	组织文化调查报告无内容雷同现象				
合计（100分）					

思考与训练

项目六 扫码答题

1.选择题

□ 单项选择题

（1）一些由小到大逐步发展起来的组织，在发展初期通常采用的是直线制组织结构，这种组织结构的最大优点是（　　）。

A.能够充分发挥专家的作用，提高组织的效率和效益

B.加强了横向联系，能够提高专业人才的利用率

C.每个下级都能得到多个上级的工作指导，管理工作深入细致

D.命令统一，指挥灵活，决策迅速，管理效率较高

（2）在进行岗位分析与评价时，评价因素可以分为（　　）4类。

A.技能、强度、条件、责任　　　　B.智力、强度、环境、责任

C.技能、素质、条件、性格　　D.技能、素养、环境、责任

（3）所有人都有强烈的集体感、使命感，这属于团队建设的（　　）。

A.培养期　　B.形成期　　C.加强期　　D.成熟期

（4）团队目标应该是团队成员利益的集中体现，属于团队建设的（　　）。

A.明确原则　　B.共识原则　　C.激励性原则　　D.应变原则

（5）组织文化建设的方法很多，企业召开先进员工事迹报告会宣传组织文化属于（　　）。

A.激励法　　B.感染法　　C.自我教育法　　D.示范法

□ 多项选择题

（1）事业部式组织结构的基本要素有（　　）。

A.相对独立的市场　　B.相对独立的利益　　C.相对独立的制度

D.相对独立的自主权　　E.相对独立的管理者

（2）在人员配备中，人员选聘的原则包括（　　）。

A.组织性原则　　B.科学性原则　　C.计划性原则

D.公正性原则　　E.公开性原则

（3）团队建设的要素包括（　　）。

A.团队目标　　B.团队关系　　C.团队规范

D.团队领导　　E.团队制度

（4）以下几种情况中，（　　）是先进组织文化的特征。

A.员工有错误要严厉批评　　B.员工的绩效和企业目标相挂钩

C.企业经常开会统一员工的思想　　D.内部沟通不受层级的限制

E.企业会为每一位员工过生日

（5）一般认为，组织文化的层次包括（　　）。

A.物质文化层　　B.行为文化层　　C.制度文化层

D.精神文化层　　E.创新文化层

2.判断题

（1）管理幅度、管理层次与组织规模存在相互制约的关系。也就是说，当组织规模一定时，管理幅度与管理层次成正比。（　　）

（2）批评也是一种激励，属于精神激励的范畴。（　　）

（3）团队领导者应该对团队的成败负主要责任，因为任何决策都是由他认可的。（　　）

（4）组织一旦确立，组织文化就产生了，所以不需要对它进行测评。（　　）

（5）组织文化是看不见的，它对组织的经济效益不产生作用。（　　）

3.思考题

（1）随着管理幅度的增加，所需管理人员的数量相应减少，管理费用也相应减少。那么，对任何一个组织来说，是不是管理幅度越大越好呢？

（2）大多数企业的基层员工认为物质激励比精神激励更实惠、更有效，从人员配备的角度考虑，你认为物质激励与精神激励的关系如何？如何有效利用？

（3）是不是拥有了高效的团队，管理者就应强调维持现状而不是成长与发展？

（4）班级也有文化，描述你所在班级的文化。班级文化约束你的老师了吗？如果约束了，请说明班级文化是如何约束的。

（5）有人说组织文化是“老板文化”，你认为是这样吗？

项目七

领导职能

任务一　关于领导

学习目标

素质目标：通过知识学习（互动问题）、能力分析（善恶研判）、能力应用与训练（价值引领）等教学活动，激励同学们加强自我修养，提升自我人格魅力。

知识目标：通过学习，能够准确陈述什么是领导、领导影响力从何而来、培养领导影响力的途径等基本内容。

能力目标：通过能力分析和能力应用与训练，培养同学们在日常生活中的管理能力。

能力评估

领导认知能力评估见表7-1。

表7-1　领导认知能力评估表

序号	评估内容	评估等级				
		非常不同意	比较不同意	一般同意	比较同意	非常同意
1	我总是对与我共事的人表现友好、诚实和真诚					
2	我十分注重改善个人形象					
3	我通常比大多数同事工作得更努力					
4	我经常避免运用威胁和命令来将自己的意见强加于人					
5	我帮助他们解决那些他们没期望我能解决的问题					

注：能力评估采用五等级量表，选项越靠近“非常同意”项，越说明你已经注意个人影响力塑造了。

知识学习

任何组织都离不开领导，领导职能是管理职能的集中体现，领导职能是实现管理效率和效果的灵魂，是管理过程的核心环节。

一、领导

日常工作中，谈到“领导”一词，很容易理解为组织的领导人，如企业的经理、公司的总裁等。实际上，“领导”一词有两种含义：作为名词时，指领导者；作为动词时，指领导者实施领导职能或活动。

这里，我们使用这个词的后一种含义，将领导定义为对人施加影响以实现某一特定目标的过程。该定义强调3个方面：人、影响和目标。首先，其强调领导是对人的领导，是一种人的活动，它发生于人群之中；其次，它涉及运用影响力，强调人与人之间的关系不是消极、被动的，而是相互作用、双向影响的；最后，其强调领导行为通常是为了达到一定的目标。

二、领导影响力的来源

领导具有一种影响力，影响力来源于权力。组织中的权力可分为职位权力和非职位权力两大类。

（一）职位权力

职位权力是在组织中担任一定的职位而获得的权力，主要有3种：合法权、奖赏权和惩罚权。

1.合法权

合法权就是组织等级制度所规定的正式权力，被组织、法律、传统习惯甚至常识所认可，通常与合法的职位紧密联系在一起。例如，某公司的王某，经群众推荐和组织考核，被上级组织正式任命为该公司的经理。王某担任了公司经理，在其位谋其政，他就可以为实现公司目标而行使合法权力，如可以代表公司与其他单位签订合同。

2.奖赏权

奖赏权就是决定提供还是取消奖励、报酬的权力。例如，厂长可以根据情况给下级增加工资、提升职务，赋予其更多的责任，给予其表扬等。谁控制的奖励手段越多，谁的奖赏权就越大。

3.惩罚权

惩罚权是指通过精神或物质上的惩罚性措施，迫使别人按其意志行事的一种权力。例如，企业领导者可以给予员工扣发工资、降职等惩罚。惩罚权在使用时往往会引起痛苦、愤恨、不满，甚至报复行为，因此必须谨慎使用。

（二）非职位权力

非职位权力是指与组织的职位无关的权力，主要有专长权、个人魅力、背景权、感情权等。

1.专长权

知识就是力量，从某种程度上讲，知识也是权力。谁掌握了知识，具有了专长，谁就拥有了影响别人的专长权。这种权力源于信息和专业特长，人们往往会听从某一领域专家的忠告，受他们的影响。专长权与职位没有直接的联系，许多专家、学者虽然没有什么行政职务，但是在组织和群体中具有很大的影响力，其基础就是专长权。

2.个人魅力

这一权力与其他权力不同，是一种无形的、很难用语言来描述或概括的权力。个人魅力是建立在优异的个人素质之上的，这种素质吸引了欣赏它、希望拥有它的追随者，从而激起人们的忠诚和极大的热忱。一些传奇的政治领袖就具有这种魅力，因而他们有着巨大而神奇的影响力。

3.背景权

背景权是指个人由于以往的经历而获得的权力。例如，战斗英雄、劳动模范等，如果人们知道他们的特殊背景和荣誉，在初次见到他们的时候，就会倾向于听从他们的意见，接受他们的影响。

4.感情权

感情权是指个体由于和被影响者感情较融洽而获得的权力。

（三）职位权力和非职位权力的差异

职位权力以法定权力为基础，具有一定的强制性。在它的作用下，下属的心理和行为主要表现为被动和服从。非职位权力不是由组织赋予的，是领导者基于个人特殊品质和才能而产生的影响力，它对下属的影响是建立在信服的基础上的。非职位权力可以使下属心甘情愿、自觉地跟随领导者，对下属的影响比职位权力更持久。因此，提高领导者的影响力关键在于提高其非职位权力。职位权力和非职位权力的差异见表7-2。

表7-2　职位权力和非职位权力的差异对照表

项目	职位权力	非职位权力
来源	法定职位，由组织规定和赋予	完全依靠个人的素质、品德、业绩和魅力
范围	受时空限制，受权限限制	不受时空限制，可以超越权限，甚至可以超越组织
大小	确定，不因人而异	不确定，因人而异（同一职位的主管，有的人具有，有的人不具有）
方式	以行政命令的方式实现，是一种外在的作用	自觉接受，是一种内在的影响
效果	服从、敬畏，也可以采用调岗、离职的方式逃避	追随、信赖、爱戴
性质	强制性地影响	自然地影响

互动问题7-1

习近平总书记在2022年春季学期中央党校中青年干部培训班开班式上发表重要

讲话，年轻干部必须牢记清廉是福、贪欲是祸的道理，经常对照党的理论和路线方针政策、对照党章党规党纪、对照初心使命，看清一些事情该不该做、能不能干，时刻自重自省，严守纪法规矩。守住拒腐防变防线，最紧要的是守住内心，从小事小节上守起，正心明道、怀德自重，勤掸"思想尘"、多思"贪欲害"、常破"心中贼"，以内无妄思保证外无妄动。请问：习近平总书记为什么希望青年干部必须牢记清廉是福、贪欲是祸的道理？

三、领导者与管理者

领导者与管理者究竟有什么不同呢？

领导与管理，在工作动机、行为方式方面存在很多差异。管理者基本上是按照企业的某种要求来做事情，不会越雷池半步；但是领导者就不一样了，他完全是用一种个人的、积极的态度来面对目标，只要是对绩效有帮助和有影响的，都可以随时去改变。

管理者更强调程序化和稳定性，管理总是围绕计划、组织、领导和控制等几个要素来进行。而领导者不一样，他强调适当的冒险，而这种冒险可能会带来更高的回报。管理者与领导者的区别见表7-3。

表7-3　管理者与领导者的区别

管理者	领导者
强调的是效率	强调的是结果
维持现状	强调未来的发展
注重系统	注重人
强调控制	培养信任
运用制度	强调价值观和理念
注重短期目标	注重长远发展
强调方法	强调方向
接受现状	不断向现状挑战
要求员工顺从标准	鼓励员工进行变革
运用职位权力	运用非职位权力
避免不确定性	勇于冒险

四、领导能力优劣所产生的差异调查

对领导者调查的结果表明，领导能力的优劣给工作成效、工作气氛和成员干劲带来的差异很大。因此，领导者应充分领悟领导能力的意义，并努力提高和发挥自身的领导能力，调动全体成员的积极性，使大家通力合作，共同完成企业的任务。企业领导者领导能力优劣所产生的差异见表7-4。

表 7-4　企业领导者领导能力优劣所产生的差异

项目	领导能力逊色的企业状况	领导能力优秀的企业状况
成绩和工作方面	1.完不成指标或多数指标是低水平完成的 2.有关工作方面的信息沟通不畅，成员工作随意性强 3.对次品和差错的投诉多，来自外部的信赖度低 4.期限或交货期经常被延长或延误，给外部造成麻烦 5.工作进展慢，效率低下 6.动脑筋、改进工作的人少，工作场所缺乏活跃气氛 7.缺乏挑战精神、不能圆满完成自身任务的人多 8.协作关系不好，意见分歧多，工作消极 9.集体目标不明确，全体成员的团结协作性差 10.领导对任何事情都不积极	1.全体成员团结一致完成任务，成绩显著 2.领导能听取全体成员的意见，采纳好的建议 3.全体成员共同掌握有关工作方面的信息，工作能圆满、顺利进行 4.工作效率高，改进工作、动脑筋的人多 5.与其他部门保持良好关系，能心情舒畅地进行协作 6.尽管指标定得高，却充满向困难挑战的勇气 7.工作中相互协商，彼此信赖 8.差错和抱怨少，来自上级和其他部门的信赖度高
干劲与人际关系方面	1.全体成员萎靡不振，不活跃 2.互相商议少，缺乏协作精神 3.努力工作的人得不到表扬，不再努力工作的人增多 4.干劲不足，只做分内的事，没有进取心 5.责任心差，出了次品也不感到有责任 6.将干得不好的原因推到上级和其他同事身上，相互间不信任感增加 7.领导者和成员之间互不通气，互不信赖 8.迟到或无故缺勤者多，工作现场人际关系差	1.工作现场气氛轻松活跃 2.充满互动气氛，工作进展顺利 3.领导者与成员之间信息沟通好，能说“心里话” 4.干劲足，对自己负责的工作积极进取的人多 5.企业生机勃勃，充满活力 6.企业学习气氛浓厚

实例 7-1　黄文秀

黄文秀，女，壮族，1989年4月生，2011年6月入党，2019年6月去世，广西田阳人，广西壮族自治区百色市委宣传部理论科原副科长、乐业县新化镇百坭村党支部原第一书记。黄文秀是在脱贫攻坚一线挥洒汗水、忘我奉献的新时代青年党员干部的优秀代表。黄文秀研究生毕业后，放弃了大城市的工作机会，主动请缨到贫困村任第一书记，把生命奉献给脱贫攻坚事业，谱写了新时代青春之歌。黄文秀被追授“全国脱贫攻坚楷模”“全国优秀共产党员”“时代楷模”等称号。

资料来源　陈圣钰，陈子青.刚刚，中共中央授予广西黄文秀“七一勋章”[EB/OL].[2021-06-29]. http://k.sina.com.cn/article_1989772455_v769984a701900z7tf.html.

思考：本实例对你最大的启发是什么？试用3句话来说明。

五、领导影响力的培养

领导的本质是影响力，而真正的影响力来源于领导者的非职位权力。领导者为了充分发挥自身的影响力，建立起领导者的威信，必须从工作能力和人格魅力两方面不断地提高自己。

（一）强化工作能力

工作能力是非职位权力中最基础的部分，一个工作能力不强的领导是很难让员工追随和服从的。领导者应从以下3个方面提高自身的工作能力：

1.作为企业的经营者，领导者必须掌握本企业业务所涉及的专业知识和技能

领导者既要结合企业实际精心组织、合理安排，加强对各业务环节的调度指挥，及时解决出现的各种问题，还要善于学习和掌握新技术、新工艺，成为生产经营管理的多面手。

2.作为企业的管理者，领导者应具备管理企业的能力

领导者要有科学、民主管理的意识，要学习和了解现代企业管理的基本知识，并将其运用到企业管理实践中去。通过掌握劳动生产率、全面质量管理、经济责任制、经济核算、劳动保护等方面的知识和管理方法，实现企业的科学化管理。

3.作为企业的带头人，领导者要树立竞争意识，处处起模范表率作用，以身作则

领导者要树立效益观念、质量观念，带领全体员工学习新技术、掌握新工艺、开发新产品，以最少的投入生产出更多、更好的产品，不断创造个人和企业的新业绩，用事实证明自己的能力，用“身教”影响和带动其他人。

互动问题7-2

有人认为：领导只要做人正直、诚实守信、多关心下级，尽量做到公私分明就可以了，你同意这种看法吗？请说明理由。

（二）增强人格魅力

增强影响力的第二个方面是增强人格魅力，树立良好的个人威望，取得企业员工的尊重与信任。为此，领导者应从以下3个方面努力：

1.努力做到公平、公正

增强人格魅力的关键就是公平、公正，一般来说，大家会尊敬公平、公正的领导者。公平、公正强调程序上的公平、公正，如对员工的奖惩要特别强调有据可依，不能搞无中生有的奖罚；公平、公正意味着制度面前人人平等，公平、公正的立足点是制度管人，而不是人管人；公平、公正强调用事实说话，用数字说话，注意精确、有效；公平、公正是对领导者品格的一种考验，它首先要求领导者自身品行端正。

2.与人相处更加体贴

增强人格魅力的第二条是具有“体贴之心”。所谓体贴，就是即使对方没有诉说，也能关注对方的心情，站在对方的立场上，设身处地为对方着想。换言之，是“暖人之心”和“慈爱之心”，这样的“心”与威望有不可分割的重要关系。尤其当人处在痛苦和悲伤中的时候，领导者温暖人心的语言或举动，对下级的鼓舞和支持具有难以估量的作用。

3.增强勇气和信念

增强人格魅力的第三条是增强勇气和信念。对于正确的、必须做的事情，即使有干扰也要坚持完成；如果工作中出现了错误，要敢于面对现实，勇于在大家面前承认错误，进行反省。具有这种敢做敢当的勇气，即使有错误，大家也会给予理解、信赖。反之，没有主见、八面玲珑、缩手缩脚的领导将失去下属的信赖和支持。

领导的坚定信念主要表现在以下方面：

（1）对目标的执着追求。

（2）对任何困难都不屈服，能忍耐，有开拓精神。

（3）不满足现有的成果，追求更高的目标，有敢于挑战的热情。

（4）不怕失败，能吸取教训，有继续前进的勇气和胆识。

能力分析

1.小组讨论

问题：领导干部必须在新征程中勇于新担当，敢于新作为。新担当、新作为要以实干为要义。唯有干在实处才是真担当、真作为。谈谈你们的看法。

分析要求：

小组讨论，每5～6人分为一个小组进行讨论，详细列出你们的看法；班级交流，各小组选派代表在班级陈述本组看法；教师对各组陈述的看法进行点评；把经过修改附有教师点评的各小组看法展示在班级本课程平台上。

2.善恶研判

背景与情境：一位著名企业家因为经营有方而受到上级领导的接见，开会时他被安排在主席台就座，并在大会上发言。

开完会，这位企业家急着赶回企业，却没有买到机票。情急之下，他买了张站票，在拥挤的火车车厢里经过十多个小时的颠簸，一路挤了回来。

事后，企业的员工知道企业家竟一路站了回来，大为吃惊，有人打趣道："凭您的身份，站在拥挤的车厢里，一身臭汗地挤回来，不觉得委屈吗？"

这位企业家听后淡淡一笑说道："我有什么身份？在会场里，我的身份就是个参加大会的人；在火车车厢里，我的身份就是个挤火车的人；回到企业里，我的身份就是个管理者，谁的身份是一成不变的呢？"

资料来源　李隆汉．财富中的思想光亮［J］．成功，2004（6）：11.

问题：1.本案例中存在哪些道德伦理问题？

2.试对上述问题做出你的道德研判。

3.对照教材和网络搜集的资料，说明你的道德研判所依据的管理道德规范。

分析要求：每个学生结合善恶研判案例问题，拟出分析提纲；小组讨论，形成小组善恶研判案例分析提纲；班级交流，各小组选派代表在班级陈述本组善恶研判案例分析提纲观点；教师对各组陈述的观点进行点评；各小组把经过修改附有教师点评的善恶研判案例分析报告展示在班级本课程平台上。

能力应用与训练

1. 价值引领

背景与情境：习近平总书记在2022年春季学期中央党校中青年干部培训班开班式上强调，干部守住守牢拒腐防变防线，要层层设防、处处设防。要守住政治关，时刻绷紧旗帜鲜明讲政治这根弦，在大是大非面前、在政治原则问题上做到头脑特别清醒、立场特别坚定，决不当两面派、做两面人，决不拿党的原则做交易。要守住权力关，始终保持对权力的敬畏感，坚持公正用权、依法用权、为民用权、廉洁用权。要守住交往关，交往必须有原则、有规矩，不断净化社交圈、生活圈、朋友圈。要守住生活关，培养健康情趣，崇尚简朴生活，保持共产党人本色。要守住亲情关，严格家教家风，既要自己以身作则，又要对亲属子女看得紧一点、管得勤一点。

问题：请分析习近平总书记提出的五个“守住”对领导者的健康成长的意义。

讨论分析：

个人：每位同学仔细阅读背景与情境资料，查找相关资料，拿出自己对该问题的认知。

小组：5～6名同学为一组，组内交流各自的认知，小组成员共同讨论，形成小组基本观点。

全班：各组推荐1名同学，在全班陈述本组的观点。

老师：结合各组同学的观点进行点评。

2. 能力训练

● 训练内容：为自己设计一个自我发展计划，以提高自己的管理技能。

● 训练目标：

素质目标：通过设计自我发展计划，提高自己的基本管理素养。

知识目标：通过设计自我发展计划，陈述管理者素质、能力等基本知识。

能力目标：通过设计自我发展计划，培养自我提升管理能力的意识。

● 训练过程：

（1）了解自我发展计划的基本要素。

（2）设计自我发展计划的体例框架。

（3）按照自我发展计划的体例完善内容。

● 训练成果：每人制订一份自我发展计划（关于管理能力方面）。

● 成果评价：自我发展计划制订训练评价见表7-5。

表7-5　自我发展计划制订训练评价表

项目（分值）	评价标准	个人自评（30%）	小组互评（30%）	教师评分（40%）	得分小计（100%）
素养培养（30分）	对国家、企业、用户、员工的责任意识强				
	工作作风良好，实事求是，艰苦奋斗，任劳任怨				
	坚守职业道德，精通业务，开拓创新，尊重员工，办事公道，用户至上，遵纪守法，精诚合作，勇于负责				

续表

项目（分值）	评价标准	个人自评（30%）	小组互评（30%）	教师评分（40%）	得分小计（100%）
能力提升（20分）	具有凝聚力，善于沟通，懂得激励，精于团队建设				
	管理运营能力突出，具备目标管理、危机管理能力，有担当				
知识应用（20分）	计划知识、计划要素齐全				
	管理知识、管理技能提升内容全面				
项目成果展示（30分）	符合计划的格式				
	排版规范，计划展示有新意				
	计划构思独特，内容结合自身实际				
合计（100分）					

任务二　领导理论

学习目标

素质目标：通过知识学习（互动问题）、能力分析（善恶研判）、能力应用与训练（价值引领）等教学活动，认识领导者素质修养的重要性，不断提升自身管理素质。

知识目标：通过学习，能够准确描述领导性格理论、领导方式理论和领导权变理论的具体内容。

能力目标：通过能力分析和能力应用与训练，培养学生比较领导性格理论、领导方式理论和领导权变理论3种领导理论异同的能力。

能力评估

领导理论认知能力评估见表7-6。

表7-6　领导理论认知能力评估表

序号	评估内容	评估等级				
		非常不同意	比较不同意	一般同意	比较同意	非常同意
1	作为职业经理人，言行要代表公司					
2	作为部门主管，要努力与其他部门合作好					
3	作为中层管理者，我的角色就是通过他人达成目标					
4	作为部门经理，我和员工一直保持绩效伙伴关系					
5	作为职业经理人，我给自己的定位是管理并影响他人					

注：能力评估采用五等级量表，选项越靠近“非常同意”项，越说明你已经对领导理论有所了解。

知识学习

领导者除了提升自身的影响力之外，还需要了解相应的领导理论，因为领导方式的有效性由领导者、被领导者和环境因素三者共同决定。事实上，领导者的非职位权力再完善，若不与下属的成熟度相匹配，不与环境因素相吻合，也同样不可能成为一个有效的领导者。下面我们学习领导理论。

一、领导性格理论

领导性格理论从领导者表现出来的个性特征来研究领导的有效性。这一理论通过比较领导者与非领导者、好的领导者和差的领导者在个性特征方面的差别，归纳出领导者应该具备的特点。下面列举的是领导者应具有的特征和品格。

日本企业界要求一个领导者具有10项品德和10项能力。10项品德是：使命感、责任感、信赖感、积极性、忠诚老实、进取心、忍耐性、公平、热情和勇气。10项能力是：思维能力、决策能力、规划能力、创造能力、洞察能力、劝说能力、对人理解能力、解决问题能力、培养下级能力、调动积极性能力。

美国企业界认为一个企业家应具备10个特质，即合作精神、决策才能、组织能力、精于授权、善于应变、敢于求新、勇于负责、敢担风险、尊重他人、品德超人。

互动问题7-3

你认为领导者的创新素质对领导活动有什么作用？结合所学知识回答问题。

我国企业界认为领导者必须具备的一些基本素质和条件包括：

1.思想素质

领导者必须具有崇高的使命感、强烈的事业心，将企业的兴旺发展作为自己的事业目标；有不断开拓进取的创新意识，能在市场经济的激烈竞争中取胜；有良好的道德品质和工作作风，不谋私利，牢固树立全心全意为人民服务的思想；有谦虚谨慎、不骄不躁、实事求是的态度；有艰苦奋斗的实干精神；有尊重员工的民主作风，公私分明，任人唯贤。

2.知识素质

领导者思想素质和业务能力的高低，在很大程度上与其知识水平的高低有密切的联系。在21世纪的知识经济时代，领导者若没有较高的知识水平是很难胜任工作的。领导者知识素质包括以下几个方面：①熟悉基本的政治、经济理论及时事政策。领导者应该熟悉与本企业经营管理有关的国家政策、法律法规等，正确运用政策和法规有效推动企业的发展。②拥有广泛的科学文化知识。领导者应该尽可能地把这些知识运用到领导工作中去。③掌握专业知识和管理知识。领导者应该掌握本企业甚至本行业产品生产经营方面的知识，懂得管理、统计、会计、营销、金融以及外贸等方面的基础知识，这是领导者应具备的专业素养。

3.专业技能

领导者需要具备高超的专业技能，包括分析、判断行为的能力，决策能力，组织、指挥、控制能力，沟通协调能力，开拓创新能力，知人善任能力。

4.身体素质

领导者需要拥有强健的体魄和充沛的精力。

5.心理素质

领导者的心理素质是指领导者经常的、稳定的本质和个性心理特征，如性格、意志、兴趣、情绪、胆略、态度、风度等。良好的心理素质是领导者从事领导工作的基础。

互动问题 7-4

习近平总书记指出：突出政治标准才能建强干部队伍。谈谈你对此的认识。

二、领导方式理论

下面主要介绍两种具有代表性的领导方式理论。

（一）勒温的3种领导方式理论

美国心理学家勒温根据领导者如何运用职权，将领导者的领导方式分为专制式、民主式、放任式3类。

1.专制式

采用这种领导方式的领导者从不考虑别人的意见，所有决策都由自己做出；很少参加群体的社会活动，与下级保持一定的心理距离；主要依靠行政命令、纪律约束和奖惩措施来控制下级；下级没有权力，没有参与决策的机会，只能服从。

2.民主式

采用这种方式的领导者鼓励下属参与决策，下属拥有相当大的工作自由度和灵活性；在领导工作中主要依靠个人威信，而不是依靠职位权力和命令使人服从；在分配工作时尽量照顾到个人的能力、兴趣和爱好；积极参与团体活动，与下级没有任何心理上的距离。

3.放任式

采用这种方式的领导者把权力完全交给组织成员或群体，自己尽量不参与，也不主动干涉。工作的开展几乎完全依赖组织成员自负其责。

勒温研究发现，放任式领导行为效率最低，只能达到社交目的，而完不成工作目标；专制式领导虽然通过严格管理完成了目标，但组织成员没有责任感，情绪消极，士气低落；民主式领导工作效率最高，不但能完成工作目标，而且组织成员关系融洽，工作积极主动，富有创造性。

（二）管理方格理论

管理方格理论是1964年由美国管理学者布莱克和莫顿研究提出的。他们用纵坐标表示“对人的关心”，用横坐标表示“对生产的关心”，并将两个坐标轴划分为9个等份，于是便形成了81种领导方式的管理方格图，如图7-1所示。

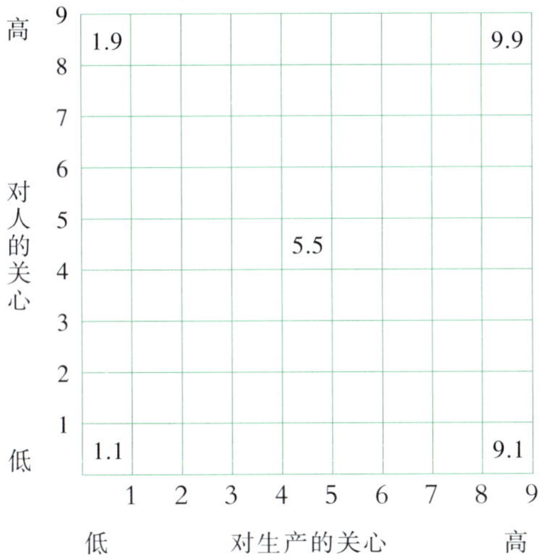

图7-1　管理方格图

在图7-1的81种不同的领导方式中，有以下5种典型的领导方式：

1.（1.1）型为贫乏型领导方式

领导者既不关心生产，也不关心人，表现为只做最低限度的努力来完成任务和维持士气。

2.（9.1）型为任务型领导方式

领导者非常关心生产，但不关心人，其特征是在安排工作时，将人的干扰因素降为最低，以此来谋求工作效率。

3.（1.9）型为俱乐部型领导方式

这种领导方式重点在于建立友好关系，领导者重视、支持和体谅员工，形成轻松愉快的组织气氛和工作节奏，但很少考虑如何协同努力去达到企业目标，生产管理松弛。

4.（9.9）型为战斗集体型领导方式

领导者既注重生产，也非常关心人，把组织目标的实现与满足员工需要放在同等重要的地位。既有严格的管理，又有对人高度的关怀和支持。强调工作成就来自献身精神以及在组织目标上利益一致、相互依赖，从而形成相互信任和相互尊敬的关系。

5.（5.5）型为中间型领导方式

这种领导方式兼顾工作和士气两方面，使适当的组织绩效成为可能，使员工基本满意。

在这5种类型的管理形态中，布莱克和莫顿认为（9.9）型是最有效的管理，其次是（9.1）型，再次是（5.5）型、（1.9）型，最后是（1.1）型。

实例7-2　　林丹

林丹，女，汉族，1948年12月生，1985年8月入党，福建福州人，福建省福州市鼓楼区东街街道军门社区党委书记，党的十七大、十八大代表。她是社区工作者的杰出代表，扎根社区40余年，始终为民爱民，当好党的“传声筒”、群众的“服务员”，脚踏实地做好社区每一项工作。她以党建为引领，创新社区治理模式，推行“一趟不用跑、最多跑一趟”服务，设立居民恳谈日、“居家养老服务中心”等，把党的工作做到群众心坎儿上，被群众亲切地称为“小巷总理”，荣获“全国优秀共产党员”“全国三八红旗手标兵”等称号。

资料来源　佚名.党内最高荣誉！福建人林丹获“七一勋章”[EB/OL].[2021-06-29]. https://t.ynet.cn/baijia/31036993.html.

思考：本实例对你的启发如果用3句话来表述，你将怎样表述？

三、领导权变理论

领导权变理论集中研究特定情景下最有效的领导方式。该理论认为，没有一种领导方式在所有情况下都是有效的，没有一成不变、普遍适用的“最好的”领导方式，采用何种领导方式完全取决于当时的既定情况。从内容上来看，领导权变理论关注的是领导者与被领导者及环境之间的相互影响。下面介绍2种比较有影响的领导权变理论。

（一）菲德勒模型

美国著名心理学家菲德勒提出了一种领导权变模型，认为任何领导形态均可能有效，其是否有效完全取决于是否适应所处的环境。经过长期研究，他把环境影响因素归为3类：

1.上下级关系

领导者和下属的关系包括领导者是否得到下属的尊重和信任，是否对下属具有影响力和吸引力。

2.职位权力

职位权力是指领导者的职位能否提供足够的权力和权威，并获得上级和整个组织的有力支持。

3.任务结构

任务结构是指下属工作程序化、明确化的程度。

菲德勒设计了一种“你最不喜欢的同事”（LPC）问卷，让被测试者填写。一个领导者若对其最不喜欢的同事仍能给予好的评价，则表明他对人宽容、体谅，提倡好的人际关系，是关心人的领导。若对其最不喜欢的同事给予低的评价，则表明他是命令式的，对任务关心胜过对人的关心。

菲德勒将3个环境变数任意组合成8种情况，通过大量的调查和数据收集，将领导风格与对领导有利或不利的8种情况关联，绘成一个图，以便了解有效的领导者应当采取的领导方式。这个图被称为菲德勒模型，如图7-2所示。

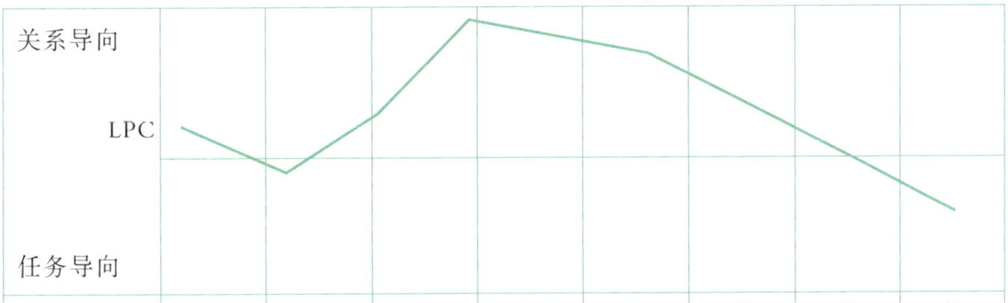

上下级关系	好	好	好	好	差	差	差	差
任务结构	明确	明确	不明确	不明确	明确	明确	不明确	不明确
职位权力	强	弱	强	弱	强	弱	强	弱

图 7-2　菲德勒模型示意图

菲德勒的研究结果说明，在对领导者最有利和最不利的情况下，采用任务导向效果较好。在对领导者中等有利的情况下，采用关系导向效果较好。

（二）情境领导理论

情境领导理论是由美国管理学者赫塞和布兰查德共同提出的。该理论的研究重点放在下属的成熟度上，认为领导者的领导方式会随着下属的成熟度和不同的领导情境而改变。

1. 成熟度

成熟度是指个体对自己的行为负责的能力和意愿。它包括工作成熟度和心理成熟度两个要素。

工作成熟度包括一个人的知识和技能。工作成熟度高的下属受过良好的教育和培训，拥有足够的知识和能力，经验丰富，能够不需要他人指导而独立完成工作任务。

心理成熟度是指一个人做某事的意愿和动机。心理成熟度高的下属自信心强，工作积极主动，不需要太多的外部激励，主要靠内部动机的激励。

赫塞和布兰查德将下属的成熟度由低到高划分为4个阶段（或4种类型）：

第一阶段：下属缺乏执行某项任务的技能和能力，不能胜任工作。同时下属又不情愿去执行任务，缺乏自信心和积极性。

第二阶段：下属缺乏完成工作任务所需的技能和能力，但他们愿意执行必要的工作任务，具有积极性。

第三阶段：下属有较强的工作技能和能力，但他们却不愿意做领导希望他们做的工作。

第四阶段：下属既有能力又有很强的工作意愿。

2. 领导风格的类型

与菲德勒的分析方法基本相同，在分析领导风格时，赫塞和布兰查德也从两个维度进行考察，即任务行为和关系行为。不同的是，赫塞和布兰查德认为，每一维度可以有高低之分，并且可以组合成4种具体的领导风格。

（1）指导型（高任务-低关系）。领导者制定所有决策，为下属确定角色，告诉下属应该干什么，怎么干以及何时、何地去干。

（2）推销型（高任务-高关系）。领导者既作为一个领导者（权威型风格，或以任务为中心）出现，又作为一个支持者（支持型风格，或以员工为中心）出现。作为领导者，其制定决策，为下属确定角色，指导下属的行为；作为支持者，其对下属的要求不超过其力所能及的范围，愿意向下属解释自己的决策，公平、友好地对待下属并帮助下属解决个人问题，当下属很好地完成任务时给予赞赏和表扬。

（3）参与型（低任务-高关系）。领导者允许下属讨论组织的决策，并且鼓励他们参与重要决策，不仅允许他们讨论现在的工作，而且允许他们讨论将来的工作。同时，领导者鼓励下属参与群体活动。在上述活动中，领导者的主要角色是提供便利条件和沟通。一般认为，有效的员工参与可以减少人与人之间的敌意、挫折感和攻击性，创造良好的群体感觉，提高工作满意度和士气。

（4）授权型（低任务-低关系）。领导者为下属设立具有挑战性的目标，并显示对他们的信任，允许他们在一定范围内独立地进行决策甚至确定自己的工作内容，领导者提供极少的指导和支持。

3.具体情境下领导风格的确定

在员工成长的第一阶段，下属需要得到明确而具体的指导。在第二阶段，领导者需要采取推销型（高任务-高关系）风格。高任务行为能够弥补下属能力的欠缺，高关系行为能够使下属在心理上“领会”领导者的意图，或者说能够给下属提高技能或能力的愿望以更大的激励。在第三阶段，领导者运用支持性、非指导性的参与风格，有效地满足下属的参与欲望，消除其现实的挫折感，从而给下属提供更强的内在激励。在第四阶段，领导者无须做太多的事情，因为下属既愿意又有能力完成工作任务。

能力分析

1.小组讨论

党的十九大以来，习近平总书记对新时代“怎样才是好干部”“怎样成为好干部”“怎样选用好干部”发表了一系列重要论述（下面是部分重要论述）：

怎样才是好干部？

领导干部不仅要有担当的宽肩膀，还得有成事的真本领。既要大胆讲政治，又要善于讲政治；既要矢志抓发展，又要善于抓发展；既要勇于抓改革，又要善于抓改革；既要敢于直面矛盾和问题，又要善于化解矛盾和问题；既要有想干事、真干事的自觉，又要有会干事、干成事的本领。

怎样成为好干部？

要牢固树立正确政绩观，既要做让老百姓看得见、摸得着、得实惠的实事，也要做为后人做铺垫、打基础、利长远的好事，既要做显功，也要做潜功，不计较个人功名，追求人民群众的好口碑、历史沉淀之后真正的评价。

怎样选用好干部？

要建立源头培养、跟踪培养、全程培养的素质培养体系。教育引导干部加强党性修养、筑牢信仰之基，加强政德修养、打牢从政之基，严守纪律规矩、夯实廉政之基，健全基本知识体系、强化能力之基，增强干部素质培养的系统性、持续性、针对性。要建立日常考核、分类考核、近距离考核的知事识人体系，强化分类考核，近距离接触干部，使选出来的干部组织放心、群众满意、干部服气。

问题：谈谈你们学习习近平总书记对新时代“怎样才是好干部”“怎样成为好干部”“怎样选用好干部”的重要论述的认识。

分析要求：小组讨论，每5～6人分为一个小组进行讨论，详细列出新时代“怎样才是好干部”“怎样成为好干部”“怎样选用好干部”的重要论述的小组共识；班级交流，各小组选派代表在班级陈述本组新时代“怎样才是好干部”“怎样成为好干部”“怎样选用好干部”的重要论述的认识；教师对各组陈述的认识进行点评；各小组把经过修改附有教师点评的认识报告展示在班级本课程平台上。

2.善恶研判

背景与情境：曾国藩有伯乐之名，左宗棠、李鸿章等名臣就是其提拔起来的。由于其具有精明独到的洞察力，常常能慧眼识英雄，所以其一生为朝廷发掘了不少人才。

有一天，李鸿章带了3个人请曾国藩量才录用，当时曾国藩刚用过餐，正在院子里散步，所以那3个人就在大厅里恭候。散步之后，李鸿章恭请他接见3位，曾国藩却说不必了，李鸿章很是惊讶。

曾国藩说：“在散步的时候，我都仔细观察过这3个人了。第一个人始终低头未曾仰视，是一个忠厚老实人，可以让他从事比较保守的工作；第二个人造作不实，在人面前很恭敬的样子，等我一转身，便又东张西望，将来必定阳奉阴违，这种人表里不一，绝不能任用；第三个人双目炯炯有神，将来的成就不在你我之下，可以委任。”曾国藩果然料事如神，第三个人就是赫赫有名的刘铭传。

资料来源　佚名.李鸿章带三人见曾国藩，让他任命差遣，他一眼就识别出三人的才能［EB/OL］.［2021-04-16］. https://baijiahao.baidu.com/s? id=1697212255323167647&wfr=spider&for=pc.

问题：1.本案例中涉及哪些道德伦理问题？

2.试对上述问题做出你的道德研判。

3.对照教材和网络搜集的资料，说明你的道德研判所依据的管理道德规范。

分析要求：每个学生结合善恶研判案例问题，拟出分析提纲；小组讨论，形成小组善恶研判案例分析提纲；班级交流，各小组选派代表在班级陈述本组善恶研判案例分析提纲；教师对各组陈述的观点进行点评；各小组把经过修改附有教师点评的善恶研判案例分析报告展示在班级本课程平台上。

能力应用与训练

1.价值引领

背景与情境：他是中国工程院院士，西安交通大学教授，也是一位在工厂一线工作过十余载的熟练工。他是卢秉恒，我国增材制造技术的奠基人，中国3D打印之父。

大学毕业后的卢秉恒被分配到一间工厂做车床工人，这一干就是5年，后来，他迎来了人生第一次被提拔。“厂里说提拔你，先当技术员吧，请你到家属工厂主管技术。”“那里有100多名家属工，有1/3都不识字，但是我学习的东西在那里逐渐得到了应用。我学习制造工艺，设计了卡具，教他们开动机床，最后形成很好的效益。”

“我这一生都受益于在工厂工作的11年，没有白过。”年过七旬的卢秉恒回忆起当年工厂生涯时动情地说。

改革开放之初，卢秉恒已是两个孩子的父亲，他顶着生活的压力，考取了西安交通大学研究生，师从顾崇衔教授，直到博士毕业。人生新篇章就此打开。

“我今天回顾一下，幸亏是学机械制造的。”卢秉恒说，在工厂的经历，使他具备了实践的意识与能力。他举例，在完成他的硕士论文时，需要制作200多个零件，最初联系的工厂一个多月都没有音信，他便决定自己上手，只用了两个夜班时间，又快又好地做出了所需零件，顺利完成了论文。

博士毕业后，卢秉恒作为访问学者前往国外交流学习，在参观一家汽车企业的时候，一台设备引起了他的注意。“那是一台3D打印设备，只需要将CAD（计算机辅助设计）模型输进去就可以把原型做出来，这在中国没见过，我感到很新奇。”卢秉恒当即决定将自己的研究方向转向这个新兴领域，他认为这是发展我国制造业的一个好契机。

回国后，起初卢秉恒想引进这种机器，然而价格昂贵，光是一个激光器就需要十几万美元。由于资金紧缺，他不得不打消这个念头。面对“技术+资金”的双壁垒，卢秉恒决心靠自己的力量“破壁”，从头开始研发这项技术。

不知道技术的工作原理，他就自己一步一步通过实践探索出来；买不起昂贵的零件和原材料，就联合其他科技工作者自己花小成本制作出来。终于，在他和团队的共同努力下，不仅制造出了原型机，还获得了科技部的资助，自此卢秉恒顺利延续了增材制造技术的探索，并且让这项技术在中国的土地上“生根发芽”。

资料来源　方经纶．“中国3D打印之父”卢秉恒：从工人到院士［EB/OL］．［2021-06-25］．http://www.people.com.cn/n1/2021/0625/c32306-32141065.html.

问题：试分析卢秉恒在家属工厂主管技术时的领导风格。他在工作中体现的是什么样的领导行为？

讨论分析：

个人：每位同学仔细阅读背景与情境资料，查找相关资料，拿出自己对该问题的分析报告。

小组：5～6名同学为一组，组内交流各自的分析报告，小组成员共享信息，小组汇总分析报告，每个小组提交两份有特色的分析报告。

全班：各组推荐1名同学，在全班陈述本组的观点。

老师：结合各位同学的分析报告进行点评。

2.能力训练

●训练内容：对你熟悉的学校领导、企业领导，还有你熟悉的其他领导划分领导者类型。

●训练目标：

素质目标：通过对熟悉的领导划分领导者类型的训练活动，激发同学们学习领导理论的积极性。

知识目标：通过对熟悉的领导划分领导者类型的训练活动，加深对领导理论的了解，感悟不同领导理论的内涵。

能力目标：通过对熟悉的领导划分领导者类型的训练活动，提高同学们对领导者类型的分析能力。

●训练过程：

(1) 尽可能列出你认识的领导者，从你们班长、班主任到其他领导者。(列出10位以上)

(2) 根据勒温的3种领导方式，将他们进行分类，在每位后面列出2～3条理由。

(3) 根据管理方格理论，将上述选出的领导者进行分类。在每位后面列出2～3条理由。((2) 和 (3) 任选一项)

●训练成果：每人撰写一份对领导者类型分类的报告。(报告形式自选)

●成果评价：领导者类型划分训练评价见表7-7。

表7-7　领导者类型划分训练评价表

项目（分值）	评价标准	个人自评（30%）	小组互评（30%）	教师评分（40%）	得分小计（100%）
素养培养（30分）	对能力训练态度积极，查阅资料较多				
	在能力训练中独立思考，态度认真				
	对所选领导者划分理由实事求是				
能力提升（20分）	对管理方格理论内涵理解正确				
知识应用（20分）	对勒温3种领导方式（管理方格理论）划分正确，说明符合内涵要求				
项目成果展示（30分）	报告展现形式符合规范				
	排版规范，内容展示有新意				
	报告划分所选人员是自己熟悉的，无雷同现象				
合计（100分）					

任务三 领导艺术

学习目标

素质目标：通过知识学习（互动问题）、能力分析（善恶研判）、能力应用与训练（价值引领）等教学活动，培养同学们对工作的责任感，以身作则，有效管理时间，在实践中提升自己的管理素质。

知识目标：通过学习，能够准确理解处世艺术、待人艺术、时间管理的具体内容和要求。

能力目标：通过能力分析和能力应用与训练，培养同学们有效处理事情、授权、时间管理等能力。

能力评估

领导艺术认知能力评估见表7-8。

表7-8 领导艺术认知能力评估表

序号	评估内容	评估等级				
		非常不同意	比较不同意	一般同意	比较同意	非常同意
1	在为下属设定目标之后，领导的责任就是辅导、反馈、协助					
2	重复和风险低的工作必须授权					
3	下属已经具备完成能力时也应该授权					
4	学会管理时间，关键在于会制订完善、合理的工作计划					
5	好的领导要有3种能力：带领的能力、照顾的能力、提出方向的能力					

注：能力评估采用五等级量表，选项越靠近“非常同意”项，越说明你对领导艺术的相关知识了解越多。

知识学习

领导艺术是领导者在领导活动中，为实现一定的组织目标所运用的各种手段、办法和程序的总和，也是领导者的领导思想和领导工作的具体运用，是领导者尽其职能的行为方式。领导者的工作效率在一定程度上取决于其领导艺术。

一、处世艺术

毫无疑问，作为一名企业领导者，任务很重，工作很忙。要做好领导工作，就需要理清摆在自己面前千头万绪的事情，哪些是应该主要抓住的工作，哪些是要有一定时间保证的日常工作，既要抓住关键又要突出重点，这就需要领导者有处世的方法与艺术。

（一）领导者必须干好本职工作

领导者要干好本职工作，首先就应该明白领导的工作内容。如前所述，领导者的工作包括决策、用人、指挥、沟通、协调和激励等。这些都是领导者的主要职责，是领导者应该做的大事。在企业中，领导者应着重抓好以下几方面的具体工作：制定企业的经营战略；设计企业组织结构及运行机制；选好干部，建设领导班子；培养企业文化；处理重要的社会关系等。这些都是关系企业生存与发展的大事，领导者应把其真正摆在头等位置上，但这绝不是说这些工作都由领导者亲自去做，而是要发挥总设计师的作用，在大的方面提问题，定原则，把好关。

在注意抓大事的同时，领导者也要安排好日常工作，包括日常行政事务、学习、经常性调查研究、日常沟通工作等。日常行政事务主要是处理那些制度规定或按计划安排的常规性工作，如批阅文件报告、参加各种例会等，此外也有一些突发性工作，如生产事故、职工纠纷等。领导者的学习包括理论、政策、业务、专业知识以及为提高自身素质而有针对性地安排的其他学习等。企业领导的调查研究也具有经常化、制度化的特点。思想沟通工作是企业领导日常工作的重要组成部分，要了解员工的期望与思想动态。

在日常工作中，应正确处理好二者之间的关系。一方面要克服“事必躬亲”和“大包大揽”的领导方式。在社会化大生产条件下，提高企业生产效率和经济效益靠的是企业分工协作，领导不必事事都包办，否则，既破坏了分工协作关系又使下级有职无权，失去实践和成长的机会，挫伤了员工的积极性。另一方面要集中时间和精力抓好决定企业生死存亡的大事，科学合理地安排好日常工作，不忽视日常关键性作业活动。

（二）合理授权

授权，即上级委派给下属一定的权力，使下属在一定的监督之下，有相当的自主权和行动权。授权者对被授权者有指挥和监督之权，被授权者对授权者负有报告及完成任务的责任。授权实质上是将权力分派给其他人以完成特定活动的过程，它允许下属做出决策。合理授权是领导者的一种重要领导方法，也是一项基本的组织管理原则。

1.授权的作用

（1）授权能节约时间。授权使领导者有较多时间去考虑和处理关系企业全局的重大问题，发挥领导者应有的作用。

（2）有效授权会带来更好的决策。授权使下属和上级之间的沟通加深，决策速度更快。

（3）授权能提高下属的积极性、满意度和职场技能。授权显示了对下属的信任，既激发了下属的工作热情及创造性，又增强了其工作的责任心，同时也使下属的专长得到了更充分的发挥。

（4）授权可以使下属在工作中不断得到锻炼和发展，有利于干部的培养。

2.授权的原则

（1）有目的授权。一方面，授权要体现其目的性，分派职责和委任权力都应围绕组织的目标来进行；另一方面，授权本身要体现明确的目标，只有授权的目标明确，才能使被授权者明确自己所承担的责任。

（2）因事设人，视能授权。被授权者或受权者的才能大小、知识水平高低、知识结构合理与否是授予权力的依据。

（3）适度合理授权。领导者既不能把全部权力下授，也不能把同一权力授予两个人，更不能将不属于自己的权力下授。

（4）授权留责。领导者在下授权力时并不下授责任，领导者应把有规则可循、有惯例可凭借的工作授权给下属。

（5）逐级授权。领导者应按组织的层级结构逐级授权，对其所属的直接下级授权。

（6）信任原则。授权必须基于领导者和部属之间的相互信任关系。

（7）加强授权后的监督。授权不是撒手不管，撒手不管的结果必然是局面失控，因此，既要授权又要避免失控，既要调动部署的积极性和创造性，又要保持领导者对工作的有效控制。

（8）及时奖励。及时的奖励会使授权本身产生推动的力量，使领导者的授权达到新的境界。

3.授权的程序

领导者要使授权取得预期的效果，必须遵循科学的授权原则，掌握授权的基本程序：

（1）认真考虑工作的要求，包括完成工作所需要的资源、权力，达到的标准和完成日期。

（2）选择最合适人选授权，被授权者的知识、技术和能力必须能胜任工作。

（3）确立目标，对职权和职责做出明确的规定，确定目标。

（4）建立适当的控制体系。

（5）激励下属，对个人业绩、工作性质和组织性质不同的员工适当区别对待。

（6）提供训练和支持，在工作中帮助下属提升工作业绩，与被授权的下属一起评价工作的成果并及时反馈。

授权是一种科学的领导方法，领导者必须从企业的具体情况出发，灵活运用。

二、待人的艺术

领导的对象就是人，没有人际关系与信息交流，就不可能有领导。领导者在实施指挥和协调的职能时，必须把自己的设想和决策等传递给被领导者，以影响被领导者的行为，激励其为实现组织目标而不断努力。同时，领导者还要善于用人，让其在适当的职位上发挥作用。因此，领导者必须掌握待人的方法与艺术。

（一）激励下属

激励是实现目标的一种驱动力。领导者的大部分任务是由下属完成的，如果不知道或不懂得激励下属，那么领导者所能取得的成功是有限的。运用各种激励手段，唤起员工的需要，激发员工的动机，调动员工的积极性，这看起来很简单，实际上可能是领导者最为复杂的工作。那么如何激励人呢？

1.掌握激励理论

理论可以帮助我们了解复杂的、抽象的问题。熟悉激励的基本理论，可以使领导者对如何激励员工努力工作有深入的认识。

2.了解下属的需要

要做好激励工作，不仅要了解激励对象有哪些需要以及每种需要的强烈程度，而且要了解每种需要在其心目中的重要性，这样才能“对症下药”。

3.正确激励下属

正确的激励方法能调动下属的积极性。首先，抓住优势需要来激励下属。其次，满足下属的参与需求。再次，奖励重于批评，领导者可以通过奖赏或惩罚等手段对下属的行为结果加以控制，从而修正其行为。最后，目标激励，领导者要向下属详细说明任务是什么、正在做什么和目标何在，并给下属以希望。

（二）影响下属

领导者要实现有效的领导，关键在于其影响力大小。影响力是领导者在与他人的交往中，影响和改变他人心理和行为的能力。影响不是把自己的意志强加给下属，而是在价值观念方面培养共识，达到认同。领导者影响力在人际交往中表现得尤为重要，那么应该如何影响下属呢？首先，加强上下级沟通。其次，鼓励下属参与管理，共同决策。领导者的决策制定应多听取下属的意见，做出决策后，每个人都会认为体现了自己的价值追求，认为决策是自己的，这样下属才会竭尽全力。最后，建立企业文化，培养共识的过程，就是建立企业文化的过程。

（三）合理用人

领导者在企业活动中处于主导、领袖的地位，负责制定整个企业的大方针以及经营战略与管理决策。要使决策付诸实践，领导者必须团结下属，借助他们的智慧和力量去完成任务。因此领导者必须将下属安排到合适的位置上，用其所长，这要求领导者要做到知人善任。知人是要了解人，对人进行正确的考察、识别，以便选择；善任是要用良才，而且使用得当。知人是善任的前提。首先，敏锐识别人才。人才总是有的，所以领导者要相信人才的客观存在，并且爱惜人才。同时，领导者要坚持实事求是、德才兼备的原则，用全面、发展的眼光看人才，要综合考察人才的经历和工作生涯，科学分析才能识别出“真才”。其次，正确使用人才。识别人才的目的是用人，人才用得好，能收到事半功倍的效果。因此，合理使用人才是领导者用人的中心环节。在实践过程中，必须把握好以下几点：

1.因事设人，量才任职

领导者必须采用职务分析的方法，科学地设计职位，掌握干部的结构，依能授职，做到事得其人，人尽其才。

2.扬长避短，各尽所能

领导者应专心分析每位干部的特点和能力，分析其长处，发现其最适合的工作，尽可能把其安排在能发挥其优势的岗位上。做到用人之长，容人之短，短中见长，把各种各样的人才组成群体优势，提高整体效能。

3.明责授权，用人不疑

领导者对自己选拔的人才应该充分信任，并授予他们工作范围内一定的权力，明确责任，充分发挥其聪明才智，做到用人不疑，疑人不用。

4.珍惜人才，用养结合

企业拥有人才比拥有物质资源更宝贵，尤其是在竞争日益激烈的时代，领导者不仅应使用好人才，更应重视人才开发与培养。

三、管理时间的艺术

任何工作都需要耗费一定的时间，时间不同于财物，是个常数，无论时间需要量多大，供给都不可能增加。“时间就是金钱”“时间就是生命”“一寸光阴一寸金”，这些都说明时间的宝贵。尤其对企业的领导者而言，其更应该珍惜自己的时间，做时间的主人，有效地利用时间，提高工作效率。因此，要科学组织管理工作，合理地分层授权，把大量的工作授予下属完成，以摆脱烦琐事务的纠缠，腾出时间来干好本职工作。下面介绍几种主要的管理时间的方法：

（一）时间管理记录统计法

时间管理记录统计法就是领导者把自己的时间耗费如实记录下来，经过分析从中找出浪费时间的因素，从而制定消除这些因素的措施。这种方法是苏联昆虫学家柳比歇夫几十年如一日对个人时间进行变量管理而形成的。具体方法如下：

1.记录

用各种各样的耗时记录卡、工作计时表准确地记录时间耗费情况。

2.统计

每天选一个时间区段，对时间耗费情况进行统计分类，计算出所用时间的多少。

3.分析

对照工作效果，找出浪费时间的因素：哪些属于根本不该做的；哪些属于应让下属做的；哪些属于工作时间安排不合理的；哪些属于工作方式不当的。

4.反馈

根据分析结果制订消除浪费时间因素的计划，并反馈至下一时段。

互动问题 7-5

“一寸光阴一寸金，寸金难买寸光阴，最成功的人和普通的人一样，一天只有24

小时，但区别就在于他们如何利用大家都拥有的24小时。”听了这句话，你的感受是什么？

（二）ABC时间管理方法

ABC时间管理方法，就是要把自己有限的时间科学地用在自己所领导的那个系统的关键工作上，以求获得最佳效果。领导者所拥有的时间与其所要做的工作相比，实在太少。ABC时间管理方法对领导者来说尤为重要，具体做法是：

1.分类

把今天的工作分为A、B、C三类。A类是重要的事，是当天必须办的；B类次之；C类则可以放一放。

2.实施

严格按照A、B、C顺序进行工作。集中精力把A类工作完成后，再去处理B类工作，C类工作则可交给下属去办或稍后再办。把时间和精力用在重要工作上，这样就突出了关键性工作。但也不能排除一些“例外”情况，如有人专门来联系属于C类的事，那么，就有可能把这件事提到A类的时间去办。

3.检查

每隔1～2周，检查一下自己工作的记录，发现问题及时解决。

互动问题7-6

A、B、C时间管理方法在实际生活和工作中到处都可以用到，请你列举几例。

实例7-3　ABC时间管理方法的实施步骤

1.列出目标：每日工作前列出“日工作清单”。

2.目标分类：对“日工作清单”进行分类。

3.排列顺序：根据工作的重要性、紧急程度确定A、B、C顺序。

4.分配时间：按A、B、C顺序确定工作日程表及时间分配情况。

5.实施：集中精力完成A类工作，效果满意，再转向B类工作。对于C类工作，在时间、精力充沛的情况下，可自己完成，但应大胆减少C类工作，尽可能委派他人完成，以节省时间。

6.记录：每一件事的耗时。

7.总结：工作结束时评价时间应用情况，以不断地提高自己有效利用时间的能力。

资料来源　作者根据相关资料整理而成。

思考：按照本实例的要求，对自己一周的学习时间进行安排，详细列出你的安排表。

（三）集中使用时间

领导者的工作很多，把时间集中放在主要的工作上，也是领导者时间管理的有效途径。首先，要善于把自己能控制的零碎时间汇集成整段时间。在处理任何工作之前都要用3个标准进行检验：能否取消？能否与另一项工作合并？能否用简单的事项代替？这样可节省时间与精力，无形之中可提高效率。其次，在“生物钟”最佳时间集中做最重要的事。也就是在精力最充沛的时间做最重要的工作，而那些不太重要的工作则可放在精力较差的时间段去完成。

此外，领导者还应掌握组织会议的方法与艺术。会议是领导者传达政策、沟通思想、互通信息、征求意见、讨论并解决问题、下达行动计划的重要手段。因此，会议对企业领导者来讲是不可少的，关键是要端正会风，提高会议的有效性，明确会议的要领，并计算会议成本，会议的组织也是提高领导工作效率的一个主要方面。

微课7-1

管理效率

能力分析

1.小组讨论

问题：领导艺术是领导者在一定的科学文化知识、理论修养、领导经验、思维能力基础上，创造性地运用领导科学、原则和方法所表现出来的高超技巧。请你们每个组列举3位你们很钦佩的领导人的领导艺术实例。

分析要求：小组讨论，每5～6人分为一个小组进行讨论，详细列出3位领导人每人的领导艺术实例；班级交流，各小组选派代表在班级陈述本组观点（前面小组交流过的实例后面小组不要重复交流）；教师对各组陈述的领导艺术实例进行点评；各小组把经过修改附有教师点评的领导艺术实例展示在班级本课程平台上。

2.善恶研判

背景与情境：国内某航空公司一位年轻机长在驾驶飞机执行三亚至成都的飞行任务时，遇到了自动驾驶仪故障，在这种情况下，机组面临两种选择：

其一，如果认为有把握，可以继续执行任务，但需要人工操纵飞机。然而长时间飞行会使人疲惫不堪，更何况是深夜飞行。

其二，选择迫降海口，但这样公司就会蒙受巨大的经济损失，因飞机刚起飞不久，需要在空中盘旋消耗油量后方能安全着陆，此外，如果迫降，机上143名乘客的吃住费用可想而知。

机长经过审慎考虑，在确保飞行安全的前提下，做出了自己的选择。

资料来源　作者根据相关资料整理而成。

问题：1.本案例中存在哪些道德伦理问题？

2.试对上述问题做出你的道德研判。

3.对照教材和网络搜集的资料，说明你的道德研判所依据的管理道德规范。

分析要求：每个学生结合善恶研判案例问题，做出自己的选择；小组讨论，形成小组成员同意的选择意见；班级交流，各小组选派代表在班级陈述本组的选择意见；教师对各组陈述的选择意见进行点评；小组把经过修改附有教师点评的各小组选择意见展示在班级本课程平台上。

能力应用与训练

1.价值引领

背景与情境：习近平总书记在2022年春季学期中央党校中青年干部培训班开班式上讲话强调，树立和践行正确政绩观，起决定性作用的是党性。只有党性坚强、摒弃私心杂念，才能保证政绩观不出偏差。共产党人必须牢记，为民造福是最大政绩。我们谋划推进工作，一定要坚持全心全意为人民服务的根本宗旨，坚持以人民为中心的发展思想，坚持发展为了人民、发展依靠人民、发展成果由人民共享，把好事实事做到群众心坎上。什么是好事实事，要从群众切身需要来考量，不能主观臆断，不能简单化、片面化。哪里有人民需要，哪里就能做出好事实事，哪里就能创造业绩。业绩好不好，要看群众实际感受，由群众来评判。有些事情是不是好事实事，不能只看群众眼前的需求，还要看是否会有后遗症，是否会“解决一个问题，留下十个遗憾”。

问题：结合你学习的管理艺术等知识分析，分析领导者树立和践行正确政绩观的意义。政绩观对领导艺术有影响吗?

讨论分析：

个人：每位同学仔细阅读背景与情境资料，查找相关资料，整理自己对该问题的认知。

小组：5~6名同学为一组，组内交流各自的认知，小组成员共同讨论，形成小组基本观点。

全班：各组推荐1名同学，在全班陈述本组的观点。

老师：结合各组同学的观点进行点评。

2.能力训练

●训练内容：回顾上一周的生活与学习，你在哪些事情上花的时间最多?按照时间四象限图（如图7-3所示），把上周生活和学习中的事情按要求填入四象限中。

●训练目标：

素质目标：通过合理安排自己学习生活时间的训练，培养合理利用时间的观念，从而有效地学习和生活。

知识目标：通过合理安排自己学习生活时间的训练，从自己的生活和学习实际中认识时间的宝贵，了解合理利用时间的相关知识。

能力目标：通过合理安排自己学习生活时间的训练，逐渐养成合理利用时间的观念，提高有效利用时间的能力。

●训练过程：

（1）把上周生活和学习中占用半个小时以上的事情全部列出。

（2）按照图7-3内容要求，根据自己的评价把这些事件列入相应的象限中。

紧急→不紧急

重要↓不重要		
	i 紧急 重要	ii 不紧急 重要
	iii 紧急 不重要	iv 不紧急 不重要

图 7-3 时间四象限图

（3）自己分析上周生活和学习时间安排和利用的效率。

（4）请2位同学对你的分析提出意见和建议。

（5）结合你目前的时间利用情况，写一份下周有效利用时间的计划书。

●训练成果：每人撰写一份有效利用时间计划书。

●成果评价：有效利用时间训练评价见表 7-9。

表 7-9 有效利用时间训练评价表

项目（分值）	评价标准	个人自评（30%）	小组互评（30%）	教师评分（40%）	得分小计（100%）
素养培养（30分）	对时间分配活动参与积极性较高				
	对时间分配活动思路清晰，各环节工作有效				
	对同学们提出的意见和建议有正确态度，与人交流能力强				
能力提升（20分）	时间分配活动中认真细致，列出的事情较全面				
	对自己时间利用情况分析认真，原因找得准，有效利用时间措施可行				
知识应用（20分）	时间分配体现了时间管理的思想和要求				
	对时间管理相关内容理解准确				
项目成果展示（30分）	对有效利用时间计划书撰写相关知识了解清楚				
	时间分配计划书展现形式符合规范				
	排版规范，计划书符合个人特点				
合计（100分）					

任务四 员工激励

学习目标

素质目标：通过知识学习（互动问题）、能力分析（善恶研判）、能力应用与训练

（价值引领）等教学活动，使同学们了解企业的激励办法，尊重激励规律，认同物质和精神激励相结合的激励方式。

知识目标：通过学习，能够理解激励理论的3种基本类型（传统理论/经济人理论、人际关系理论、复杂人理论）及主要代表理论的观点。

能力目标：通过能力分析和能力应用与训练，培养同学们正确理解和运用激励方式的能力。

能力评估

员工激励认知能力评估见表7-10。

表7-10　员工激励认知能力评估表

序号	评估内容	评估等级				
		非常不同意	比较不同意	一般同意	比较同意	非常同意
1	激励就是通过满足欲望激发潜能					
2	你的下属很有能力，而且做事效率很高，对他的激励就要强调授予他任务的重要性					
3	你的下属非常善于分析和解决问题，对他的激励就要让他参与重要方案的研究分析					
4	在激励下属的方式中，根据要求采取有效方式更好					
5	当你采取惩罚或威胁的方式对员工进行激励时，特别要注意把握“惩罚”或“威胁”的度					

注：能力评估采用五等级量表法，选项越靠近“非常同意”项，说明你对员工激励的相关知识了解越多。

知识学习

激励是指激发和鼓励，是管理过程中不可或缺的环节和活动，有效的激励可以成为组织发展的动力保证。

一、激励

具体地讲，激励就是利用某种外部诱因调动人的积极性和创造性，使人形成一股内在动力，朝所期望的目标前进的心理过程。

激励所涉及的是人们为什么做或不做事情。动机是人们内在的需求与驱动，它也可以被描述为一种冲动，激励的过程就是试图去激发这种冲动。

激励需要选择合适的行为方式，以使个体达到既定的目标或需求。有时这些目标是有形的，如更高的报酬等，有时这些目标是无形的，如同事的认可等。一般来说，个体会选择适当的行为方式来达到所期望的目标。这一过程可以用图7-4来表示：

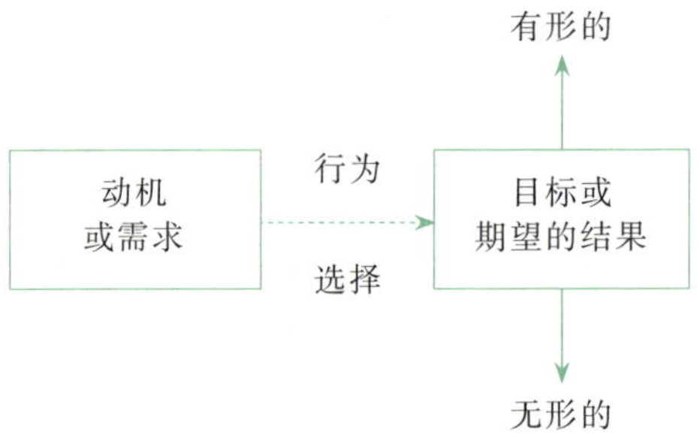

图 7-4　激励模型

理解哪些因素能够激励个体是一件非常复杂的事情，但有许多研究者提出了相应的理论，这些理论有助于制定相应的策略。激励理论主要有3种基本类型：①传统理论/经济人理论；②人际关系理论；③复杂人理论。

传统理论/经济人理论包括泰罗和麦克雷格的成果。人际关系理论源自梅奥所做的开创性研究，并通过马斯洛、赫兹伯格、麦克利兰以及阿吉里斯的研究得到了进一步的发展。贯穿于他们研究的一个基本假设是：为了形成一种劳动者的社会需要能够得到满足的机制，在劳动过程中建立社会关系和发展具有凝聚力的工作团体是必要的。复杂人理论是激励理论中最为现代的，其观点是个体因所面临的环境发生变化而导致需求变化，因此正确激励员工的方法不止一种。

这些理论也可以分为两大类，即内容理论和过程理论。

内容理论包括传统理论/经济人理论与人际关系理论。内容理论解决“是什么在激励人们”的问题。因为假设所有个体都有一系列的需求与期望，而这些需求与期望都可以通过工作过程中不断产生的影响加以实现，所以内容理论经常被归为需求理论。内容理论假设所有个体都会对给出的激励做出同样的反应，因为他们认为开发一种单一的能够对全部劳动者产生效果的激励方法是可行的。

复杂人理论属于过程理论。这种理论相对于需求的实现更关注激励的过程，因为它要回答的基本问题是“如何激励人们”。

二、主要的激励理论

（一）泰罗的理论

泰罗开发的以激励员工为目的的薪酬体系的确带来了生产率的提高。泰罗认为，唯一能够激励员工的因素就是货币，因为通过单位工资率和实行红利计划，激励成为一个简单的为员工提供增加收入机会的过程。

（二）麦克雷格的理论

在如何激励员工方面，麦克雷格给出了两种相反的观点。如果员工认同X理论，那么如同泰罗一样，我们会认为，依靠增加员工的收入，就可以很好地激励他们。但是，如果员工的表现更倾向于Y理论，那么对待他们的方式就有所不同了。这些员工追求额外的需要、独立性和自我价值的实现，因此管理人员应当在工作过程中实行非物质激励方式。

（三）马斯洛的理论

马斯洛的理论提出这样一种观点：每个人的需求都有其层次性，这些需求应该是可辨认的、普遍适用的，并且能够通过工作得到满足。该理论延续了麦克雷格的Y理论，即员工喜欢工作，参加工作可以满足他们的需求。马斯洛认为，在一个层次体系中存在5个需求层次，如图7-5所示。

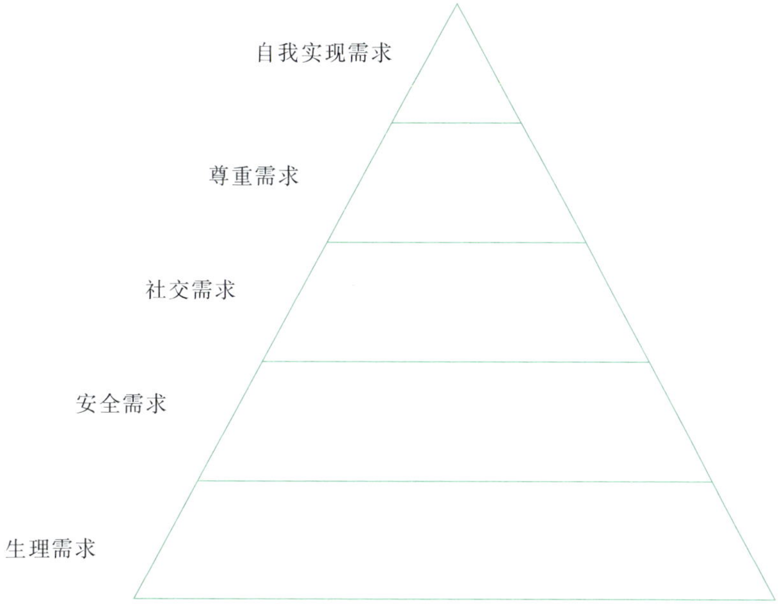

图7-5　马斯洛的需求层次理论

这些需求按照层次的重要性进行划分，并且从生理需求向自我实现需求产生向上的移动。个体依次寻求所有需求的实现，当一个层次的需求得到满足后才会寻求上一个层次的需求。一旦一个层次的需求得到满足，那么它将不再对个体产生任何激励作用。这套理论阐释了这样一个事实：不是所有人都能实现更高级的需求。生理需求的需求量比较大，也比较容易满足。通常认为，大多数人只能达到社交需求的层次，但这并不意味着更高层次的需求对个体没有激励作用。

（1）生理需求，是生存的最基本需求，如食物、衣服和住所。这些显然是通过人们工作所获得的收入来满足的。

（2）安全需求，包括安全、秩序、安定和免受威胁侵害。良好的工作环境和持续就业的合理前景可能会满足个体的这种需求。

在得到满足之前，这两种低层次的需求一直在起支配作用。

（3）社交需求，包括友谊、社会关系和情感。

（4）尊重需求，包括对认可与尊重的渴望。这种需求通常与达到组织中某一地位相关。

（5）自我实现需求，这一需求通常出现在个体在工作过程中发挥其全部潜力的时候。但是由于工作环境在不断地变化，达到这个层次很困难。

马斯洛的需求层次理论为研究何种原因激励人们工作提供了一种视角，也使人们关注通过在工作设计中考虑人的因素来改善工作绩效。

互动问题 7-7

党的十九大报告中明确指出，要大规模开展职业技能培训，注重解决结构性就业矛盾，建设知识型、技能型、创新型劳动者大军。具体措施有：加大对培训主体政策激励和支持力度。支持各类企业特别是规模以上企业或者吸纳就业人数较多的企业设立职工培训中心，对企业职工参加岗前培训、安全技能培训、转岗转业培训等，地方财政按照每人300元的标准给予企业补贴；落实取证补贴。企业或培训机构免费组织企业职工考取专项职业能力证书、职业资格证书或技能等级证书（从2019年7月1日取得证书开始算起），地方财政按照取得专项职业能力证书每人150元、初级工每人300元、高级工每人600元的标准给予对应企业或培训机构补贴。请结合你熟悉的工商企业的员工培训情况，分析新时期员工培训激励措施的必要性和紧迫性。

（四）赫兹伯格的理论

赫兹伯格的研究成果主要体现在界定工作满意度的含义以及试图鉴别影响工作满意度的因素方面。他指导200名工程师与会计师进行了一项测试，以获取他们对工作的感受。通过实验，他得出结论：有一些固定的因素使人们趋向达到工作满意，同样也有一些固定因素是与工作不满意相联系的。他将前者称为激励因素，将后者称为保健因素。

赫兹伯格区分出了一系列激励因素，包括成就、认可、工作本身、责任和进步等，这些因素与工作内容相联系。

赫兹伯格区分的保健因素包括收入、工作条件、公司政策和人际关系等，这些因素与工作的外部环境相关。

个体为了拥有工作满意感，需要感受工作中的激励因素，如果这些因素缺失，员工在工作中不一定会感到不满意，但也不会感到满意。

保健因素的提出是为了防止员工工作不满意的产生。正向的保健因素的存在仅仅可以抑制员工的工作不满意，但不能带来工作满意。

赫兹伯格的双因素理论表明，对工作内容与工作外部环境的规划都是必要的，忽略这两个要素将导致员工在工作中的不满意和工作效率低下。

赫兹伯格强调了与员工公开地讨论工作设计与再设计的需要。他认为，为了提高工作满意度，管理者应该在工作中将工作内容丰富化和工作扩大化作为常规行为。

工作内容丰富化意味着赋予员工作为个体更多的责任感，以增加他们的成就感，它会给员工提供极高的工作满意度。

工作扩大化就是增加员工作为个体的工作任务，这些工作任务与员工已经从事的工作类似。尽管对员工来说，这些并不算极大的挑战，但它有可能使员工感到一定的被认可，从而也会产生工作满意感。图7-6说明了工作内容丰富化与工作扩大化的不同。

图7-6 工作内容丰富化与工作扩大化

赫兹伯格同时认为，工作轮岗，即员工从一项工作转到另一项工作，能够给予个体强烈的归属感，因为员工可能获得工作满意感。

关于激励的理论，还有阿吉里斯的“不成熟-成熟理论”、亚当斯的“公平理论”、凯利和韦纳的“归因理论”、斯金纳的“强化理论”、弗鲁姆的“期望理论”等。

三、激励方式

人力资源管理的重要任务之一是通过激励机制来吸引、开发、留住人才，并不断激发员工的工作积极性和创造性。在管理过程中，较常用的激励方式一般有如下9种。

（一）目标激励

目标具有引发、引导、激励的作用，组织目标是通过群体和个体的共同努力来实现的，管理者可以将组织的总体目标按阶段分解成若干子目标，以此达到调动员工工作积极性的目的。运用目标激励法，应注意如下几点：

（1）目标设置要合理、可行，与员工个体的切身利益密切相关。

（2）目标设置的难度要适当。

（3）目标内容要具体、明确，有定量要求。

（4）既有近期的阶段性目标，又有远期的总体目标，总体目标可使员工明确工作方向，阶段性目标可使员工知晓工作的阶段性、可行性和合理性。

（二）物质激励

物质激励主要是通过物质刺激的手段，鼓励员工工作，其主要表现形式包括工资、奖金、津贴等。实施物质激励时，应注意两方面的问题：一是物质激励应与制度结合起来，即在事前就制定好相应的奖罚制度并在组织内部公示；二是物质激励必须保持相对公正。

（三）信任激励

能唤起人们最宝贵、最有价值的忠诚度和创新动力的是信任。信任激励就是激励主体用自己的信任、鼓励、尊重、支持等情感对激励对象进行激励的一种模式。它被认为是最持久、最“廉价”和最深刻的激励方式之一。

管理者一束期待的目光、一句信任的话语、一次真诚的帮助，都可能使员工自信起来，都可能激励员工走上成功的道路。员工能否勤奋努力、坚持不懈地工作，与管理者的信任程度有密切的关系。管理者只有信任每一位员工，帮助员工树立自信心，才能最大限度地发挥员工的积极性和创造性，提升员工的绩效水平。

（四）情感激励

这种激励方式通过建立人与人之间和谐、良好的情感关系来调动员工的积极性。

情感是影响人们行为最直接的因素之一，人和人之间有各种情感诉求。领导者要及时了解并主动关心员工的需求以建立正常、良好、健康的人际关系、工作关系，从而营造一种相互信任、相互关心、相互支持、团结融洽的工作氛围，使被管理者处处感到自己得到了重视和尊重，以增强员工对本企业的归属感。

互动问题 7-8

企业管理只要抓好规范化、制度化的刚性管理就行了，为什么还要情感激励？

（五）行为激励

人的情感常常会受到他人行动的影响，进而使自己的行为受到影响。我们常讲榜样的力量是无穷的，通过宣传典型人物的行为，能够激发人们的情绪，引发人们的“内省”与共鸣，从而起到强烈的示范作用，引导人们的行为。

实例 7-4

技能报国，践行工匠使命——记第45届世界技能大赛冠军云南技师学院郑棋元

北京时间2019年8月28日凌晨1时25分，曾经喧嚣的城市此刻一片安宁，螳川之畔的云南技师学院报告厅却热闹非凡，教师们欢呼雀跃，奔走相告，俄罗斯喀山传来了重大喜讯，年仅22岁的云南技师学院学生郑棋元在俄罗斯喀山举办的第45届世界技能大赛上摘得了移动机器人项目金牌，此刻他正和他的搭档广州机电技师学院的胡耿军高举着五星红旗，胸佩金牌，站在喀山闭幕式最高领奖台上振臂高呼！

第45届世界技能大赛是郑棋元学生生涯中第3次参赛。第43届世界技能大赛，他止步于全国选拔赛，无缘进入国家集训队；第44届世界技能大赛，他止步于国家集训队内部选拔。但他没有被失败击垮，技能图强的种子在郑棋元心中萌芽，追寻梦

想的征途就从这里启航了！

2018年年初，云南技师学院正紧张备战第45届世界技能大赛全国选拔赛，移动机器人项目开始重新组队，学院鼓励他从头再来，立大志，报效国家，正在实习的郑棋元心中又燃起了参加世赛的梦想火花，踊跃报了名。郑棋元回到云南技师学院的第一天，何良平院长语重心长地对他说了三句话，一是“立志报效国家，珍惜组织提供的平台，平台就是机会，好好珍惜和把握，有志者事竟成”；二是“一生专注做好一件事，没有做不成功的，最大的对手就是自己，除非你真的不想做"；三是“流下你聪明的汗水，把思想装进机器，有精神就会成功”。郑棋元很受启发，心中也无比温暖，他认真反思了前两届的参赛经历，“最根本的问题是目的性太强，太渴望出成绩，失去了一颗平常心”。缺少精神内涵的充实，只顾着成绩，急于求成，虽然付出很多，很努力，但最终的结果和预期相去甚远，自己最大的对手并不是别人，其实就是自己。

资料来源 王海涛，王煜慕.技能报国，践行工匠使命——记第45届世界技能大赛冠军云南技师学院郑棋元[J]. 职业，2019（27）.

思考：本实例对你最大的启发是什么？试用3句话来说明。

（六）竞争激励

为了建立科学的竞争激励机制，管理者在帮助员工设置合理的目标并创造各种条件帮助其完成目标的同时，要引进竞争机制，在组织内部形成一种竞争的氛围，让员工之间主动开展竞争。

鼓励先进、鞭策平庸、淘汰落后的竞争考核制度的建立，是人力资源管理必不可少且极为关键的一环。

（七）赞美激励

赞美是一种由外在动力转化为内在动力的非常好的形式，赞美激励没有时间、地点、环境的限制，企业领导者可以随时随地给予下属赞美。对每一个有进步、工作突出的员工，即使其行为只是表现在某一极小的方面，也要给予赞许。

（八）奖惩激励

奖惩激励是企业管理活动中一种常用的激励方法，表扬、赞赏、晋级和批评、处分、开除等分别是奖励和惩罚的一些常见形式。

奖惩措施应用得当能发挥很好的激励效果；同时，一旦应用失当，就可能引发不满、怨恨，以及行为上的消极对抗。为防止发生负面作用，领导者在运用奖惩激励时，必须注意两方面：一是要注意奖惩激励的时效性；二是要注意把握奖惩的度。

微课7-2

要科学运用激励手段

（九）危机激励

随着竞争的日益激烈，组织面临的环境也更加多变。作为管理者，必须适时地向员工灌输危机意识，让员工意识到组织面临的生存压力以及由此可能对员工的工作、生活等方面带来的不利影响，从而有效地激励员工自发地努力工作。

能力分析

1.小组讨论

问题：薪酬激励是有效调动员工积极性的最基本手段，也是最为重要的现代人力资源管理工具。在当前市场经济竞争激烈的环境下，薪酬不仅仅是员工自己的劳动所得，也在一定程度上代表着员工自身的价值，代表企业对员工工作的认可，甚至还代表着员工个人能力和发展愿望。结合你父母或亲戚朋友工作报酬的实际情况，分析薪酬激励制度的利弊。

分析要求：小组讨论，每5~6人分为一个小组进行讨论，详细分析3个企业有差异的工作报酬的实际做法；班级交流，各小组选派代表在班级陈述本组对3个企业工作报酬的实际做法的分析；教师对各组的分析进行点评；各小组把经过修改附有教师点评的分析资料展示在班级本课程平台上。

2.善恶研判

背景与情境：有一天，副总经理对人事经理说："老王，上个月加薪及增加员工福利后，我想员工们应该都很高兴吧，你看我要跟他们说些什么话才能不辜负公司这番苦心呢？"

王经理决定亲自调查员工的感受，以下是他的发现：

小倩说："自从公司装了冷气后，我的脖子就疼个不停，跟主任讲了好多次，希望能改一下出风口，但他都不当一回事儿。"

老吴说："你看看，我必须弯腰才能捡到这些零件，一个月前我就和领班建议装个简单的料架，既可省掉无谓的动作，又可以避免我一直弯着身子，但一直没下文。"

阿洪说："厂内那么多员工，平时除了工作也没什么交流的机会，建议办些活动，但都被各种理由驳回。"

珍珍说："这份工作我已经做了5年，闭着眼睛都能做，一点儿意思也没有。我自己都不知道还要做多久。"

田力说："上次我参加同学会，同学一拿出名片就是经理、主管等。我在公司都7年了，才好不容易升到组长，名片实在不敢拿出来。更不服气的是，他们的薪水也不见得比我多。"

资料来源　蔡曙涛．企业管理案例［M］．北京：北京大学出版社，2001.

问题：1.本案例中存在哪些道德伦理问题？

2.试对上述问题做出你的道德研判。

3.对照教材和网络搜集的资料，说明你的道德研判所依据的管理道德规范。

分析要求：每个学生结合善恶研判案例问题，拟出分析提纲；小组讨论，形成小组善恶研判案例分析提纲；班级交流，各小组选派代表在班级陈述本组善恶研判案例分析提纲观点；教师对各组陈述的观点进行点评；各小组把经过修改附有教师点评的善恶研判案例分析报告展示在班级本课程平台上。

能力应用与训练

1.价值引领

背景与情境：某企业管理者在实践中总结出对员工的激励方式是：(1) 认可员工工作，就是当员工完成某项工作时，上司要及时对其工作成绩表示认可。(2) 提供员工奖励。为留住优秀的员工并保持他们的积极性，企业可提供多种形式的绩效奖励。(3) 为员工做职业规划，根据员工个人特长，为不同员工提供在企业内部成长的空间。

问题：结合你学习的员工激励知识分析目前在企业员工激励工作中这些方法可行吗？还有哪些好的方法？企业在员工激励方面应该要注意什么？

讨论分析：

个人：每位同学仔细阅读背景与情境资料，查找相关资料，整理自己对这些问题的认知。

小组：5~6名同学为一组，组内交流各自的认知，小组成员共同讨论，形成小组基本观点。

全班：各组推荐1名同学，在全班陈述本组的观点。

老师：结合各组同学的观点进行点评。

2.能力训练

●训练内容：用铁丝圈套玻璃杯。

●训练目标：

素质目标：通过用铁丝圈套玻璃杯的活动，让学生体验不同的激励方式的激励效果，认识有效激励方式的价值。

知识目标：通过用铁丝圈套玻璃杯的活动，让学生理解激励方式与激励效果的关系，加深对激励知识的理解。

能力目标：通过用铁丝圈套玻璃杯的活动，培养学生根据活动内容设计激励方式的能力。

●训练过程：

(1) 准备60个铁丝圈、3个玻璃杯、3名组长的角色说明书（见表7-11）。

表7-11 角色说明书

角色	角色说明
正面激励的领导（积极激励）	你是一位提倡正面激励的领导，在游戏的过程中，你始终鼓励你的小组成员
无反馈的领导（无声无息）	你是一个不给予成员任何反馈的领导，不管你的小组成员取得了什么样的成绩，你都是面无表情不说话
负面激励的领导（疯狂打击）	你是一个给成员不断打击的领导，成员在游戏过程中，你不断地打击成员的积极性

（2）每组4人，组长1人，组员3人，每个学生发10个铁丝圈，在规定的距离（2米）外扔铁丝圈套玻璃杯，记录套中率。学生必须一个一个地扔圈，不可越线扔圈。

（3）计算每组平均成绩。平均成绩由3人平均命中率计算得出。

（4）辅导老师布置3个组长分别扮演"正面激励的领导""无反馈的领导""负面激励的领导"3种角色，3个组长必须按照角色要求执行。

●训练成果：

（1）游戏完成后，公布3个组的成绩。

（2）请3个组的成员代表各自谈谈参加游戏的感受。

（3）请3个组长分别说明自己事先受命扮演的不同角色以及自己的感受。

（4）教师讲述游戏的目的。

●成果评价：激励训练评价见表7–12。

表7–12 激励训练评价表

项目（分值）	评价标准	个人自评（30%）	小组互评（30%）	教师评分（40%）	得分小计（100%）
素养培养（30分）	积极参与游戏活动				
	在游戏活动中有较好的体验，加深了正面激励和负面激励内容的理解				
	通过游戏活动，与人合作、与人交流和规则意识有了一定提高				
能力提升（20分）	组员按规则进行扔圈				
	组长角色扮演到位				
知识应用（20分）	对正面激励和负面激励知识理解正确				
	对游戏规则、角色扮演等体验性活动要求理解正确				
项目成果展示（30分）	游戏过程组织有序，游戏按要求进行				
	组员交流感受符合游戏目的，体验深刻				
	组长说明自己受命扮演的角色及感受符合游戏的设计				
合计（100分）					

任务五 沟通技巧

学习目标

素质目标：通过知识学习（互动问题）、能力分析（善恶研判）、能力应用与训练（价值引领）等教学活动，培养同学们与工作环境中的相关人员进行有效沟通的正确态度和真挚的情感。

知识目标：通过学习，能够正确理解与上级、同级、下属、客户沟通交流的相关知识。

能力目标：通过能力分析和能力应用与训练，使同学们掌握与上级、同级、下属和客户沟通的基本要求和技巧。

能力评估

沟通技巧认知能力评估见表7-13。

表7-13　沟通技巧认知能力评估表

序号	评估内容	评估等级				
		非常不同意	比较不同意	一般同意	比较同意	非常同意
1	当你犯了错误需要向领导说清楚时，你会采取当面沟通的方式					
2	向上司提出关于公司管理的意见时，你会采用书面形式沟通					
3	你一般会采用语言文字、图像和数据并用的方式表达观点					
4	当你面对工作中的难题时，你会与上级沟通，寻求支持					
5	当下属在工作中遇到问题时，你会鼓励性地与他沟通					

注：能力评估采用五等级量表，选项越靠近“非常同意”项，说明你对沟通技巧的相关知识了解越多。

知识学习

现代企业要不断提升管理水平，应充分认识沟通的重要性，良好的沟通有利于打开人们才智和心灵之门，可以有效地激励人，挖掘人的潜能，形成谋事、干事、成事的氛围。

一、沟通的含义和过程

（一）沟通的含义

简单地讲，沟通是指组织内部人与人之间的信息交流，又称意见沟通。从管理学的角度讲，沟通是信息凭借一定的符号载体，在个体或群体间从发送者到接收者进行传递并被理解的过程。

沟通是管理工作十分重要的组成部分，无论计划、组织、领导还是控制等管理职能，都必须以有效的沟通作为前提。沟通是组织内部联系的最主要手段，有效的沟通有助于激励员工完成任务，有助于员工更好地理解自己的工作，感受自己的工作与整体任务的相关性，有助于促进组织成员之间的彼此了解，增强组织的凝聚力，最终实现组织的目标。

（二）沟通的过程

沟通是一个过程，为便于理解，我们运用信息论的方法，把一般的沟通过程整理为简单模型，然后对模型中各个要素分别进行讨论，如图7–7所示。

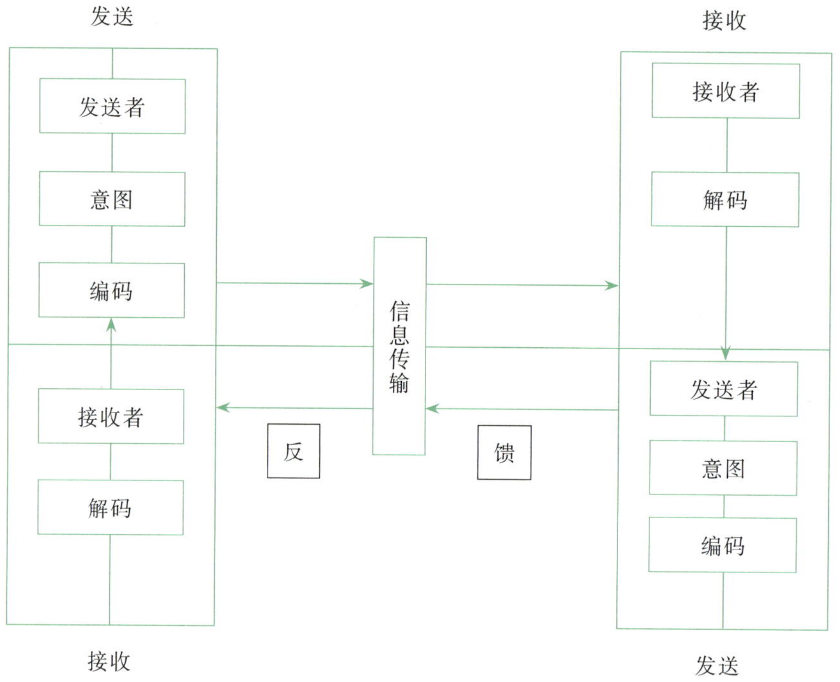

图7–7　沟通的过程

沟通一般包含以下几个主要因素：

1.信息发送者

对任何沟通而言，信息发送者都是非常关键的。信息发送者可以是个人、某个组织单元或者组织，其按照意图（一定的目的、要求等），以信息接收者能够理解的方式，将信息进行编码（处理）。

2.信息传输

信息传输是指将发送的信息通过文件、书信、口头、电话、视频、邮件、微信等途径或方式，传输给信息接收者。信息传输方式的选择与发送者、接收者和信息本身有关。

3.信息接收者

信息接收者同样可以为个人、某个组织单元或者组织。只要被传输信息到达接收者，不管接收者的主观态度和意愿如何，都应该理解为接受。解码是信息接收者对接收信息的理解，若要达成沟通目的，必须使信息接收者理解信息。

4.信息反馈

如果信息发送者要求，或者信息接收者认为需要，信息接收者就会对接收的信息进行再编码，然后加以发送。这时，信息接收者转变为信息发送者，而信息发送者则变为信息接收者，这个过程便是反馈。

5.沟通障碍

沟通障碍是指沟通中一切不利于沟通的因素。这些不利因素可能是信息发送者和信息接收者的意图、观点和态度，也可能是信息编码、解码的技术等。整个沟通过程中的每一个环节，都可能出现障碍。在理论上，一切沟通障碍都应该努力避免和消除，但实际上很难完全做到。

6.信息沟通引起的变化

一般来说，这种变化是信息沟通的目的，即通过信息沟通使得所在的系统产生期望的变化。

互动问题 7-9

习近平总书记指出：要发挥社会各方面作用，激发全社会活力，群众的事同群众多商量，大家的事人人参与。运用学习的沟通知识，说说为什么群众的事同群众多商量？

二、沟通的方式

信息技术的发展和网络的普及带来了沟通的便利，出现了众多信息化的新沟通方式，包括短信、微信、电子邮件、视频会议等。这些方式打破了时间和空间的限制，被越来越多的企业所采用。但是沟通的方式归纳起来主要有以下3种：

（一）语言沟通

语言沟通，即日常所说的交谈，是一种直接和简单的沟通方式，它是指信息发出者通过说话的方式将信息传递出去，而信息接收者通过倾听来接收信息后做出反馈的沟通方式。

语言沟通一般比较方便、直接，所以比较常用，但语言沟通的效果也会受到语言种类、沟通双方自身条件等因素的影响。在语言沟通的过程中，要掌握好“听”“说”“问”3个环节的技巧。

1.听

（1）注意倾听对方的谈话，不要干别的事情。

（2）对方说话过程中，尽量不要打断。

（3）倾听时，可以在对方停顿时偶尔加入自己的话，以示专注。例如，“是这样吗”“好极了”等。

（4）可以适当地重复对方说过的话，以示重视或赞同。

2.说

（1）恰当地称赞对方，可使对方乐于继续交谈。

（2）语言沟通是有来有往的双边或多边对话，不要只顾自己喋喋不休。

（3）说话要生动、具体、活泼、明了，不要含糊不清，耽误别人时间。

（4）交谈的中心不要只围绕自己感兴趣的事情，可以说一些共同的体验，以便架起交谈的桥梁。

(5) 说自己的缺点，可以增加对方对你的信任。听到对方的称赞不要喜形于色，更不要骄傲自夸。

3.问

(1) 提出的话题要能吸引对方，要具体，不要太抽象。

(2) 提问要引起对方的注意和兴趣。

(3) 对自己没有把握或拿不准的问题，可以询问的方式引导对方说出结论。

(4) 恰当的反问可使交谈更加深入。

(二) 书面沟通

书面沟通是指信息发出者通过书面形式将自己所要表达的信息呈现给信息接收者，信息接收者接收信息后做出反馈的沟通方式，如备忘录、报告、信函、文件、通知、组织内发行的期刊、公告等。

书面沟通与语言沟通相比，可以永久保存，能够传递复杂的信息，且信息传播不受时间、地点等限制。书面沟通有时可以起到比语言沟通更好的效果。当沟通者觉得面对面没有办法进行沟通，或者用语言沟通会产生障碍时，就可以用书面沟通的方式，它的效果会比语言沟通更好。

(三) 非语言沟通

非语言沟通是信息发出者通过动作、体态、语气、语调、空间距离等方式传递信息给信息接收者，信息接收者通过视觉、听觉、嗅觉、触觉等接收信息并做出反馈的沟通方式。与前两种方式相比，采用这种沟通方式时，信息发出者很可能是在自己无意识的状态下发出信息的。

1.头部语言

头部语言是指用来交流信息的头部动作、姿势等。点头和摇头是最基本的头部语言。点头表示同意、肯定或赞许，摇头则表示反对、否定或批评。

2.面部表情

面部表情有惊讶、害怕、生气、厌恶、伤心等。沟通时，应尽可能正确地判断出对方面部表情所表达的情绪。微笑作为世界通用的语言，表示友好、愿意与人交往，是最富有吸引力、最有价值的面部表情。

3.眼神接触

眼睛是心灵的窗户，眼神交流是沟通的重要内容。眼神接触能有力地表明个人的态度，如服从、胆怯、愤怒等。眼神接触要自然，不要过度频繁接触或逃避对方的眼神。

4.身体姿势

身体姿势在沟通过程中也非常重要。双手交叉和双脚并拢，都是封闭式的姿势，表明心情紧张或没有兴趣和别人交往；双手不交叉和双腿微微张开，都是开放式的姿态，表明心情放松，而且愿意和对方保持交往；面向对方并向前微倾是非常重要的姿势，表示充满敬意和投入。

5.手势

说话时配合适当的手势，可以增强感染力。但要注意手势运用宜自然，不要太夸张。过多的手势和幅度过大的手势，往往会给人造作之感，而且也容易被对方曲解。

6.声线

声线包括语调、声量、清晰程度及流畅程度。语调要恰当，并且有抑有扬，给人以亲近感。声量要适中，不要过大或过小，声音太大令人有凶恶的感觉，声音太小会让人听不清楚。说话尽量要清晰、流畅，不要过于简略或含糊。

7.形象语言

形象语言是指外表、穿着等。作为一种非语言符号，形象语言具有交际功能，能够表明个体的身份、地位和职业，而且也可以表达情感和价值观念。衣着得体是形象语言的基本要求。

三、沟通技巧

（一）与上级的沟通

与上级有效沟通，建立并保持良好的上下级关系，对一个人在一个组织中的发展与成功具有重要意义。无论是汇报工作、请示事项，还是说服领导批准自己的请求，下属与领导沟通时均要讲究方法，运用技巧，只有这样，才能达到自己的目的。

1.有效沟通的要素

（1）适当的时机。建议与上级沟通最好选择在上午10点左右进行，此时领导可能刚刚处理完部分上午的工作，下属适时提出问题和建议，比较容易引起领导的关注。另外，无论什么时间，如果上司心情不好，下属最好不要打扰他。

（2）适合的地点。上级的办公室是最好的谈工作的地点。如果上司经过你的座位，要就某个问题与你探讨，或者你们刚好同乘电梯，而他又表现出对你的工作感兴趣，这些地方也不失为沟通的好场所。

（3）灵活运用事实和数据。提出建议或者论证一项新的提案等，材料一定要有足够的说服力，切忌夸夸其谈，言之无物。用事实和数据说话，说服力强，易被领导接受和认可。

（4）预测质疑，准备答案。对于下属提出的建议和设想，上司可能会提出种种质疑，如果下属毫无准备，则成功的概率会大大降低，同时还会给上司留下逻辑性差、思维不够缜密的印象。最好事前对上司可能提出的质疑进行充分的思考和准备，真正做到胸有成竹。

（5）突出重点，简明扼要。先弄清楚上司最关心的问题，再想清楚自己最想解决的问题，在与上级交谈时，一定要先说重点，简明扼要。因为上司的时间难以把握，很可能下一分钟就有一个电话打进来或者有一件重要的事情要处理而打断你们的谈话。

（6）尊重领导的决定。无论你的建议多么完美，也只是站在自己的角度考虑的。

因此，阐述完你的建议后应该给领导留一段思考的时间，即使他否定了你的建议，你也应该感谢领导倾听了你的意见和建议。

2.有效沟通时的态度

（1）尊重而不吹捧。作为下属，一定要充分尊重领导，在各方面维护领导的权威，支持领导的工作，为领导排忧解难。

（2）请示而不依赖。作为下属，在自己职权范围内应主动开展工作，勇于创新。不可事事请示，遇事没有主见，否则容易给领导留下“办事不力，能力一般”的印象。

（3）主动而不越权。工作要积极主动，敢于直言和提出自己的意见。不能唯唯诺诺，领导叫怎么做就怎么做，自己不承担责任，更不能对领导的工作思路不研究、不落实，甚至阳奉阴违。当然，下属的积极主动、大胆负责应以有利于维护领导的权威、维护团队内部的团结为前提，不能越权或越级上报等。

（4）自信而不自负。在与人交谈时，一个人的语言和身体语言所传达的信息各占约50%。作为下属，若是对自己的计划和建议充满信心，那么无论面对谁，都应表情自然、大方自信，并应学会用自信去感染领导、说服领导。

3.与不同性格的上级沟通

由于个人的素质和经历不同，不同的领导会有不同的领导风格。仔细分析每一位领导的不同性格，在与他们交谈的过程中，运用不同的沟通技巧，会取得更好的沟通效果。在这里，我们将领导的风格划分为3种。具体的性格特征、沟通技巧如表7-14所示。

表7-14　与不同性格特征的领导沟通的技巧

领导风格	性格特征	沟通技巧
控制型领导	1.态度强硬 2.竞争意识强 3.要求下属服从命令 4.讲究实际，果断，求胜欲强 5.对琐事不感兴趣	1.开门见山与其沟通，不要拐弯抹角 2.尊重其权威，认真对待其指令，多称赞他们的成就，而不是他们的个性或人品
互动型领导	1.善于交际，喜欢与他人互相交流 2.喜欢享受他人的赞美 3.凡事喜欢参与	1.公开赞美，而且一定要真心诚意，言之有物 2.开诚布公地与其谈问题，不要私下议论或发泄不满情绪
实事求是型领导	1.讲究逻辑而不感情用事 2.为人处世有自己的一套标准 3.喜欢弄清楚事情的来龙去脉 4.能理性思考，但缺乏想象力 5.是方法论的最佳实践者	1.与其交谈时要言之有物，并且要务实 2.对其提出的问题要直接回答 3.进行工作汇报时，对关键性的细节应详细说明

实例7-5　李辉的沟通之道

李辉是一家知名软件公司的销售总监，他的顶头上司王总是搞学术和技术出身的，由于工作重点长期落在课题开发领域，所以对销售一知半解。但王总经常插手销售部的事，碍于面子，哪怕王总指挥错了，李辉也顺从地去做。不久，销售部被折腾得乱七八糟，销售业绩也一跌再跌。一时间，高层（包括王总）批评，客户埋怨，这让圈子里赫赫有名的销售大王李辉头昏眼花，有苦诉不出。

经过慎重考虑，李辉觉得不能再让王总"瞎指挥"，而应该按照自己原有的思路去做，问题是如何与领导进行沟通呢？

李辉决定首先给王总写一份关于自己工作的总结，并检讨最近销售业绩下滑的原因，如过于懒散、不够努力等，然后提出挽救和解决的方法。为了得到王总的支持，他还特意说明了现在的市场背景以及同行业公司的成功案例。同时他还主动出击，在王总还没有开始指挥的时候，就把处理事情的几种方式、路径以及每一种方式和路径的利弊等都详细列出，然后去找王总虚心请教。王总再不懂销售，也知道采用成本最少、赚钱最多的那套销售方案。

就这样，李辉利用自己独特的沟通方式，解决了一直以来苦恼的问题，达到了自己的目的，在销售方面因为业绩的持续攀升，也得到了更高层领导的认可与赞赏。见此情景，王总也渐渐地把更多的时间用在自己的专业以及人事、财务的管理上，不再干涉销售部的具体工作，而李辉的各项工作也顺风顺水，渐入佳境。

资料来源　佚名．职场升职记，沟通很重要［EB/OL］．［2015-03-05］．https://www.docin.com/p-1081417671.html.

思考：本实例的内容如果用3句话和3个关键词来表达，你觉得应该怎样表达？

（二）与同事的沟通

1.沟通协调很重要

企业战略的实施和团队目标的实现都需要同事之间不断地沟通，在与同事的沟通过程中，应该意识到沟通的目的是达成共识，而不是抬杠和争吵。

同事之间，因个人性格、职位性质、工作侧重点有差别，日常发生一些小矛盾在所难免。那么，在工作中怎样才能使沟通变得更加顺畅有效呢？

2.以求同存异为目标

与同事沟通时要顾及同事的自尊，应采取委婉的方式，用建议代替直言，用提问代替批评，以达成沟通的目的。

（1）以大局为重。对于同事的缺点，如果平时不当面指出，反而在与外单位的人员接触时，对同事评头品足、找毛病，甚至恶意攻击，那么一定会影响同事的形象，对自身形象也不利。同事之间由于工作关系而走在一起，就要有集体意识，以大局为重。在与外单位人员接触时，要多补台少拆台，不要为自身小利而伤害集体大利。

（2）对待分歧，求大同存小异。同事之间由于经历、立场等方面的差异，对同一个问题往往会产生不同的看法，从而引起一些争论，一不小心就容易伤和气。因此，与同事有分歧时，既不要过分争论，也不要一味“以和为贵”。

面对问题，特别是在发生分歧时要努力寻找共同点，争取求大同存小异。实在不能取得一致意见时，不妨冷处理，可以表明“我不能接受你们的观点，我保留我的意见”，这样既可让矛盾淡化，又不失自己的立场。

(3) 对待升迁、功利，要保持平常心，不要嫉妒。许多人平时一团和气，然而遇到利益之争，就当“利”不让。还有一些人背后互相诋毁，说风凉话。这些做法既不光明正大，于己于人也不利。因此，对待升迁、功利要保持一颗平常心。

互动问题 7-10

有人说与人沟通要注意沟通道德，你认为在与同事沟通中应注意哪些道德问题？

（三）与下属的沟通

1.提高与下属的沟通能力

在管理实践中，管理者和下属之间的地位实际上是不平等的。不少管理者因为掌控下属的职业前途、工作业绩，而较少注意同下属沟通的方式和技巧。然而，专业化和网络化的发展弱化了管理者与下属的层级关系，所以管理者应该培养沟通意识，提高同下属的沟通能力，只有这样上下级关系才能和谐融洽。

实例 7-6　重复别人的话有收获

于先生白手起家创立了目前的公司，他有着极强的个人能力。公司不断发展壮大，于先生的领导能力也逐渐赢得了下属的认可，在员工中有着很高的威望，于先生也因此非常自信。

公司的重要决策于先生基本上不听取相关部门和人员的意见就自己作主，很多时候让下属参与讨论和提出意见只是一种形式。一天，于先生因为儿子夜不归宿而大发脾气，他几乎不听儿子的任何辩解就把儿子臭骂了一顿，儿子也很生气：“爸爸，你总是这样，说是让我讲一下原因，又不耐心听我解释，不信你重复一下我所说的话！”于先生一愣，仔细一想还真想不起儿子刚才到底说了什么。

第二天，于先生和工程师讨论一个工程建设项目的问题，工程师仅仅用不到5分钟就将自己的看法说完了。因为他知道，老板早就心中有数，一般不会考虑下属的意见。

于先生听完后对工程师说：“我复述一下你的看法，你看我理解的对不对？”于是于先生将工程师的每个意见都重复了一遍，并询问了某个意见的细节。工程师感到很惊讶，于是他针对细节进行了一些补充和完善，不知不觉，他们已经谈了两个小时。最后的结果是于先生采纳了工程师的意见，对自己的想法进行了调整。他发现工程师在很多地方的想法要比自己周全。

于先生大发感慨，原来重复别人的话还有这么大的收获，看来要真正管理好企业，首先必须摒弃自己的主观心态，耐心、积极地同下属沟通。

资料来源　作者根据相关资料整理而成。

思考：本实例对你最大的启发是什么？试用3句话来说明。

2.沟通观念要转变

“没有难以沟通的员工，只有不善于沟通的领导。”管理者很难以一己之力管理好公司和部门，必须依靠下属的支持和合作才能完成工作任务。管理者管理工作的成功与否，很大程度上取决于同下属的沟通能力。因此，管理者必须不断提高同下属的沟通技巧。

（1）传达命令

①态度和善，语言礼貌。上级对下属传达命令时，应保持和善的态度，因为在现代管理实践中，上下级关系已经很难靠上级的个人权威来维持，上级的态度和语言能够直接影响下属对上级的看法，进而影响命令的执行。

②给下属提出疑问的机会。聪明的管理者在向下属传达命令时，会主动询问下属的意见，以确保下属能全面和准确地领会。

③引导下属认识到命令的重要性。管理者对命令进行重复和强调并不能代表下属也这样认为，因此管理者要通过介绍命令的背景、要求、意义等信息让下属充分认识到命令的重要性。

（2）批评下属

①尊重客观事实。发现下属工作业绩下滑时，管理者绝不可盲目地进行批评，这样只会增加下属同管理者之间的隔阂。对待业绩下滑的下属，首先要同下属就业绩下滑的原因进行沟通，在了解了下属全部的想法后再做出相应的处理决定。

管理者批评下属一定要从客观事实出发，坚持就事论事。如果在批评时不尊重客观事实，则会让下属更加反感，从而增加上下级之间的隔阂。

②选择适当的场合。在批评下属时，要选择适当的场合，考虑到下属的自尊心。

③恰当运用赞美。管理者在批评下属的时候，应适当对下属进行肯定和赞美，让下属意识到自己价值的同时虚心接受领导的批评。

（3）赞扬下属

①以诚相见，由衷赞美。赞美是一种艺术，而且只有当赞美建立在诚挚的感情基础上时，下属才会真正受到鼓舞和激励。

②及时赞扬下属。在工作中创造了价值的下属，都渴望获得管理者的肯定和承认，管理者应当创造机会及时对下属的工作给予肯定。

③不以小事而放弃表扬。俗话说“于细微处见精神”，因此管理者要善于发现下属所做的有意义的事情，且不论事情的大小都能给予真诚的赞扬。

（4）其他技巧

①换位思考。管理者和下属对企业发展使命、发展战略、管理特征、管理规范等方面的认识存在很大的差异。所以，管理者要想同下属进行良好的沟通，应从下属的立场出发，进行换位思考。

②细节沟通。管理者在同下属进行沟通时要关注细节，因为下属在同管理者沟通时往往十分注意管理者的细节动作，如一个手势、一个眼神、一个细小的动作等。如果管理者对细节处理得不好，有可能会影响沟通的效果，甚至传递负面的信息，导致

上下级之间产生误解。

（四）与客户的沟通

1.与客户沟通的重要性

有人说："与客户沟通30秒，就能决定推销的成效。"但成功的营销人员不会把注意力简单地放在短期的成效上，获取客户的好感，建立长期的、牢固的合作关系，才是真正的目的。

2.与客户真诚地沟通

（1）加深客户对自己的印象。人的外表会给他人暗示的效果，因此应尽量使自己的外表给每次会面的客户留下一个好印象。每个人的面部特征都会给人以深刻的印象，穿着打扮也是影响他人印象的主要因素。面带微笑、衣着得体，不仅会为自己的形象加分，还能在沟通之前让客户产生好感，加深客户对自己的印象。

（2）记住客户的姓名。每个人都希望别人重视自己，记住客户的名字，会增加客户对自己的好感。

（3）积极地认可和赞美。让人产生优越感和愉快心情最有效的方法是认可和赞美其引以为豪的地方，对他人表示认可和赞美也会受到他人的认可、赞美。当认可、赞美均发自内心时，他人就会受到正面肯定的影响，从而消除设定的心理警戒，拉近彼此之间的距离。

（4）绝不与客户争辩。人总是喜欢与自己看法一致的人打交道。与客户沟通也是一样，绝不能与客户争辩，甚至当客户明显犯错时，也不要直接指出。其实不管客户说什么，只要点头、微笑并适当做出反应就可以了。

能力分析

1.小组讨论

问题：沟通对于人类来说就像吃喝一样，是最基本的需要。如何提高人际沟通能力呢？

分析要求：小组讨论，每5～6人分为一个小组进行讨论，结合小组成员的亲身体验详细列出五种以上提高人际沟通能力的方法；班级交流，各小组选派代表在班级陈述本组提高人际沟通能力的方法（前面小组已陈述过的内容后面小组不再陈述）；教师对各组陈述的提高人际沟通能力的方法进行点评；把经过修改附有教师点评的各小组提高人际沟通能力的方法报告展示在班级本课程平台上。

2.善恶研判

为了规范机关接待工作，有明文规定，同次公务活动只安排一次公务接待，"无函不接待、不报销"，这是公务接待中的硬性要求。

有的单位领导明知故犯，管不住自己那张嘴，由此产生的超标准、超范围接待费用较多，按正常程序无法报账。于是，办公室负责人就动起了歪脑筋，通过向兄弟县（区）相关部门办公室负责人要来一些空白接待函，以来自己单位开展工作交流为由，虚列公务接待开支，用假公函到财政局报账，用于冲抵超标准、超范围的接待费用。

资料来源　作者根据相关资料整理而成。

问题：1.本案例中办公室负责人在向兄弟县（区）相关部门要空白接待函的沟通中存在哪些道德伦理问题？

2.试对上述问题做出你的道德研判。

3.对照教材和网络搜集的资料，说明你的道德研判所依据的管理道德规范。

分析要求：每个学生结合善恶研判案例问题，拟出分析提纲；小组讨论，形成小组善恶研判案例分析提纲；班级交流，各小组选派代表在班级陈述本组善恶研判案例分析提纲观点；教师对各组陈述的观点进行点评；小组把经过修改附有教师点评的各小组善恶研判案例分析报告展示在班级本课程平台上。

能力应用与训练

1.价值引领

背景与情境：习近平总书记历来高度重视调查研究，强调“没有调查就没有发言权，没有调查就没有决策权”，并率先垂范、身体力行，为全党做出了表率。总书记对如何把调查研究做深做实提出明确要求：一要“眼睛向下、脚步向下”，经常扑下身子、沉到一线，近的远的都要去，好的差的都要看，干部群众表扬和批评都要听，真正把情况摸实摸透；二是既要“身入”基层，更要“心到”基层，听真话、察真情，真研究问题、研究真问题；三是要在深入分析思考上下功夫，去粗取精、去伪存真，由此及彼、由表及里，找到事物的本质和规律，找到解决问题的办法；四是要用好交换、比较、反复的方法，重视听取各方面意见包括少数人的意见、反对的意见，立体式地进行分析、三思而后行，防止自以为是、一得自矜。

问题：请结合你学习的沟通技巧，说说习近平总书记对如何把调查研究做深做实提出的这些要求的现实意义，并分析新时期加强与群众沟通的必要性。

讨论分析：

个人：每位同学仔细阅读背景与情境资料，查找相关资料，整理自己对该问题的认知。

小组：5～6名同学为一组，组内交流各自的认知，小组成员共同讨论，形成小组基本观点。

全班：各组推荐1名同学，在全班陈述本组的观点。

老师：结合各组同学的观点进行点评。

2.能力训练

●情境描述

（1）如果某位中学校长请你为即将毕业的学生举办一次介绍公司情况的晚间讲座，而那天晚上恰好播放你喜欢的电视连续剧的最后一集，你会（　　）。

A.立即接受邀请

B.同意去，但要求改期

C.以有约在先为由拒绝邀请

（2）如果某位重要客户在周末下午5：30打来电话，说他们购买的设备出了故障，要求紧急更换零部件，而主管人员及维修师已下班，你会（　　）。

A.亲自驾车去30千米以外的地方送货

B.打电话给维修师，要求他立即处理此事

C.告诉客户下周才能解决

(3) 若某位与你竞争最激烈的同事向你借一本经营管理畅销书，你将（　　）。

A.立即借给他

B.同意借给他，但声明此书无用

C.告诉他书被遗忘在火车上

(4) 如果某位同事为方便自己出去旅游而要求与你调换休息时间，在你还未决定如何度假的情况下，你将（　　）。

A.马上应允

B.告诉他你要回家商量

C.拒绝调换，推说自己已经参加旅游团了

(5) 如果你在急匆匆地驾车赶去约会途中看到你同事的车出了故障，停在路边，你会（　　）。

A.毫不犹豫地下车帮忙修车

B.告诉他你有急事，不能停下来帮他修车，但一定帮他找修理工

C.装作没看见，径直驶过去

(6) 如果某位同事在你准备下班回家时，请求你留下来听他“倾吐苦水”，你会（　　）。

A.立即同意

B.劝他等两天再说

C.以家人生病为理由拒绝他的要求

(7) 如果某位同事因要到医院探望病人，要求你替他去接一位乘夜班班机来的重要客户，你会（　　）。

A.立即同意

B.找借口让他找别人帮忙

C.以汽车坏了为由拒绝

(8) 如果某位同事的儿子想选择与你相同的专业，请你为他做些求职指南，你会（　　）。

A.马上同意

B.答应他的请求，但同时声明你的意见可能已经过时，他可以再找些最新资料做参考

C.只答应谈几分钟

(9) 你在某次会议上发表的演讲很精彩，会后几位同事都向你索取讲话提纲，你会（　　）。

A.同意并立即复印

B.同意但并不十分重视

C.同意但转眼就忘记了

(10) 如果你参加了一个新技术培训班，学到了一些对许多同事都有益的知识，你会（　　）。

A.返回后立即向大家宣讲并分发参考资料

B.只泛泛地介绍一下情况

C.把这个课程贬得一钱不值，不透露任何信息

●评估标准及结果分析

全部回答“A”：你是一位善良、极有爱心的人。但你要当心，千万别被低效率的人拖后腿，也不要被别有用心的人利用。

选择“A”最多：你很善于合作，但并未失去个性。你认为礼尚往来是一种美德，在商业活动中亦不可缺少。你慷慨助人，同时也希望别人同样回报你。

选择“B”最多：你是一位以自我为中心的人，不愿意为自己找麻烦，不想让自己的生活规律、工作秩序受到任何干扰。无疑，你有困难时也很难得到别人的帮助。

选择“C”最多：你是一个名副其实的孤家寡人。

评估反思：依据评估的结果，撰写一篇反思性的总结。认真反思自己在与人沟通中的优点和不足，提出提升自己沟通能力的措施。

任务六　冲突管理

学习目标

素质目标：通过知识学习（互动问题）、能力分析（善恶研判）、能力应用与训练（价值引领）等教学活动，培养同学们分析冲突原因的能力，提高防范冲突的意识，提升解决冲突的素养。

知识目标：通过学习，能够准确理解冲突、冲突的发展阶段、冲突类型及冲突的解决办法等相关知识。

能力目标：通过能力分析与能力应用与训练等活动，使同学们能正确分析冲突的类型、冲突产生的原因以及掌握解决冲突的相应办法。

能力评估

冲突管理认知能力评估见表7-15。

表7-15　冲突管理认知能力评估表

序号	评估内容	评估等级				
		非常不同意	比较不同意	一般同意	比较同意	非常同意
1	你避免对有争议的主题公开讨论					
2	你鼓励双向交流，邀请当事人表达他的看法，并提出问题，力求促成和谐					
3	你不喜欢在辩论中占上风					
4	你会寻找中间立场来解决冲突					
5	你认为自己的观点只是一种看法而已					

注：能力评估采用五等级量表，选项越靠近“非常同意”项，说明你对冲突管理的相关知识和技能了解越多。

知识学习

人人都希望在和谐、友好、安定的环境中工作和生活。现实中凡是有人的地方就有可能发生冲突。我们要正确认识冲突，学会有效地解决冲突。

一、冲突及种类

（一）冲突的含义

冲突是个人或组织认为其需要受到阻碍或将要受到阻碍时发生的一种公开的行为。它是人们由于某种差异而在各方面形成抵触、争执或摩擦的过程。差异是否真正存在并没有关系，只要人们感觉到差异存在，则冲突状态也就存在。人与人之间在利益、观点、掌握的信息以及对事件的理解等方面都可能存在差异，有差异就有可能引起冲突。一个人的态度、价值观和行为方式对冲突结果起着重要的作用。冲突具体包括4个关键项：一是对立内容，即冲突各方对立的利益、思想、知觉和感受；二是对立认知，即冲突各方承认或认识到存在着不同的观点；三是对立过程，即分歧或矛盾的发展过程；四是对立行动，即冲突各方设法阻止对方实现其目标的行为。冲突是非常正常的，它是可以有建设性或破坏性影响的一种现象，是可以预测的。所以，管理者必须知道何时产生冲突以及如何避免冲突。

互动问题7-11

有人说：做企业，永远要面对问题，因为永远有矛盾，事物的发展本就是在矛盾的作用下实现的。说说你的看法。

（二）冲突的发展阶段

作为管理者，必须认识冲突的动态性质。冲突通常并不是突然出现的，它要经历一系列的发展阶段。

1.潜伏的冲突

在这个阶段，冲突的基本条件存在但没有被察觉。

2.被察觉的冲突

此时，一方或双方当事人察觉到冲突的原因。

3.感觉到的冲突

紧张气氛开始在当事人之间出现，虽然真正的争斗尚未开始。

4.明显的冲突

争斗开始，当事人的行为使得其他不相关的人明显地感觉到冲突的存在。在这一阶段，各方争论或伤感情的话不在私下讲了，混乱局面开始公开出现。

5.冲突之后

通过解决或处理，冲突已经结束，同时冲突导致新的状况出现，即要么是更有效的合作，要么是比上次更严重的新冲突。

（三）冲突的种类

按冲突涉及的主体，可以将冲突分为个人冲突、人际冲突、群体冲突、组织冲突和政治冲突。

1.个人冲突

个人冲突是指个人内心的冲突，当动机和目标之间发生障碍时就会产生个人冲突。当个人的某种动机在目标达成前受到阻碍时，人们就会非常沮丧和愤怒。人们对沮丧和愤怒的反应各不相同，可能通过后退的行为（如更高的缺席率）、激进的行为（如暗中破坏和其他破坏行为）、酗酒或许多其他微妙的反应表现出来。个人冲突也可以由目标冲突引起。当个人目标兼有积极和消极的方面或者多个目标存在时，目标冲突就产生了，目标冲突迫使人们做出抉择，抉择又使人们内心产生冲突感。这种不和谐是管理者必须要观察到的危险迹象，因为它会导致员工精力分散，组织生产效率下降。

目标冲突的一个延伸就是认知冲突和情感冲突。在认知冲突中，观念和想法在限定的环境中被认为无法相容；在情感冲突中，感觉或感情无法相容，结果通常是迁怒于别人。

实例7-7　成为经理后的困惑

杰夫异常好胜，他当销售代表时，什么事都想赢。在这种不夺第一誓不休的欲望驱使下，杰夫年复一年取得佳绩。杰夫成为经理后，全力推动部下力争第一。表面看来，这无可厚非。然而，作为经理，杰夫不但与其他地区竞争，而且与自己手下的销售代表竞争，他始终要超过他们。遇到大客户，他总要争做主讲人，无法忍受当旁观者。他每次与员工谈话，总是要压倒对方。本来是与员工谈个人发展，他却忍不住吹嘘自己如何技压群芳。结果，这种盛气凌人的言行气走了许多销售高手。

资料来源 佚名．冲突管理案例分析［EB/OL］．［2015-11-20］．https://www.docin.com/p-1119864815.html.

思考：本实例对你最大的启发是什么？试用3句话来说明。

2.人际冲突

人际冲突是指两个人或更多人之间的冲突。性格的差异经常导致人际冲突，性格外向的人和性格内向的人，脾气暴躁的人和内敛的人，乐观的人和悲观的人，易冲动的人和做事深思熟虑的人，他们在一起都可能产生人际冲突。此外，由于个人背景或宗教信仰原因产生的偏见也可能导致人际冲突；或者对于其他人的职位，如果个人逐渐不满意自己的职位，也可能产生人际冲突。

3.群体冲突

群体冲突也叫结构性冲突，相对来讲，这种冲突与组织结构中扮演一定角色的个体无关。由于不同的群体在组织中存在分工差异、利益差异、沟通差异，因此就会导致群体冲突。群体冲突通常包括以下几种类型：

（1）目标差异与奖励。组织中每个职能单位都有自己的目标，这些目标的差异就会引起冲突；各部门都会强调各自绩效的奖励体系，这时就会滋生冲突。

（2）部门之间的相互依赖。有时一个组织中的两个部门或单位要互相依赖才能完成它们各自的任务，这样就使群体冲突的产生成为可能。如果部门依赖关系是不平等的，也会滋生冲突。

（3）职能单位的服务环境差异。实际工作中，职能部门要完成各种任务，应对各种情况，职能部门服务的环境相差越大，出现冲突的可能性就越大。

（4）角色不满。当组织中一个小组与其他小组相比感觉自己地位较低时，角色不满冲突就会发生，有时对一项具体工作模棱两可的描述也会导致结构性冲突。对一项任务的成功或失败不知道该赞扬还是指责两个单位中的哪一个时，冲突也可能发生。

（5）对共同资源的依赖。当两个组织单位都依赖共同的但很稀缺的资源时，就可能产生冲突。双方为了更多地占有资源，就会产生冲突。

（6）沟通障碍。语义的不同也会引起冲突。组织中不同的部门由于角色不同，其描述同一相似的事物时往往使用不同的语言，这也会导致冲突。

互动问题 7-12

请你思考怎样化解群体冲突，结合你熟悉的一次群体冲突事件分析说明。

4.组织冲突

组织冲突是指员工和组织本身的冲突。公司政策的改变、重组、规模缩小、裁员、压缩开支等都是引起组织冲突的主要原因。组织冲突使得员工或员工群体反对组织。

5.政治冲突

个人的、人际的、群体的及组织的冲突通常并不是有意策划的，它们只是现存环境发展的结果。但是，政治冲突的起因是有意的，经常是在精心安排的争斗计划中进行的。这种冲突通常由于部分个人或群体自身的利益而引起，发起者有很清楚的目的，即要得到更多奖金、任务的优先选择、职务的提升或权力的扩大等。

（四）冲突形成的原因

在组织中，人与人之间、群体之间的冲突是很常见的。任何组织中都存在着产生冲突的条件，被称为“冲突源”。概括起来，冲突形成的原因分为3大类，即沟通因素、结构因素和个体因素。

1.沟通因素

由于组织中成员的文化和历史背景不同，对问题理解的差异、误解及沟通过程中噪声的干扰都可能造成彼此观点不一致。此外，信息沟通渠道是否畅通、来源是否一致、得到的信息是否全面等都是冲突产生的原因。

2.结构因素

由于组织分工造成组织结构中垂直与水平方向各系统、各层次、各岗位分化，而且组织成员所处的职位不同，看问题的角度不同，因此这些常会引起意见分歧。

由于信息不对称和利益不一致，人们在计划目标、实施方法、绩效评价、资源分配、劳动报酬与奖惩等方面都可能产生不同看法，这种差异是由组织结构本身造成的。组织中分工不当，成员所负责工作的模糊程度越高，冲突出现的可能性就越大。

3.个体因素

个体因素包括个人的价值系统和个性特征。社会背景、受教育程度、阅历、修养等的差异塑造了个体不同的性格、价值观和行为方式，个性差异会带来合作和沟通的困难，而这往往也成为导致某些冲突的根源。

二、冲突管理的策略与处理冲突的过程与方法

（一）冲突管理的策略

任何一个组织都应该允许冲突的存在，没有冲突或很少冲突的组织必将对环境变化反应迟钝，缺乏创新；但是，冲突过多或过激则会造成组织混乱、涣散、分裂和处于无政府状态。所以，任何组织都应该保持适度的冲突，同时必须有效地处理和控制组织中的冲突。美国行为科学家托马斯提出了一种冲突处理的二维模式，如图7-8所示。

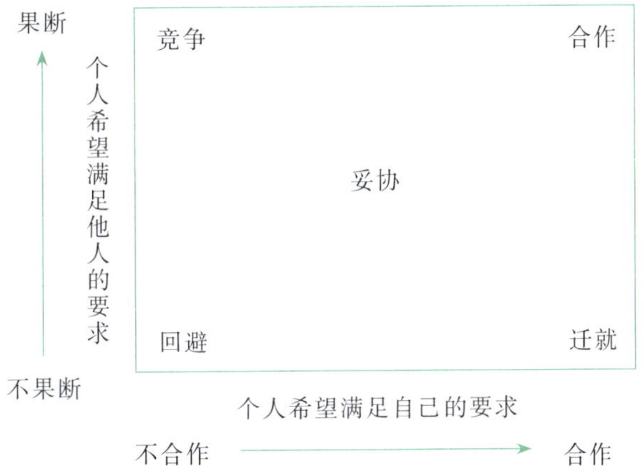

图7-8 冲突处理的二维模式

托马斯认为至少有5种处理冲突的策略，每种策略都是由两个维度来确定的，即合作性行为和果断性行为。合作性行为就是力图满足别人的愿望，越强调满足别人的愿望，说明合作性越强；果断性行为就是力图满足自己的愿望，越强调满足自己的愿望，说明果断性越强。这5种处理冲突的策略代表了合作性与果断性之间的5种不同组合——竞争、迁就、回避、合作与妥协。

1.竞争策略

竞争策略是指在冲突处理中寻求自我利益的满足，表现为“以自我利益为中心”，无视他人需求，寻求一方得益、一方损失的策略。运用这种策略，管理者会过于依赖强迫方式，忽略员工的利益，因此会降低员工的工作动力。它适用于需要对重

大事件迅速采取行动的情况、为了企业的长期发展而必须采取行动的情况（如采取削减成本、辞退业绩差的员工等一些不受欢迎的行动）和为了保护自己不被他人利用而有必要采取行动的情况。

2.迁就策略

迁就策略是指在冲突中为了维护相互友好的关系，一方愿意自我牺牲，以服从他人的观点，或者冲突各方以合作的态度面对问题，鼓励他人与自己合作。该策略仅关注冲突的情感而没有关注问题的本质，鼓励人们掩饰情感，所以适合在组织工作重点在于短期内营造和谐气氛或为团队成员提供尝试错误机会的情况下使用。

3.回避策略

回避策略是指当发生冲突时，由于希望控制冲突而采取的既不合作也不维护自身利益，从而使事件不了了之的做法，也就是处理冲突时意识到冲突的存在但希望逃避或抑制它。这种策略适用于以下几种情况：①事情无关紧要，不值得花时间和精力去处理；②没有解决冲突的足够信息；③力量对比悬殊，无力改变现状；④其他人能更有效地解决冲突，或者冲突带来的潜在利害关系得不偿失。

4.合作策略

合作策略是指在冲突中双方一起寻求解决方案，进行互惠互利的双赢谈判，以解决冲突。运用该策略处理冲突时，希望有满足双方利益并寻求相互受益的结果，主张冲突面前舍弃自身利益以满足他方利益，求同存异，强调协调中双方能坦率接受差异并共同找到解决问题的办法。这种策略适用于以下情况：①冲突双方有着共同的目标，或者冲突原因是误解或缺乏交流等；②相互之间充分依赖，值得把时间和精力用在协调个人差异上；③双方力量均等，人们交往自在，不用考虑上下级关系；④有互利的潜在机会，特别是在长期能使冲突产生双赢结果的情况下；⑤组织支持并花费时间协调解决冲突。

5.妥协策略

妥协策略是指冲突双方都放弃一些应得利益，以求共同承担后果。这是一种“调和折中”的思路。该策略主张双方都放弃一些利益，采取让步行为，共同分享或分担妥协带来的结果。采用这种策略有助于在未来建立良好的关系，所以它为人们所广泛采用。妥协策略适用于为复杂问题寻求一个暂时的解决方案、冲突双方势均力敌、双方目标方面没有大的冲突等情况。

实例7-8　“千里家书只为墙，让他三尺又何妨”

清康熙年间，大学士、军机大臣、实握宰相之权的张廷玉老家在安徽桐城。张廷玉老家人与邻居吴家在宅基的问题上发生了争执。于是，张老夫人便修书到京城，要张廷玉出面干预。这位宰辅到底见识不凡，看罢来信，立即作诗劝导老夫人：“千里家书只为墙，让他三尺又何妨？万里长城今犹在，不见当年秦始皇。”张老夫人见书明理，立即主动把墙移后三尺；吴家见此情景，深感惭愧，也马上把墙移后三尺。这样，张吴两家的院墙之间，就形成了六尺宽的巷道，成了有名的“六尺巷”。

资料来源　作者根据相关内容整理而成。

思考：本实例对你最大的启发是什么？试用3句话来说明。

上述5种处理冲突的策略之间没有好坏之分。当组织发生冲突时，管理者应根据具体情况，选择适当的策略妥善处理。

实例7-9　传统的冲突观与当前的冲突观

传统的冲突观，大概包括以下几点内容：

- 冲突是可以避免的。
- 冲突是由于管理者的无能导致的。
- 冲突足以妨碍组织的正常运作，致使最佳绩效无从获取。
- 最佳绩效的获得，必须以消除冲突为前提条件。
- 管理者的任务之一，即消除冲突。

当前的冲突观和以前不大一样，它包括以下内容：

- 在任何组织形态下，冲突都是无法避免的。
- 尽管管理者的无能显然不利于冲突的预防或化解，但它并非冲突产生的根本原因。
- 冲突可能导致绩效的降低，亦可能导致绩效的提升。
- 最佳绩效的获取，有赖于适度冲突的存在。
- 管理者的任务之一，即将冲突维持在适当的水平。

思考：两种不同的冲突观对你有什么启发？

（二）处理冲突的过程

管理者要有效地解决和处理冲突，就需要将冲突管理的理论、管理技能和知识运用到解决冲突中去。冲突处理一般包括以下步骤：

1.选择冲突处理的风格

管理者必须会根据不同情境变化对冲突做出反应。当某一具体冲突出现时，管理者必须选择有针对性的处理冲突风格，以适应当时的情景。管理者的基本风格决定了其最有可能采取的行动以及其经常使用的冲突处理方法。

2.选择需要处理的冲突

管理者可能面临许多冲突，有些冲突非常琐碎，不值得花很多时间去处理；有些冲突虽然很重要，但不是自己力所能及的；有些冲突难度很大，花很多时间与精力也未必有好的回报。因此，管理者不要轻易介入。只有那些不仅员工关心、影响面大，而且对推进工作、打开局面、增强凝聚力、建设组织文化有意义、有价值的冲突或事件，管理者才需要亲自处理。

3.了解冲突当事人和冲突来源

冲突发生后，要对冲突各方的正确性与合理性进行判断，而管理中的“冲突源”往往很复杂，这就需要管理者不仅了解公开的、表面的冲突原因，还要了解背后的、深层的原因，也许冲突就是各种原因交叉作用的结果。管理者尤其需要认真研究冲突双方的代表人物及被卷入冲突的人，他们的性格特点、价值观、经历、资源因素等就是重要的冲突源，影响着双方的观点和差异。

4.采取合适的处理冲突的方法

根据冲突情况选择不同的处理策略，这些策略有竞争、迁就、回避、合作、妥协等。同时，应该对冲突解决结果做出预先的判断，如解决方案是否合理、结果是否对发展有利、决策引起双方的何种行为反应、对方采取的策略是否会改变自己的策略等。

（三）处理冲突的具体方法

由于冲突产生的原因、性质不同，解决冲突的方法也有所不同。具体来讲，处理冲突的方法包括以下几种：

1.协商解决

当两个部门发生冲突时，需要由双方互派代表通过协商来解决冲突。协商时要求冲突的双方顾全大局，互相做出让步，这样才能使冲突得到有效解决。

2.仲裁解决

当双方经过协商无法解决冲突时，就需要第三者或高层管理者出面协调，进行仲裁，使冲突得到解决。但仲裁者必须具有一定的权威性，秉公办事，不偏不倚。

3.使用权威的力量解决

当双方通过协商不能解决冲突，而且不服从调解者的仲裁，感情冲动，事态发展到严重的地步时，宜采用权威的力量迫使冲突双方立即停止冲突。这种方式不纠缠于细节，而是以权威的力量命令双方不再接触，然后再用其他方式解决。

4.通过批评和辩论解决

对于因原则性问题而产生的冲突，可通过批评和辩论来解决。批评要避免组织围攻，要摆事实、讲道理，允许辩驳，通过比较正误，判断是非，使彼此认同。采用这种方式解决冲突，重要的是被批评者一定要对批评者的动机与目的取得认同，批评者的态度和选用的信息也十分重要。

5.自我批评解决

对于因个人或单位利益等原因所引起的冲突，宜采用自我批评来解决。自我批评有很微妙的情感作用。一方先做自我批评对对方是一种情感影响和引导，能够有效地克服原有的对立情绪和立场。

6.心理位置互换

对于因工作关系而产生的冲突，宜提倡通过心理位置互换来解决。冲突双方要设身处地为对方着想，把自己换到对方的位置上，看看应该如何对待这件事情。

7.提倡相互谅解

组织中人与人之间是存在个性差异的，对于因个性不同而产生的一些冲突，宜提倡相互谅解，多看对方的长处，求大同；必要时也可以采取调换工作、减少接触的回避方式。

总之，组织中的冲突是客观存在的，不能认为冲突都是坏事，一碰到就回避、平息，而是要正确认识和处理。同时，要把冲突保持在适当水平。在一个组织中，冲突过强时，要运用政治的、经济的、法律的方法，或者根据具体问题具体分析，灵活解决冲突，降低冲突水平；如果冲突过少，也要通过改变组织文化、沟通、引进人才、重组机构等方式设法激发冲突，以便组织始终保持既和谐又活跃的气氛。

能力分析

1.小组讨论

下面是一些看上去矛盾的观点：

A.冲突会制造和谐。

B.僵局可以提高决策的质量。

C.争执和误解使团队更加团结。

问题：看了上述观点，让你想到了什么？

分析要求：小组讨论，每5～6人分为一个小组进行讨论，详细列出对三种矛盾观点的看法；班级交流，各小组选派代表在班级陈述本组观点；教师对各组陈述的观点进行点评；把经过修改附有教师点评的各小组分析报告展示在班级本课程平台上。

2.善恶研判

背景与情境：小玉转职到一家网络公司当企划。老板很欣赏她的能力，一开始是想要她当网站的小主管的。虽然小玉自知能力尚可，工作经验也够，但毕竟没有任职网络公司的经验，所以她婉拒了老板的好意，愿意从企划做起。

小丽是公司元老，和小玉同年，但能力不够，工作态度也不好，已经好几年了，始终升不上去。因小玉进公司后的工作表现大大超过小丽，就暗地排挤她。

其实，老板知道小玉的加入会引发小丽的反感，但念在小丽是公司的第一批员工，就没有纠正她。于是老板私下找到小玉，要她“多包涵小丽”。小玉吃了很多暗亏，但因为老板的交代，一直隐忍不发！这样的态度却让小丽认为小玉是个好欺负的人，更加肆无忌惮。

一日，当设计部经理质疑小丽的企划出了大问题时，小丽竟撒了个大谎，说：“这是小玉的主意，我只是照她的意思做罢了！”小玉听到后再也忍不住了！当小丽回到座位时，小玉当着同事的面，把档案夹往小丽桌上摔去并很大声地说：“你说谎！什么我的主意！你敢再说一次试试看！”小丽没想到一向乖乖受欺负的小玉竟站在背后听到了她的话，还发这么大的脾气！

后来，老板没有责怪小玉发了脾气，却怨她没有“多多包涵”小丽。

类似的冲突愈演愈烈，小玉再也无法忍受小丽，虽然小丽一副无所谓的样子！老板需要调解她们之间冲突的次数越来越多，也越来越不耐烦。虽然他很欣赏小玉的工作能力，却也觉得她幼稚、脾气差。

资料来源　作者根据相关资料整理而成。

问题：1.本案例中存在哪些道德伦理问题？

2. 试对上述问题做出你的道德研判。

3. 对照教材和网络搜集的资料，说明你的道德研判所依据的管理道德规范。

分析要求：每个学生结合善恶研判案例问题，拟出分析提纲；小组讨论，形成小组善恶研判案例分析提纲；班级交流，各小组选派代表在班级陈述本组善恶研判案例分析提纲观点；教师对各组陈述的观点进行点评；小组把经过修改附有教师点评的各小组善恶研判案例分析报告展示在班级本课程平台上。

能力应用与训练

1. 价值引领

背景与情境：2019年，中共中央国务院印发的《新时代公民道德建设实施纲要》中指出：要把社会公德、职业道德、家庭美德、个人品德建设作为着力点。推动践行以文明礼貌、助人为乐、爱护公物、保护环境、遵纪守法为主要内容的社会公德，鼓励人们在社会上做一个好公民；推动践行以爱岗敬业、诚实守信、办事公道、热情服务、奉献社会为主要内容的职业道德，鼓励人们在工作中做一个好建设者；推动践行以尊老爱幼、男女平等、夫妻和睦、勤俭持家、邻里互助为主要内容的家庭美德，鼓励人们在家庭里做一个好成员；推动践行以爱国奉献、明礼遵规、勤劳善良、宽厚正直、自强自律为主要内容的个人品德，鼓励人们在日常生活中养成好品行。

问题：你认为社会公德、职业道德、家庭美德、个人品德建设有利于预防和减少企业中的冲突吗？试分析为什么？

讨论分析：

个人：每位同学仔细阅读背景与情境资料，查找相关资料，整理自己对该问题的认知。

小组：5～6名同学为一组，组内交流各自的认知，小组成员共同讨论，形成小组基本观点。

全班：各组推荐1名同学，在全班陈述本组的观点。

老师：结合各组同学的观点进行点评。

2. 能力训练

●训练内容：参照表7-16所示的实例（分别用竞争、回避、迁就、妥协、合作的方法解决冲突的实例），每位同学从自己的学习和生活中选取类似的5种典型实例。

表7-16　不同方法解决冲突的实例

实例	解决方法及行为特征	选取方法的理由
公司几周前订了100吨纸，客户说周五下班前50万元的货款必须到账，不然就要加价5%，赵经理向财务部申请转账，财务部张经理认为20万元以上的款项须提前一周向财务部打报告，两人各不相让	竞争的方法： ①正面冲突，团队冲突表面化 ②双方高度武断、高度不合作 ③双方都试图以牺牲他人的目标为代价而达到自己的目标 ④只顾胜负，不顾后果	在道理上与业务上证明自己是正确的

续表

实例	解决方法及行为特征	选取方法的理由
市场部做出一个成本为50万元的会议营销方案，主管副总说先放一放	回避的方法： ①不合作也不武断 ②双方试图忽略冲突 ③双方都意识到冲突的存在，但都希望回避冲突 ④冲突被暂时掩盖	差异太小或太大而根本不用解决或解决不了；可能会破坏关系，甚至制造出更严重的冲突
一个老客户订了30万元的货，要求先发货，一个月后付款，公司原则上实施款到发货，但因为这个老客户确实信用很好，营销部经理就同意了	迁就的方法： ①高度合作、不武断。尽管自己不同意，但还是支持他人的意见 ②将对方利益放在自己的利益之上，一方愿意做出自我牺牲 ③彼此同意但并不完全信任	建立在过往信任的基础上，有一定的风险
销售部因为一个临时紧急的任务需要调派几个行政部的人员帮忙，行政部当时也比较忙，但由于销售部的事情比较急就只好答应了	妥协的方法： ①介于武断与合作之间。当冲突双方都放弃某些东西，而共同分享利益时，则会带来妥协的结果 ②没有明显的赢者和输者。他们愿意共同承担冲突问题，并接受一种双方都达不到彻底满足的解决方法 ③冲突双方的基本目标能达成 ④团队冲突得到暂时解决	必须先付出，才能有所收获
公司几周前订了100吨纸，厂商说周五下班前50万元的货款必须到账，不然就要加价5%，赵经理向财务部申请转账，财务部张经理采取合作的态度，紧急向总经理请示，最后在周五下班前将转账一事处理好	合作的方法： ①高度关注双方的利益，并寻求相互受益的结果 ②双方都试图找到双赢的办法，寻求双方都满意的方案 ③相互尊重与信任 ④冲突完全消除	当双方都能坦诚地充分沟通，就可以找到解决方法

●训练目标：

素质目标：通过5种典型实例的选取，提高同学们防范和化解冲突的素养。

知识目标：通过5种典型实例的选取，让同学们掌握各种冲突的相关知识。

能力目标：通过5种典型实例的选取，培养同学们举一反三的能力。

●训练过程：

（1）每位同学结合自身学习、生活实际选取类似实例，并将背景与情境描述清楚、准确。

（2）每位同学也可通过调查收集企业的实例，然后自己改编成要求的实例。

（3）在每个实例后简要说明你选择的理由。

●训练成果：每位同学整理一份附有5个典型实例及选择理由的课业报告。

●成果评价：解决冲突训练评价见表7-17。

表7-17 解决冲突训练评价表

项目（分值）	评价标准	个人自评（30%）	小组互评（30%）	教师评分（40%）	得分小计（100%）
素养培养（30分）	对收集、编写实例积极性较高				
	对查阅资料、编写工作认真负责				
	编写实例文字表述比较规范，构思好				
能力提升（20分）	结合自己学习、生活编写的实例具有典型性				
	对应各种冲突处理方法，背景与情境设计恰当				
知识应用（20分）	对冲突的内涵理解正确				
	对冲突解决的5种办法运用恰当				
项目成果展示（30分）	实例收集符合要求，5种实例收集齐全				
	排版规范，展示有新意				
	实例没有雷同，对自己学习、生活实例总结恰当				
合计（100分）					

任务七　压力管理

学习目标

素质目标：通过知识学习（互动问题）、能力分析（善恶研判）、能力应用与训练（价值引领）等教学活动，使同学们能正确认识压力，提升调解压力的基本素养。

知识目标：通过学习，能够掌握压力的含义、压力形成的原因、缓解压力的方法等基本知识。

能力目标：通过能力分析和能力应用与训练，培养同学们分析压力类型、压力形成的原因，掌握缓解压力方法的能力。

能力评估

压力管理认知能力评估见表7-18。

表7-18　压力管理认知能力评估表

序号	评估内容	评估等级				
		非常不同意	比较不同意	一般同意	比较同意	非常同意
1	保持有规律的身体锻炼计划					
2	和一个能够分担你的挫折的人保持一种开放的、可信赖的关系					
3	你知道几种暂时性的放松技巧，如深呼吸和肌肉放松					
4	你通过在工作之外追求各种兴趣来保持生活的平衡					
5	你努力将问题视为提高的机会					

注：能力评估采用五等级量表，选项越靠近“非常同意”项，说明你对压力管理的相关知识和技能了解越多。

知识学习

社会在不断地发生着变化，当个体自身的能力水平不能适应外界环境的需求时，便会产生自信心降低、焦虑、孤僻等不良情绪，由此会产生各种心理上的压力。

一、压力的含义

压力是由于感受到心理或生理的威胁，并想要摆脱这种威胁而产生的心理状态或生理状态。当一个人面对的需求超出自己的能力，或者资源无法满足他，或者当他的期望与能够满足或不能满足需求导致的奖励和代价之间存在着巨大差距时，压力就产生了。管理者如果一直把压力放在身上，就会觉得压力越来越沉重，直至无法忍受，最后可能被一些微乎其微的小事情击垮。

互动问题7-13

网络流行语“躺平”是什么意思？说说你的看法？

二、压力形成的原因及带来的影响

（一）压力形成的原因

不论是管理者还是员工，大家都会有压力。形成压力的原因多种多样，常见的有以下几种：

1.工作不合适

员工没有掌握工作所要求的技巧或能力，或者工作并没有给员工提供充分利用技巧和能力的机会，就会产生压力。

2.期望的冲突

正式组织期望的行为与员工期望的行为在理解上有矛盾，或者非正式组织期望的行为与员工的期望行为相抵触，员工个人受到以上两方面的严重影响，就会产生压力。

3.角色模糊

员工对工作角色不确定或不清楚，对在工作中被期望做什么不确定或不清楚，对工作业绩和期望的结果不清楚或不确定，都会产生压力。

4.角色负担过重

若员工无法胜任工作，或者被要求在不现实的时间内完成任务，就会产生压力。

5.工作责任压力

若员工害怕业绩不佳或失败，或者感觉到有更高业绩的要求，抑或要对他人负责，那么压力就产生了。

6.工作条件令人不满意

有时工作条件也会形成压力，例如，工作场所采光不好，对温度和噪声的规定不合理，机器设计及维修程序不当，工作时间很长或不确定。

7.工作关系不畅

如果员工个人与上级、同事、下级有矛盾，就容易形成压力。

8.疏远

疏远主要表现为社会交往有限、员工不参与决策等方面。

实例7-10　工作负荷大，职业危机感强

“上班拼命工作，下班拼命培训”成为现代白领的真实写照。零点公司调查结果显示，白领群体工作压力的主要来源是时间紧迫和职业发展。“在太短的时间内有太多的事情要做”和“不得不迫使自己跟上新科技或本领域的发展”并列位于工作压力首要来源的位置，其次是“担心未来的工作或业绩”和“要长时间地工作”。

“在太短的时间内有太多的事情要做”与“要长时间地工作”属于工作负荷方面的压力来源；“不得不迫使自己跟上新科技或本领域的发展”是职业发展给白领群体带来的压力。在科技迅速发展的现代社会，不进则退。这种无法回避的现实时时刻刻提醒着白领们不能懈怠，然而这种知识更新的紧迫感也给白领造成了不可避免的压力。此外，对未来的不确定性同样也在很大程度上对白领造成压力，这主要体现在“担心未来的工作或业绩”上。

一般来讲，过度或长期的紧张感会引起员工的心理疲劳，它是一种包含身体、情绪、人际关系等多方面的综合反应，过度的工作压力会造成高血压、心悸、烦躁、焦虑、工作满意度下降、工作效率降低、合作性差、缺勤、频繁跳槽等各种反应。

资料来源　作者根据相关资料整理而成。

思考：本实例对你最大的启发是什么？试用3句话来说明。

（二）压力负担的症状

压力并非人必须伴随的东西，但管理者在工作中往往会面对多方面的压力。人们常说压力就是动力，实际上这句话只说对了一半，因为每个人承受压力的能力都是有一定限度的。适当的压力能使人的绩效提高，但压力一旦超过了个人承受的极限，绩效反而会下降；而且压力太大，会影响人的心理健康，导致一系列心理问题。

1.焦虑

焦虑是个体对现实中结果“不确定”的事或可能的“挫折”感到不安的一种十分复杂的消极情绪。自尊心受挫、自信心丧失、自责、内疚等都可能使人焦虑。个体长期焦虑不仅会影响冷静思考和处理问题，而且容易患上应激性胃溃疡。

2.抑郁

抑郁即心情压抑，这是一种常见的消极心理状态。人在抑郁中会情绪低落、行为呆板、思维迟钝、食欲不振，严重的会对生活丧失信心和兴趣。

3.偏执

偏执主要表现为固执多疑、情绪不稳、心胸狭隘、嫉妒心强。这种心态的人往往对自己估计过高，好胜心强，缺乏团队精神，惯于把失败归于别人，对挫折过于敏感，既自尊又自卑，人际关系处理不好。

4.自卑

这种人对自己能力估计过低，遇事犹豫不决，不敢承担责任，不思进取，缺乏朝气，喜欢依赖别人。

5.自负

这种人对自己评价过高，对人对事均自以为是，自大清高，甚至有自恋倾向，反过来，他们对周围的人和竞争对手往往评价过低。

6.虚荣

虚荣主要表现为自我炫耀，面子高于一切，为保全面子不择手段、不惜代价。这其实是对自尊的一种曲解，属于心理失调。其根源是对于荣誉的不正确认识，最大的危害是为了面子而动摇应该追求的正确目标。

7.逆反心理

这是与大多数人对立的、和常态相反的、逆向反应的情绪体验和行为倾向。它是因遭受挫折打击或长期压抑而形成的一种消极心理定式，表现为对一切都看不顺眼，与周围环境格格不入、牢骚满腹。

8.愤怒

愤怒使人失去理智，使人不会深思熟虑。在这种情况下，人不但失去了自我，也无视别人的存在，陷入情绪之中完全失去控制。

三、缓解压力的方法

由于面对压力会产生不健康的心理，如今管理者面对的压力不断增加，因此管理者出现与工作压力相关疾病的可能性不断增加，由压力带来的经济损失不断加大。所以，只有消除、缓解或转化压力，才可能保证管理者更为有效地工作。缓解压力包括两个部分的内容：一是处理产生问题的压力源本身；二是缓解压力所造成的反应，即情绪、行为及生理等方面的反应。所以，管理者缓解压力应从以下4个方面入手。

（一）消除压力源

1.增加资源

通过增加资源刻意减轻负担，如可以根据需要适当增加办公硬件和软件设备。

2.避开某些压力源

躲避压力源是摆脱令人不满意的工作、尴尬的人际关系及恶劣生活条件所带来的无法忍受的压迫感的最好方法。

3.减少引发压力的情况

通过减少开会、重复工作等压力源，可以在一定程度上消除由压力源所带来的影响。

（二）发展应对技能

1.培训和自我发展

新事物会成为压力的来源，通过培训和学习可以增强人们的自信心，减少许多工作疑虑和压力。

2.学会管理时间

成功地管理时间更有可能控制和征服工作及生活中的大多数压力。一是要根据需要做的事情的重要和紧急程度理清优先次序；二是要制定一份时间管理清单，并根据清单内容把精力集中于工作的主要内容上；三是计划好时间，避免拖延。

3.做事果断

过分犹豫也会引发压力，所以管理者遇事不应优柔寡断，而是要果断地掌握控制权，采取适当的方式提出要求或拒绝请求。

4.有效沟通

有效沟通通常需要在交谈时采取适当的手势，保持合适的表情，并采用适宜的语调。有效沟通对于建立高效的人际关系、缓解个人压力十分重要。

实例7-11　拥抱压力，自我调节

社会节奏越来越快，工作压力自然也随之加大。对于员工来说，逃避压力是不可能的，因此要减轻压力对个人造成的影响，就需要提高自身调节压力的能力。

据北京白领工作室介绍，人在一个可控制的环境中会感觉压力较小，而在一个难以控制、存在诸多不确定性的环境中会明显感到压力增加。因此，工作者可以为自己设定工作目标，这样可以让工作压力处在自己可控的范围内，面对工作压力才会有的放矢。

人是不可能消除所有压力的，因此应根据任务的重要性分出轻重缓急，重要的工作马上完成，次要和不那么重要的可以先放放，待时间充裕时再完成，这样可以缓解压力。

在无法控制压力源的情况下，人们需要改变对压力的态度。首先，要真实面对内心世界，了解自己担心失去什么，是工作、职位、领导的重视、发展机会、家人的信任，还是稳定感。预测失去这些对自己的影响是暂时的还是长久的，是根本的还是局部的，是可以承受的还是无法承受的。总之，如果需要缓解压力，就必须像一个旁观者一样理性地分析压力的症结所在。其次，要学会放弃，主动"失去"。大多数人都惦记着"需要"，并不断"拥有"，以此获得成就感，并没有意识到自己担负的东西已经太多了，如面子、金钱、地位、信任、知识、经验、能力、人际关系等。这时就需要学会放弃，放弃一些和时代、环境、机遇不相符的"需要"，放弃一些固有的习惯，让自己有更多的机会来应对真实的压力。另外，不要故意给自己加压，以自己独特的方式适应社会、知足常乐、学会宣泄都是自我减压的好办法。

此外，与同事建立较好的关系对自己缓解压力也有好处。因为同事对你知根知底，比较了解情况，往往更能客观地"对症下药"。

资料来源　作者根据相关资料整理而成。

思考：本实例内容如果用3句话来概括，你将怎样表述？

（三）改变思维方式

1.保持积极的心态

面对压力，每一个人都会产生不同的反应，管理者应该对自己的反应、情绪、心理和生理负责，建立积极的形象，保持积极的心态和乐观的精神。

2.改变不实际的信条

管理者对工作和生活的一些信条可能是不切实际的，这可能引发压力。所以，管理者需要评价自己的信条，以及它们在工作和生活中所起的作用，找出那些不切合实际且可能引发压力的信条，提出疑问并在必要时改变它们。

3.避免绝对化思想

一方面，要避免思想扭曲，不要夸大问题的严重性，尽量不使用"必须""应该""不得不"这样的词语；另一方面，判断或评论的"非此即彼"可能也会引发压力，使人产生愤怒感、挫折感，所以要避免这种绝对化思想。

（四）调整生活方式

1.健康饮食

按照健康的食谱进食，可以预防疾病，保持健康的身体，有助于减轻压力。尽量少摄入含较多咖啡因的食物和饮料，多吃水果。

2.减少烟酒消耗

吸烟是毫无益处的嗜好，酗酒也会对身体造成损伤，所以要尽量减少烟酒的摄入量。

3.加强身体锻炼

加强身体锻炼，有利于身心健康，舒缓压力，还能克制不良情绪，减少抑郁，但要避免超负荷运动。

4.发展个人爱好

发展个人兴趣爱好能够增添工作及生活乐趣，是减轻压力的好方法。

5.学会休息

工作中每隔一段时间就要放松一下，休息时要保证良好的睡眠，放下各种思想包袱。经过充分的休息再开始工作，就不会感到负担沉重了。

互动问题 7-14

"不会休息的人就不会工作，不会休息的学生也不会学习"，结合压力相关知识谈谈自己对这句话的理解。

能力分析

1.小组讨论

问题：每个人在工作和生活中都会产生或大或小的压力，结合个人体验分析人们在工作、学习和生活中为什么会产生压力。

分析要求：小组讨论，每5～6人分为一个小组进行讨论，详细列出人们在工作和生活中产生压力的原因；班级交流，各小组选派代表在班级陈述本组总结的原因；教师对各组总结的原因进行点评；各小组把经过修改附有教师点评的压力产生原因报告展示在班级本课程平台上。

2.善恶研判

背景与情境：我的一个同事在公司里的人缘很好，他性情温和、待人和善，几乎没人看到过他生气。有一次我经过他家，顺道去看看他，却发现他正在顶楼对着天上飞过的飞机吼叫，我好奇地问他原因。

他说："我住的地方靠近机场，每当飞机起落时都会有巨大的噪声。后来，当我心情不好或者是受了委屈、遇到挫折、想要发脾气时，我就会跑上顶楼，对着飞机放声大吼。等飞机飞走了，我的不快、怨气也被飞机一并带走了！"

在回家的路上，我不禁想，怪不得他脾气这么好，原来他知道如何适时宣泄自己的情绪。

问题：1.本案例中存在哪些道德伦理问题？

2.试对上述问题做出你的道德研判。

3.对照教材和网络搜集的资料，说明你的道德研判所依据的管理道德规范。

分析要求：每个学生结合善恶研判案例问题，拟出分析提纲；小组讨论，形成小组善恶研判案例分析提纲；班级交流，各小组选派代表在班级陈述本组善恶研判案例分析提纲观点；教师对各组陈述的观点进行点评；各小组把经过修改附有教师点评的善恶研判案例分析报告展示在班级本课程平台上。

能力应用与训练

1.价值引领

背景与情境：2020年1月23日凌晨2点，湖北省武汉市新型冠状肺炎疫情防控指挥部宣布，为有效切断病毒传播途径，坚决遏止新冠肺炎疫情蔓延扩散的势头，自1月23日10时起，全市城市公交、地铁、轮渡、长途客运暂停运营；无特殊原因，市民不要离开武汉，机场、火车站离汉通道暂时关闭。

然而，却有这么一群人毅然决然地选择逆行。有劝说别人不要去武汉，自己却义无反顾选择逆疫情而行的钟南山院士；有刚踏上返乡过年旅程的武汉大学人民医院病理科医生吴小燕，得知医院发布医疗支援的号召后，第一时间下车返汉，选择逆疫情而行；有赶在武汉封闭交通通道最后一刻在高速路口将孩子送给老人照顾后，选择逆疫情而行的华中科技大学同济医院急诊科龚静及其丈夫；有写现代版与夫书的张旖；有写"不计报酬，无论生死"承诺书的党员医生；有写"如有驰援武汉的任务，请优先考虑我们"的郑向阳和孙玉梅；有广东南方医院千名医护人员。四川派出135人组建第一批援助医疗队，上海组建3批医疗队，江苏数十位医护人员集结驰援武汉，在这场充满艰险和未知的斗争中，有这么一群人选择坚守、选择向前、选择逆疫情而行。

逆行者还有其他各行各业的人们：加班加点紧急生产紧缺的医用口罩、医用防护服的工厂工人们，火神山、雷神山医院的建筑工人们，铁路工作者，警察，环卫工人，街道工作者，战士等。

问题：面对不明原因的新冠疫情，这些逆行者心中有压力吗？为什么他们都会选择逆行？

讨论分析：

个人：每位同学仔细阅读背景与情境资料，查找相关资料，整理自己对该问题的认知。

小组：5～6名同学为一组，组内交流各自的认知，小组成员共同讨论，形成小组基本观点。

全班：各组推荐1名同学，在全班陈述本组的观点。

老师：结合各组同学的观点进行点评。

2.能力训练

● 训练内容：每位同学结合自身情况找出目前压力最大的事情，分析压力的根源是什么。阐述自己是如何缓解的。

● 训练目标：

素质目标：通过训练，培养正确认识压力和自我排解压力的意识。

知识目标：通过训练，让学生掌握压力是如何形成的，压力是如何积累的，压力如何排解等相关知识。

能力目标：通过训练，让学生认识压力是如何形成的，压力是如何积累的，压力如何排解，并学会对自己的压力进行排解的方法。

● 训练过程：

（1）每位同学认真反思自己的学习和生活，找出对自自己压力最大的3件事情。

（2）认真分析每件事情压力形成的原因。

（3）总结你目前排解这些压力的方法，分析有无可优化的可能，并说明如何优化。

● 训练成果：每位同学撰写一份缓解压力的分析报告。

● 成果评价：缓解压力训练评价见表7-19。

表7-19　缓解压力训练评价表

项目（分值）	评价标准	个人自评（30%）	小组互评（30%）	教师评分（40%）	得分小计（100%）
素养培养（30分）	对编写3个压力事件积极性较高				
	细致查阅资料，编写认真负责				
	压力事件课业文字表达规范，内容展示方式新颖				
能力提升（20分）	结合自己学习和生活选取的压力事件符合要求				
	3种压力的原因分析和排解方法选择适当				
知识应用（20分）	对压力的内涵理解正确				
	压力原因分析及应对方法比较科学				
项目成果展示（30分）	3个压力事件选择符合规范，收集齐全				
	排版规范，展示有新意				
	选择的压力事件符合自己生活实际，没有抄袭现象				
合计（100分）					

项目七
扫码答题

思考与训练

1.选择题

□单项选择题

（1）以下各项表述中与管理方式中的协商式的民主领导密切相关的是

A.权力和指挥自上而下，常常用威胁和惩罚去激励员工

B.与下属进行讨论后设置目标，存在着更多自上而下的沟通迹象

C.有下属的参与和与上级、下级、同事之间的沟通

D.可能存在着一套报酬加惩罚和威胁的制度

（2）以下各项中不是赫兹伯格界定的激励因素的是（　　）。

A.成就　　B.人际关系　　C.责任　　D.认可

（3）管理者允许下属在规定的范围内行使职权的领导方式属于（　　）。

A.自由放任　　B.民主式　　C.独裁方式　　D.专制式

(4) 下面各项表述中正确的是（　）。

A.好的保健因素的存在会带来工作满意

B.好的激励因素的存在会防止工作不满意

C.为了让个体对他们的工作满意，需要在工作中使他们体验到激励因素

D.为了让个体对他们的工作满意，需要在工作中使他们体验到保障因素

(5) 一个尊重需要占主导地位的人，（　）激励措施最能产生效果。

A.提薪　　B.升职　　C.解聘威胁　　D.工作扩大化

(6) 关于领导者的作用，下列描述中不正确的是（　）。

A.帮助组织成员认清所处的环境和形式

B.协调组织成员之间的关系和活动

C.帮助员工解决家庭困难问题

D.为组织成员主动创造能力发展空间和职业生涯发展

(7) 有人从某一职位上退下来后常常抱怨"人走茶凉"，这反映了他过去曾经拥有的职权是（　）。

A.专长权　　B.个人影响权

C.强制权　　D.没有影响力的职权

(8) 沟通是企业中每时每刻都在进行的活动，没有良好的沟通，企业的运营就不可能顺畅，为此管理者必须想方设法建立畅通的沟通渠道，下列沟通做法中，最不可能的是（　）。

A.通过建立各种沟通渠道，让企业的所有员工随时随地了解企业的全部情况

B.通过下达指令和文件的方式，让企业的员工了解企业的使命、目标和战略

C.经常利用口头沟通的方式和下属交流

D.策略地利用非正式沟通在组织中的作用

(9) 当冲突双方势均力敌、争执不下，同时事件重大，双方不可能妥协时，可采用（　）。

A.回避　　B.迁就　　C.妥协　　D.合作

(10) 在（　）的情况下，冲突相对容易产生。

A.群体规模大、专业化程度高　　B.群体成员平均任职时间较长

C.负责活动的责任人定位不清　　D.领导采取严密监控式的领导风格

□多项选择题

(1) 具有普遍意义的激励方式有（　）。

A.思想政治工作　　B.奖励

C.职工参与管理　　D.积极强化

(2) 职位权力是在组织中担任一定的职务而获得的权力，包括（　）。

A.专长权　　B.合法权　　C.奖赏权　　D.惩罚权

(3) 在布莱克和莫顿的方格中，（　）与乡村俱乐部型管理方式无关。

A.9.9　　B.1.1　　C.1.9　　D.9.1

（4）下列表述中，不正确的是（　　）。

A.保健因素与激励因素都会带来工作满意

B.激励因素防止工作不满意，保健因素带来工作满意

C.保健因素防止工作不满意，激励因素带来工作满意

D.保健因素和激励因素，两者都会防止工作不满意

（5）（　　）不是描述工作内容丰富化的。

A.给予个体更多的责任　　B.给予个体更多的任务

C.给予个体薪酬的增加　　D.给予个体更高的地位

（6）在语言沟通的过程中，要掌握好（　　）等环节。

A.听　　B.说　　C.问　　D.思

（7）冲突具体包括4个关键的成分，即（　　）。

A.对立内容　　B.对立认知　　C.对立机构

D.对立过程　　E.对立行动

（8）由于组织中不同的群体存在（　　），因此就会导致冲突。

A.分工差异　　B.利益差异　　C.观念差异　　D.沟通差异

（9）管理者缓减压力的方法包括（　　）。

A.辞掉工作　　B.消除压力源　　C.发展应对技能　　D.变换职务

2.判断题

（1）大多数人能够被金钱所激励。（　　）

（2）为了激发员工的内在积极性，一项工作最好授予能力略低于任务要求的人。（　　）

（3）具有非职位权力的领导者能够对下属心理产生激励的作用。（　　）

（4）领导者的才能是天生的，不能后天开发的。（　　）

（5）领导不仅讲究科学，而且讲究艺术，领导艺术决定着领导的成效。（　　）

（6）当与他人的意见不一致时，有人认为最有用的办法是将自己置于他人的位置，试图理解他人的观点。（　　）

（7）有些主管认为，沟通应该形成书面材料，因为这会比面对面沟通所带来的信息更准确。（　　）

（8）冲突总是破坏组织效率，因此不能忽视它们。（　　）

（9）大多数冲突都是由于缺乏沟通造成的。（　　）

（10）困扰领导的最主要的压力源是人际关系的复杂性。（　　）

3.思考题

（1）从管理的角度看，使员工满意的真正好处是什么？

（2）有3位管理者，他们的特点分别是高度成就感、人际关系导向明显、权力欲望强烈。请问你愿意为谁工作，为什么？

（3）领导者通过榜样进行领导，你认为是这样吗？请解释。

（4）假如你是一位领导者，你认为自己具有哪些优势？在你的劣势方面，你应该采取什么样的措施来改进领导能力？

（5）假设一位演讲者（你所了解的）已经与听众建立了良好的联系，这个演讲者通过什么来维持这种联系呢？是讲一个笑话，举一个生动的例子，还是运用眼神交流或其他方式？为什么？

（6）一些管理者经常提出这样的问题："你为什么不按我告诉你的做？"请解释他们为什么会提出这样的问题。

（7）管理者在任何时候都应该尝试避免冲突吗？试说明理由。

（8）哪些原因导致了人际冲突？

（9）为了减轻员工与工作有关的压力，管理者可采取哪些措施？

（10）谈谈你是怎样减轻生活和工作中的压力的。

项目八

控制职能

任务一　控制的过程及方法

任务目标

素质目标：通过知识学习（互动问题）、能力分析（善恶研判）、能力应用与训练（价值引领）等教学活动，培养同学们在运用管理原理的过程中能够立场坚定、保持对权力的敬畏感，坚决守住政治关、权力关、交往关、生活关、亲情关。

知识目标：通过学习，能够准确理解控制的含义、分类，掌握控制的方法。

能力目标：通过能力分析和能力应用与训练，培养同学们熟练运用常见控制方法的能力。

能力评估

控制的过程及方法认知能力评估见表8-1。

表8-1　控制的过程及方法认知能力评估表

序号	评估内容	评估等级				
		非常不同意	比较不同意	一般同意	比较同意	非常同意
1	企业可以通过预算控制来节约成本					
2	当社会上出现对企业不利的消息时，企业应启动应急处理方案					
3	管理者应努力维持组织中的和谐与合作氛围					
4	企业通过战略控制确保企业健康有序地发展					
5	企业通过建立质量管理体系来控制产品的质量					

注：能力评估采用五等级量表，选项越靠近“非常同意”项，说明你对控制的过程及方法的相关知识了解越多。

知识学习

控制是管理职能中一个重要的职能，它是对组织内部的一系列管理活动及其过程和后果进行的衡量和校正，其目的就是保障方案得以正确实施，组织目的得以实现。

一、控制概述

（一）控制的含义

所谓控制，是指监督组织各方面的活动，使组织的实际运行状况与组织计划保持动态适应的工作过程。其中，“动态”一词有两个方面的含义：一方面是指按照既定的计划标准衡量和纠正计划执行过程中的偏差；另一方面是指在必要时修改计划标准，使计划更符合实际情况。

互动问题8-1

好多人都认为“做事情没必要瞻前顾后，放手干就行，如果真出了问题，遇到什么问题解决什么问题就可以”，你怎么理解这种看法？如果组织把一项重要任务交给你，你会不会考虑可能遇到的困难，以及如何处理等？

结合所学内容回答，也可以和你周围的同学简单沟通后回答。

（二）控制的基本类型

根据控制的过程，控制可以分为事前控制、事中控制和事后控制3类。

1.事前控制

事前控制是一种防患于未然的控制，是指在组织活动开始之前进行的控制。事前控制的内容包括检查资源的筹备情况和预测其利用效果两个方面。事前控制的实例很多，如购进材料和设备的检查、验收，对员工进行岗前培训，制定组织的基本规章制度等。

实例8-1　　预防比治疗更重要

有位客人到某人家做客，看见主人家灶上的烟囱是直的，旁边有很多木柴，于是，客人忠告主人：“烟囱要改成弯曲的，木柴也要移到别的地方去，否则将来可能会发生火灾。”

主人听了没有做任何表示。不久，主人家里果然失火，四周的邻居迅速赶来救火，最后火被扑灭了。于是主人烹羊宰牛，宴请四邻，以酬谢邻居救火的功劳，但是并没有请当初建议他将烟囱改成弯曲的、把木柴移走的人。

有人很不解，问主人为何不请那个提建议的客人。主人说：“他没有帮我救火，没为我做任何事，我为什么要请他呢？”

那人对主人说：“如果当初你听了那位客人的话，今天也不用准备宴席，而且也不会有火灾的损失。原先给你建议的客人没有被感恩，而救火的人都是座上宾，真是很奇怪的事呢！”

资料来源　佚名．一生必知的101个管理寓言［EB/OL］．［2020-02-21］．http://www.cyyangqiguan.com/zuowen/zw2198894.html.

思考：本实例对你最大的启发是什么？试用3句话来说明。

2.事中控制

微课 8-1

5S管理

事中控制也称现场控制或过程控制，是指组织活动开始以后，对活动中的人或事进行指导或监督，以保证活动按规定的政策、程序和方法进行。事中控制主要有监督和指导两项职能。监督是指按照预定的标准检查正在进行的工作，以保证目标的实现；指导是指管理者针对工作中出现的问题，根据自己的经验指导下属改进工作，或与下属共同商讨纠正偏差的措施，从而使下属顺利完成所规定的任务。

3.事后控制

事后控制是指在生产经营活动结束以后，对组织的资源利用状况及其结果进行总结。这种控制把注意力集中于工作或行为的结果上，通过对已形成的结果进行测量、比较和分析，发现偏差情况，及时采取措施，对今后的活动进行纠正。比如，企业发现不合格产品后追究当事人的责任，发现产品销路不畅而相应做出减产、转产或加强促销的决定等，都属于事后控制。

实例 8-2　扁鹊的医术

魏文王问名医扁鹊："你们家兄弟三人，都精于医术，到底哪一位最好呢？"扁鹊回答："长兄最好，中兄次之，我最差。"

文王再问："那为什么你最出名呢？"

扁鹊回答："我长兄治病，是治病于病情发作之前。由于一般人不知道他事先能铲除病因，所以他的名气无法传出去，只有我们家的人才知道。我中兄治病，是治病于病情初起之时。一般人以为他只能治轻微的小病，所以他的名气只及于本乡。而我治病，是治病于病情严重之时。一般人看到我在经脉上穿针放血、在皮肤上敷药等，都以为我的医术高明，名气因此响遍全国。"

文王说："你说得好极了。"

资料来源　作者根据相关资料整理而成。

思考：本实例对你最大的启发是什么？试用3句话来说明。

二、控制的过程

尽管实际控制工作千差万别，但控制工作的基本过程是相同的。控制工作一般包括3个基本环节，即确立控制标准、衡量工作绩效、纠正执行中的偏差。

（一）确立控制标准

控制标准的制定是从明确控制对象、选择关键控制点到确立控制标准的科学决策过程。

1.明确控制对象

在现实中，由于人力、物力、财力和知识与信息的限制，管理者不可能对影响组织目标实现的因素都进行控制。因此，管理者必须对影响组织目标实现的各种因素进行科学分析研究，从中选择重点因素作为控制对象。

2.选择关键控制点

关键控制点有时也称战略控制点。事实上，企业控制了关键控制点，也就控制了全局。例如，在啤酒酿造企业中，啤酒质量是控制的重点。尽管影响啤酒质量的因素很多，但只要抓住了水的质量、酿造温度和酿造时间，就能保证啤酒的质量。

3.确立控制标准

控制标准一般可分为以下几种：时间标准、成本标准、质量标准、综合标准。

（二）衡量工作绩效

衡量工作绩效是指在控制过程中，将实际工作情况与预先确定好的控制标准进行比较，找出实际工作与控制标准之间的差异，以便找出组织目标和计划在实施过程中出现的问题，对实际工作做出正确的评估。在衡量实际工作绩效的过程中，管理者应该对需要衡量什么、如何衡量、间隔多长时间进行衡量、由谁来衡量等做出合理安排。

（三）纠正执行中的偏差

1.找出偏差产生的原因

在管理控制的过程中，造成偏差的原因主要有3个方面：

（1）操作不当；

（2）外部环境发生重大变化；

（3）计划不合理。

2.确定矫正对象

针对以上3类偏差产生的原因，选择合适的矫正对象，它可能是组织的活动，也可能是衡量的标准，还可能是指导活动的计划。确定了合适的矫正对象以后，组织就可以制订改进工作或调整标准的方案。

3.选择恰当的矫正措施

第一，要考虑经济效益最大化，考虑采取矫正措施带来的效益是否大于不纠偏的损失。第二，要充分考虑历史因素，结合组织的现状来矫正组织的流程。第三，治标与治本并重，通过治本引导治标。第四，注意消除人们对矫正措施的疑虑。

对管理者来说，控制工作的目的不仅是使一个组织按照原计划维持其正常活动以实现既定目标，而且要力求使组织的活动有所前进、有所创新，以达到新的高度，提出和实现新的目标。

三、控制的方法

（一）观察

观察是一种古老的控制方法，它是管理者获取信息的重要手段，管理者要掌握第一手信息，必须深入实际，对生产活动和管理活动进行观察。基层管理者通过观察，可以了解作业人员的工作质量、工作态度，及时发现问题并予以纠正；职能部门的管理者通过观察，可以了解基层员工对规章制度的执行情况；高层管理者通过观察，可以了解组织的政策、方针和目标贯彻执行的状况，验证职能部门报告的真实性，了解组织成员的士气。不论管理者处于哪个层次，深入实际了解情况都是十分必要的。有经验的管理者只要亲自观察几次，就能发现许多问题。所以，观察这种传统的控制方法至今仍然为管理者所重视。在有的组织中，人们称这种方法为“走动管理”。

（二）预算控制

1.收支预算

收支预算是最常见的预算，包括收入预算和支出预算。收入预算主要是指在某个计划期内对有关收益及其来源的预测，通常包括产品销售收入、外加工收入、租金收入、专利转让收入、利息收入及其他收入。支出预算是指在某个计划期内对各种费用支出的预测，通常包括材料费用、人员工资、燃料费用、动力费用、低值易耗品消耗及管理费用等。

2.现金预算

现金预算是指对企业未来生产与销售活动中现金的流入与流出情况进行的预测。在实际编制预算时必须注意，现金预算只能包括那些实际产生现金流的项目，赊销所得的应收账款在用户实际支付以前不能列为现金收入。

3.资产负债预算

资产负债预算是指对企业会计年度末的财务状况进行的预测。资产负债预算可以发现企业未来在财务安全性、偿债能力等方面存在的问题，从而在资金的筹措方式、来源及使用计划上进行相应的调整。

4.投资预算

企业在建新厂、购买房产、购买机器设备以及进行其他方面的投资时，都要做出投资预算。对于投资金额比较大，且短期内难以收回的项目，企业要慎重对待，通过一定时间的调查和论证做出专项投资预算。

（三）财务比率分析

财务比率分析就是将企业资产负债表和利润表上的相关项目进行对比，形成一个比率，从中分析和评价企业的财务状况和经营状况。

1.偿债能力分析

偿债能力是指企业偿还到期债务的能力。能否及时偿还到期债务，是企业财务状况好坏的重要标志。反映企业偿债能力的主要财务指标有流动比率、速动比率、现金比率、资产负债率。

2.营运能力分析

营运能力是指企业的经营运行能力。企业生产经营资金周转得越快，表明企业的营运能力越强，资金利用效果越好，企业管理人员的经营能力越强。反映企业营运能力的主要财务指标有应收账款周转率、存货周转率、流动资产周转率。

3.盈利能力分析

盈利能力是指企业获取利润的能力。利润是企业在一定时期内的经营成果，它集中反映了企业生产经营各个方面的经济效益，是衡量企业生产经营成果的重要综合指标。反映企业盈利能力的主要财务指标有资本收益率、销售利润率、成本费用利润率。

（四）审计控制

审计是指对反映企业资金运动过程及其结果的会计记录及财务报表进行审核、鉴定，以判断其真实性和可靠性，从而为控制和决策提供依据。审计可以分为3种主要类型：外部审计、内部审计和管理审计。

外部审计是指由外部机构（如会计师事务所）选派的审计人员对企业财务报表及其反映的财务状况进行独立的评估。为了检查财务报表反映的账面情况与企业的真实情况是否相符，外部审计人员需要抽查企业的基本财务记录，以验证财务报表的真实性和准确性，并分析这些记录是否符合公认的会计准则和记账程序。

内部审计是指对企业本身的计划、组织、领导和控制过程所做的阶段性评估。内部审计评估的内容是：企业为自己做了什么；企业为客户或产品和服务的其他接受者提供了什么。通过内部审计，企业可以对很多因素做出评价，如财务的稳定性、生产效率、销售效果、人力资源开发、利润增长、公共关系、社会责任等。

管理审计是对企业所有管理工作及其绩效进行全面系统的评价和鉴定。管理审计既可以由内部有关部门进行，也可以聘请外部专家进行。管理审计的方法是利用公开记录的信息，从反映企业管理绩效及其影响因素的若干方面将企业与同行业其他企业或其他行业的著名企业进行比较，以判断企业经营与管理的健康程度。

（五）信息网络控制

随着信息时代的到来，信息在管理控制中发挥的作用越来越大。

信息网络管理系统是计算机技术和管理技术的集成，是根据组织的业务流程和信息需要综合设计而成的。它以解决组织中面临的问题为目的，能够提高基层人员的工作效率，并能向各级管理部门提供所需的信息，从而提高管理人员的快速决策水平和反应能力。

互动问题8-2

2022年央视“3·15”晚会中，插旗菜业、锦瑞食品等蔬菜加工企业的“土坑酸菜”内幕遭到曝光。而上述企业的“供货商”身份，也波及康师傅、统一等食品企业。

2022年3月16日，港股康师傅控股、统一中国控股开盘应声下跌，跌幅双双超过10%。

康师傅接连发布两篇声明致歉，表示公司已取消插旗菜业供应商资格，终止一切合作，并启动对相关产品的下架回收。

针对“3·15”晚会曝光的该起事件，大家有何感想？从企业事前控制和诚信经营的角度谈谈自己的看法。

能力分析

1.小组讨论

春秋时期，楚国令尹孙叔敖在苟陂县一带修建了一条水渠。这条水渠又宽又长，足以灌溉沿渠的万顷农田。可是一到天旱的时候，沿堤的农民就在渠水退去的堤岸边种植庄稼，有的甚至还把农作物种到了堤中央。等到雨水一多，渠水上涨，这些农民为了保住庄稼和渠田，便偷偷地在堤坝上挖开口子放水。这样的情况越来越严重，一条辛苦修建的水渠，被弄得遍体鳞伤，面目全非，因决口而经常发生水灾，变水利为水害了。

问题：案例中出现的问题如何才能解决？谈谈你的看法。

分析要求：小组讨论，每5~6人分为一个小组进行讨论，集思广益，找出能够长久解决问题的方法；班级交流，各小组选派代表在班级陈述本小组的解决方法；教师对各组陈述的方法进行点评；把经过修改附有教师点评的各小组解决方法展示在班级本课程平台上。

2.善恶研判

背景与情境：某公司办公室安装了电子监控系统，目的是管理者可以更好更直接地进行管理和监控。安装之后，虽然有一定的成效，但明显发现员工私下议论较多，情绪有些低落。管理者对员工所有的行动进行监视并通过“遥控”来管理他们，让他们心里很不舒服，一定程度上还影响了员工的工作热情。好的管理者通常是那些在员工和自己之间建立信任关系的人，但是电子监控系统破坏了双方的信任关系。

资料来源　作者根据相关资料整理而成。

问题：1.试对上述公司安装电子监控系统的行为做出道德研判。

2.对照上述资料和平时的知识积累，说明你的道德研判所依据的道德规范。

分析要求：每个学生结合善恶研判案例问题，拟出分析提纲；小组讨论，形成小组善恶研判案例分析提纲；班级交流，各小组选派代表在班级陈述本组善恶研判案例分析提纲观点；教师对各组陈述的观点进行点评；各小组把经过修改附有教师点评的善恶研判案例分析报告展示在班级本课程平台上。

能力应用与训练

1.价值引领

背景与情境：张桂梅同志为贫困地区的教育事业特别是当地女孩的教育付出了全部的精力和汗水。她爱岗敬业、无私奉献，全身心地投入教书育人的崇高事业；她疾病缠身、忘我工作，以惊人的毅力坚守着三尺讲台；她精心研究、因材施教，积极探索教育规律和民族教育发展的新模式；她百折不挠、顽强拼搏，困难面前不低头，一定要把女子高中办好。她改变了当地2 000多女孩的命运，让172个孤儿有了温暖的家，而她自己面容憔悴，经常徘徊在生死线上，可她身上自带了一束光，无论走到哪儿，都让人肃然起敬、心生仰慕。“我要用有限的生命、有限的力量为孩子们多做点事”，朴实无华的语言下，蕴含着张桂梅对山区贫困学生最深沉的爱；“党员在，女高就有办下去的希望”，她带着8名教师，其中6名党员，佩戴党员徽章上课，发挥党员带头示范作用，把党员教师们内心的澎湃激情转化为坚定信念，造就了独特的丽江华坪“女高精神”；面对接踵而至的各项荣誉，张桂梅始终保持初心，把自己微薄的工资用于资助贫困学生和收养孤儿，把70多万元的奖金全部捐献给贫困山区，而她自己的生活非常清贫。

问题：读了本案例，你有哪些思考？生在和平年代的我们，应该从哪些方面强化自我管理，才能让我们的人生更有价值和意义？

讨论分析：

个人：每位同学认真阅读背景资料，谈谈你对自己下一步的人生规划和打算，张桂梅同志的案例对你有什么启发？

小组：5~6名同学为一组，每位同学都要发表自己的看法，小组成员互相交流，大家集体讨论什么样的人生更有意义和价值。

全班：各组推荐1名同学，在全班表述本组的观点。

老师：结合各位同学的发言进行点评。

2.能力训练

● 训练内容：考察一家企业或者企业的相关部门，看看它在日常管理中（如出勤、工作数量、工作质量等）都采取了哪些控制方法，这些控制方法是否有效？如果存在问题，应如何改进？

● 训练目标：

素质目标：通过对企业控制方法的调查，培养学生沟通、协调、归纳总结等综合素养。

知识目标：通过对企业控制方法的调查，加深学生对控制职能具体内容的理解。

能力目标：通过对企业控制方法的调查，提高学生的自我管理、自我控制能力。

● 训练过程：

（1）请同学们每5人为一组，认真学习控制的相关知识。

（2）收集企业或者部门目前的控制方法。

（3）根据所学知识，分析企业或者部门控制方法运用中存在的问题，讨论改进建议。

（4）以小组为单位出具文字报告，报告内容包括目前企业或者部门运用的控制方法、运用这种方法的原因，这种控制方法存在的不足以及改进的建议。

● 训练成果：每组撰写一份关于企业管理控制实施情况的报告。

● 成果评价：控制训练评价见表8-2。

表 8-2　控制训练评价表

项目（分值）	评价标准	个人自评（30%）	小组互评（30%）	教师评分（40%）	得分小计（100%）
素养培养（30分）	参与本次训练的积极性较高				
	调查分析认真，准备工作充分				
	完成任务认真细致				
能力提升（20分）	对控制方法的分析、把握准确				
	改进建议具有可操作性				
知识应用（20分）	对控制方法的知识理解准确				
	对撰写文字报告的相关知识了解清楚				
项目成果展示（30分）	改进建议具有针对性				
	书写规范清楚、易于辨认、没有涂改				
	文字报告无内容雷同现象				
合计（100分）					

任务二　绩效评估与绩效报酬

任务目标

素质目标：通过知识学习（互动问题）、能力分析（善恶研判）、能力应用与训练（价值引领）等教学活动，培养同学们在一些涉及公共利益的领域树立正确的政绩观。办企业要讲究“取之有道”，做人要讲诚信，做官要讲政德，必须对党和人民的事业负责。

知识目标：通过学习，能够准确理解绩效评估的含义，掌握常见的绩效评估方法。

能力目标：通过能力分析和能力应用与训练，培养同学们运用常见绩效评估方法的能力。

能力评估

绩效评估与绩效报酬认知能力评估见表 8-3。

表 8-3　绩效评估与绩效报酬认知能力评估表

序号	评估内容	评估等级				
		非常不同意	比较不同意	一般同意	比较同意	非常同意
1	员工愿意完成具有挑战性的工作					
2	只有制定公开的奖励制度，才能在奖励团队时做到公平、公正					
3	管理者应控制和衡量组织绩效，因为这会提高组织的顾客价值提供能力及声望					
4	管理者需要合适的工具来衡量组织的绩效					
5	如果没有信息作为依据，则组织很难将实际绩效和绩效标准进行比较					

注：能力评估采用五等级量表，选项越靠近“非常同意”项，说明你对绩效评估与绩效报酬的相关知识了解越多。

知识学习

绩效管理是一种提高员工绩效和开发团队、个体的潜能，使组织不断获得成功的管理方法。所有组织都在通过绩效管理这个重要载体，有效推进组织战略目标的实现。这里的绩效管理包括绩效评估和绩效报酬等内容。

微课8-2

绩效管理

一、绩效评估

（一）绩效评估的概念

绩效评估，又称绩效考核，是指按照工作目标或绩效标准，采用科学的方法，评定员工的工作目标完成情况、工作职责履行程度、发展情况等，并将上述评定结果反馈给员工的过程。绩效评估的概念可以从以下几个方面理解：

第一，绩效评估是一个衡量、评价、影响员工工作表现的正式系统。绩效评估通过揭示员工工作的有效性及其工作潜能，起到检查及控制的作用，从而使员工自身、组织和社会都受益。

第二，绩效评估是一个设定目标、记录绩效、比较标准的过程。最高管理层拟定整个组织的目标，组织中所有单位需要制定可促进整个组织目标的政策措施；每个单位都必须将组织目标和各单位目标作为衡量员工绩效的标准，这个标准一旦确定，实际绩效必须加以记录，并按时与既定标准进行比较。

第三，对于实际绩效，员工必须采取行动使之与既定标准相吻合。

互动问题8-3

好多公司的薪酬福利体系都由工资、奖金、股权和福利4个部分构成，同学们认为这4个部分中，哪个部分对员工的激励作用最大？试说明理由。

（二）绩效评估的作用

1.绩效评估的反馈信息给人力资源计划的重新制订或调整提供了参考和依据

绩效评估结果显示了人力资源管理系统中的薄弱环节和新的增长点，这就要求组织对人力资源计划进行相应的调整，弥补薄弱环节，谋求新的增长，出台新的预算。

2.绩效评估的结果反映了员工完成工作任务的情况和员工的素质

组织可以根据员工的相关情况安排新的工作任务，完善员工招聘工作。

3.绩效评估的结果为员工的激励、奖励和惩罚提供了依据

实际上，组织对员工奖励的力度和方式、对员工激励的手段和强度，均以绩效评估中的反馈信息为依据来制定和调整。

4.绩效评估的结果为员工薪酬制度的设立和调整提供了依据

现有薪酬制度是否合理、是否与员工的工作贡献挂钩、薪酬总体水平是否适度

等，都可以通过绩效评估获得信息。

5.绩效评估对人力资源培训的内容提出了直接的要求

绩效评估可以反映员工能力的高低、员工本人的培训意愿、完成任务所需要的技术等信息，这些信息都构成了人力资源培训的内容，会对人力资源的培训内容产生直接影响。

（三）绩效评估的主要内容

绩效评估的内容是多方面的，它是对一个人德、能、勤、绩、廉等方面的全面评估。绩效评估的主要内容一般包括工作成绩、工作态度和工作能力3个方面。

1.工作成绩

工作成绩是指一个人在其岗位职责范围内，完成工作任务的数量、质量、工作效率以及从事创造性劳动的成绩，包括合理化建议、科研成果等内容。

2.工作态度

工作态度是指一个人以多大的干劲从事本职工作，包括人员的事业心、责任感、勤奋精神等内容。

3.工作能力

工作能力是指一个人在从事职能工作时，其自身能力的适应程度，包括独立工作的能力、分析解决问题的能力、领导能力、管理能力等内容，还包括理解力、判断力、决策力、创造力、表现力、反应力等内容。在绩效评估工作中，组织应根据不同的人员、不同的岗位，确定不同的评价项目和标准。

（四）绩效评估的方法

1.排序法

排序法是用来评估员工某一单一因素绩效特征或综合绩效特征的一种简单而又流行的绩效评估方法。它又可分为简单排序法和交错排序法。

简单排序法是诸多绩效评估方法中最简单的一种，即按照全体被评估员工的工作表现由好到坏依次排列，也可以按照被评估员工某些特定的表现排列，如按照出勤率、准备报告的质量等排列。这种方法仅适用于小企业，当企业员工的数量比较多时，以这种方法区分员工的绩效就比较困难了。

交错排序法是由评价者在所有需要评价的员工中首先选出最好的员工，然后选出最差的员工，将他们分别列为第一名和最后一名；然后在余下的员工中再选择最好的员工作为整个序列的第二名，选出最差的员工作为整个序列的倒数第二名；依此类推，直到将所有员工排列完毕。这种方法可以克服简单排序法的缺点，适合作为一个团体履行同一职责的员工的评估。

2.两两比较法

两两比较法是指在某一绩效标准的基础上，把一位员工与其他每一位员工相比较来判断谁“更好”，记录每一位员工被认为“更好”的次数，根据“更好”次数的多少对员工进行排序。这种方法的优点在于：考虑了每一位员工与其他员工绩效的对比情况，因此更加客观。这种方法的缺点是：如果需要评价的人很多，那么工作量会很大；若评价出现循环现象，则无法自圆其说。

排序法和两两比较法存在一个共同的问题：在排序中，每个人的位置都是明确的，这意味着任何两位员工的表现都能分出优劣，但这在实际工作中是不可能的，通常是某些员工的表现差不多，难分好坏。

3.等级分配法

等级分配法是将员工绩效分成若干等级，对每个等级强制规定一个百分比，根据员工的工作绩效对员工进行归类。通常，各个等级的比例分配越接近正态分布越好，如“优”占10%，“良好”占20%，“中等”占40%，“较差”占20%，“差”占10%。

4.因素评价法

因素评价法是应用最广泛的绩效评估方法。首先，根据评估目的确定若干个评估因素；然后，把每个评估因素分成若干等级，并给每个评估因素一个权重；最后，把各个评估因素的得分加权再相加，就可得到每个人的绩效得分。例如，评估中级管理人员的工作绩效，评估因素一般有政策水平、责任心、决策能力、组织能力、社交能力、协调能力和应变能力等，对每个评估因素设立评分标准，最后把各项得分加权再相加，就可得出每个人的绩效得分。

互动问题8–4

绩效工资对员工的激励是有限的，在一个需要团队合作才能有高产出的企业中，绩效工资使用不当，会引发员工之间的竞争，破坏员工之间的信任和团队精神。员工之间会封锁信息，甚至可能争夺客户。绩效工资充其量只是一种外在的刺激，它的作用是有限的。如何正确地使用绩效工资手段调动员工的积极性？同学们可以提出自己的观点与看法。

5.关键事件法

关键事件法以书面记录作为评估基础，被记录的事件是评估的依据，是向员工反馈的重要内容，也是为员工提供培训和指导的基础。

关键事件法的具体操作步骤如下：首先，主管人员将每位下属员工在工作活动中表现出来的非同寻常的良好行为或非同寻常的不良行为（或事故）记录下来；然后，每隔6个月，主管与其下属人员见一次面，根据所记录的特殊事件来评估下属的工作绩效。关键事件法常常被作为因素评价法的补充，它在认定员工特殊的良好表现和不良表现方面十分有效。

实例8-3　关键事件的处理

某塑化公司生产的胶带出现了质量问题，大量发送出去的货物被退了回来，时间正是下午6点，员工下班的时间。

分管生产的副总经理张××看到被退回来的一箱箱的不合格产品，皱了皱眉头，依然开着车子走了，他想等第二天上班再说。分管技术的总工黄××立即拆开一箱被退回来的产品，进行研究和分析。黄××一直工作到晚上10点，终于找出了产品质量不合格的原因。第二天上班时，黄××迅速指导工人解决了问题，维护了公司的信誉。此事被总经理柯××看在眼里，他做了2张关键事件记录表（见表8-4、表8-5）。

表8-4　　关键事件记录表A

行为者：张××　　行为发生时间：202×.06.20

地点：公司正门　　观察者：柯××

事件发生过程及现象：

发送给A公司的胶带全部被退回，A公司称胶带质量不合格，A公司退货的负责人愤愤离去。张××未对该事件做任何表示，开车离开了公司。

行为者的行为结果：

未能及时处理事件。

分析与解释：

张××可能想等第二天上班后再解决退货事件，但这可能给公司带来窝工损失和经济、信用上的损失。

张××责任心不够强。

记录者：柯××记录时间：202×.06.20

表8-5　　关键事件记录表B

行为者：黄××　　行为发生时间：202×.06.20

地点：公司某车间　　观察者：柯××

事件发生过程及现象：

发送给A公司的胶带全部被退回，A公司称胶带质量不合格，A公司退货的负责人愤愤离去。黄××拆开其中一箱被退回来的产品，立即进行研究和分析，工作至当晚10点，找出了产品质量不合格的原因。

次日，黄××指导员工纠正了错误，维护了公司的信誉，并使公司的经济损失降至最低。

分析与解释：

黄××考虑到第二天的工作安排与当晚的原因排查进度有关，故加班进行原因排查，责任心和工作计划性强。

记录者：柯××

记录时间：202×.06.20

资料来源　作者根据相关资料整理而成。

6.360°绩效评估法

360°绩效评估法又称多方评估者评估法，包括直接上级评估、间接上级评估、同级有关领导评估、下属评估和自我评估。评估指标可以从以下3个方面来设计：努力程度、工作态度和行为结果。每一个大的指标可以下设几个小的指标，如工作态度可以包括任务完成的速度和质量、对下属的亲和力、同级领导的认可度等，据此形成一个绩效评估指标体系。该方法至今仍是对一般员工和中层管理人员进行绩效评估时使用最多的方法。

二、绩效报酬

（一）绩效报酬的概念

绩效报酬，又称绩效加薪、奖励工资或与评估挂钩的工资，是以职工被聘上岗的工作岗位为主，根据岗位的技术含量、责任大小、劳动强度和环境优劣确定岗级，以企业经济效益和劳动力价位确定工资总量，以职工的劳动成果为依据支付劳动报酬，将劳动制度、人事制度与工资制度紧密结合起来的报酬制度。

绩效报酬的前身是计件报酬，它不是简单意义上报酬与产品数量挂钩的工资形式，而是建立在科学的工资标准和管理程序基础上的工资体系。绩效报酬的基本特征是将雇员的薪酬与个人业绩挂钩。

（二）绩效报酬的优点

（1）绩效报酬将个人的收入同个人的工作绩效直接挂钩，能鼓励员工创造更多的效益，且不会增加企业的固定成本。

（2）严格的、长期的绩效报酬体系可以促进员工提高工作能力、改进工作方法，从而提高员工个人绩效。

（3）绩效报酬既使绩效好的员工得到了奖励，也为企业留住了绩效好的员工。

（4）当企业不景气的时候，虽然员工没有了奖金，但由于工资成本较低，因此企业也可以不解雇员工，让员工有安全感，从而提高员工的忠诚度；当经济复苏时，企业仍然有充足的人才储备。

（三）绩效报酬的缺点

（1）绩效报酬鼓励员工之间的竞争，但破坏了员工之间的信任和团队凝聚力。员工之间会封锁信息，甚至可能会争夺客户。因此，对于那些需要团队合作才能有高产出的企业来说，这种方法并不适用。

（2）绩效报酬鼓励员工追求高绩效，如果员工的绩效同组织的利益不一致，就可能产生个人绩效提高、组织绩效降低的情况，这时候这种方法就失去了使用价值。

（3）员工可能会为了追求高绩效而损害客户的利益。

（四）实施绩效报酬的注意事项

（1）把个人绩效和组织绩效挂钩。

（2）绩效报酬要有具体的兑现日期并且要及时兑现，不能拖延时间。例如，应该在每月5日发的报酬，就不要拖到6日发。如果出现特殊情况导致报酬延迟发放，则应该向员工解释清楚。

（3）在绩效指标合理的前提下，绩效工资对比固定工资的比例应该加大。

（4）整个企业的员工都要有绩效报酬，不能有些员工（如业务人员）有，有些员工没有。应该让所有员工明白，企业中的任何一个人只要努力了，绩效提升了，企业都会知道并且会奖励他。绩效是企业所有员工的。

（5）企业在制定绩效报酬体系时，要让所有员工都参与，参与的过程是一个很好的沟通和培训过程，也是让企业和员工发现问题和培养信心的过程。

能力分析

1.小组讨论

Z是一家企业的人力资源总监，他所在的企业之前实行末位淘汰制，年终对员工实行360°综合考核，按照5%的比率对员工进行淘汰。但是在实际操作中却遇到了一些问题，在被淘汰的员工当中，有一部分员工干活多并坚持原则，实际工作表现不错。因为干活坚持原则结果得罪的人也多，导致年终评分低而被淘汰。企业里很多人对他们的淘汰感到惋惜，意见也很大，认为如果再这样淘汰下去，对企业的发展非常不利。所以公司的末位淘汰制不了了之。Z不禁疑惑，末位淘汰制缘何失效？

问题：末位淘汰制在公司真的不能执行吗？谈谈你的想法，给案例中的人力资源总监Z一些合理的建议。

分析要求：小组讨论，每5～6人分为一个小组进行讨论，详细总结你们对上述企业实行末位淘汰制的想法、建议；班级交流，各小组选派代表在班级陈述本组的相关建议；教师对各组陈述的相关建议进行点评；把经过修改附有教师点评的各小组建议展示在班级本课程平台上。

2.善恶研判

背景与情境：法国农业工程师林格曼在拉绳实验中观察发现一个人单独拉绳时的拉力为63千克，3个人拉绳时每人的平均拉力为53千克，8个人一起拉绳时每人的平均拉力为31千克。

资料来源　作者根据相关资料整理而成。

问题：1.试对拉绳实验中的现象做出道德研判。

2.根据教材和平时的知识积累，说明你的道德研判所依据的道德规范。

分析要求：每个学生结合善恶研判案例问题，拟出分析提纲；小组讨论，形成小组善恶研判案例分析提纲；班级交流，各小组选派代表在班级陈述本组善恶研判案例分析提纲观点；教师对各组陈述的观点进行点评；各小组把经过修改附有教师点评的善恶研判案例分析报告展示在班级本课程平台上。

能力应用与训练

1.价值引领

背景与情境：著名作家刘震云曾说，我的人生有一个非常重要的导师，那就是我的舅舅，人称刘麻子。刘麻子是一个好木匠，打的箱子和柜子比别人的都好，他说："别人打一个箱子花三天时间，我花六天时间。只花六天时间还不是一个好的木匠，我是打心眼里喜欢做木匠活，我特别喜欢闻做木匠活时刨出来的刨子花的味道。"接着又说，"只喜欢做木匠活，也当不好木匠，我看到一棵树，如果它是松树、柏树或楠树，我想这要是给哪家姑娘出嫁的时候打一套高档的家具多好；如果它是一棵杨树，杨树是最不成材的，只能打个小板凳。"

问题：导师是我们人生路上的指路人，解答我们的疑惑，校正我们的航向，督促我们的言行，给我们好的影响，刘麻子就是这么一个人。结合资料和你的人生感悟说说刘震云先生想通过刘麻子的故事告诉我们什么样的人生道理？

讨论分析：

个人：每位同学仔细阅读背景资料，木匠刘麻子给了你怎样的人生思考？

小组：5～6名同学为一组，每位同学都要发表自己的看法，小组成员互相交流，大家集体讨论什么样的人生更有意义和价值。

全班：各组抽选1名同学，在全班表述本组的观点。

老师：结合各位同学的发言进行点评。

2.能力训练

● 训练内容：如果你是公司经理，掌握公司的奖惩大权，你认为员工的哪些行为应该奖励？哪些行为应该惩罚？

● 训练目标：

素质目标：通过归纳整理公司员工能够得到奖励或者会受到惩罚的各种行为表现，培养学生善于发现问题、解决问题的素养。

知识目标：通过归纳整理公司员工能够得到奖励或者会受到惩罚的各种行为表现，加深对绩效评估和绩效报酬相关知识的理解。

能力目标：通过归纳整理公司员工能够得到奖励或者会受到惩罚的各种行为表现，提高学生的管理能力、依据实际情况解决具体问题的能力。

● 训练过程：

（1）请同学们每5人为一组，认真学习绩效评估与绩效报酬的相关知识。

（2）以小组为单位，收集企业应该奖励和惩罚的职工行为的内容，讨论奖惩行为的具体表现，以及这些行为对企业经营管理的影响。

（3）根据讨论结果，对以上行为进行归纳整理，形成文字报告。

● 训练成果：每组撰写一份《关于企业规范奖惩的报告》。

● 成果评价：公司奖惩行为认定训练评价见表8-6。

表8-6 公司奖惩行为认定训练评价表

项目（分值）	评价标准	个人自评（30%）	小组互评（30%）	教师评分（40%）	得分小计（100%）
素养培养（30分）	参与本次训练的积极性较高				
	调查分析认真，准备工作充分				
	完成任务认真细致				
能力提升（20分）	对公司员工表现的各种行为分析准确、全面				
	对奖惩行为归纳准确，文字表达能力强				
知识应用（20分）	对绩效评估和绩效报酬的内容理解准确				
	对公司总体运作流程了解清楚				
项目成果展示（30分）	对需要奖励和惩罚的行为区分清楚				
	书写规范清楚、易于辨认、没有涂改				
	文字报告无内容雷同现象				
合计（100分）					

项目八

扫码答题

思考与训练

1.选择题

□单项选择题

（1）俗话说，“牵牛要牵牛鼻子”，是（　　）。

A.世界上只有糟糕的将军，没有糟糕的士兵

B.企业要选择关键控制点

C.企业要抓主要矛盾

D.大船航行靠舵手

（2）某企业管理部门在制定劳动定额时，出现了以下4种意见，你认为比较正确的意见是（　　）。

A.劳动定额主要用于考核，所以应该选择最先进的标准

B.定额标准的确定应该结合企业实际，并考虑有利于员工积极性的调动

C.为使绝大多数员工能超额完成任务，应该选择最低的定额标准

D.考虑到员工操作水平的差异性，定额标准宜取最先进标准与最低标准的平均值

（3）去过医院的人也许会对医院某些内部管理程序不太适应。你从大夫那里拿到处方，得先到划价窗口排队等候划价，然后到交费窗口排队交费，好不容易可以到药房取药了，得到的答复是其中一种药没有，必须找大夫修改处方。找到大夫后，大夫的做法可能只是将这种药去掉。你拿着新的处方重新排队等候，你能没有抱怨吗？有人出了以下主意，从管理角度看，你认为不合理的是（　　）。

A.对医院的工作流程进行适当的重组，如将划价与缴费窗口合并

B.改善医院内部的信息沟通系统，提高工作效率

C.让有经验的大夫来药房工作，然后向在药房工作的大夫授权

D.多建一些医院，让医院之间互相竞争

（4）一家生产塑料玩具的企业开张1年多，遇到了以下4个意想不到的问题，你认为最关键的问题是（　　）。

A.管理费用高出预算5%

B.洪水导致企业部分厂房被淹，停产1个月

C.银行贷款利率调高2.5%

D.其产品被质量监督检验部门认为有损儿童健康

（5）某雇员在一个岗位上已经工作了许多年，但他现在的工作绩效并不令人满意，其直接上司对此也感到十分困惑。从管理的角度看，你认为对他最有效的措施是（　　）。

A.明确告诉他，若不提高工作绩效，他就会被解雇

B.让他继续留在目前的岗位，再注意观察一段时间

C.向他说明领导的困惑，希望他努力提高工作绩效

D.与他共同分析原因，寻求提高工作绩效的方法

□多项选择题

（1）下列有关控制工作的描述，正确的有（　　）。

A.控制的前提和依据是计划

B.控制工作的目的在于确保原有目标的实现或促进新目标的提出

C.控制工作与其他管理职能紧密结合在一起，使管理过程形成一个相对封闭的系统

D.控制工作贯穿于管理活动的全过程

（2）按照控制的过程划分，控制的基本类型有（　　）。

A.事前控制　　B.事中控制

C.事后控制　　D.全面控制

（3）控制的过程包括（　　）。

A.确立控制标准　　B.衡量工作绩效

C.纠正执行中的偏差　　D.修改计划

（4）绩效评估的方法有（　　）。

A.排序法　　B.两两比较法

C.因素评价法　　D.等级分配法

（5）绩效报酬的缺点有（　　）。

A.绩效报酬破坏员工之间的信任和团队凝聚力

B.员工之间会封锁信息，甚至可能会争夺客户

C.可能产生个人绩效提高、组织绩效降低的情况

D.员工可能会为了追求高绩效而损害客户的利益

2.判断题

（1）控制是指必须严格按照计划执行，不能有任何偏差。（　　）

（2）事后控制只是“亡羊补牢”，对企业的管理工作没有太大的帮助。（　　）

（3）在控制方法的选择上，一定要注重经济效益。 （ ）

（4）运用关键事件法进行绩效评估，容易以偏概全。 （ ）

（5）医生为了获得更高的经济效益，可能会给病人开很贵的药，做没有必要的昂贵检查。这种做法既有违医院的宗旨，也会损害医院的形象，这些都是绩效评估惹的祸。 （ ）

3.思考题

（1）如果你有预算的习惯，请问你在预算时采用了哪些方法？

（2）为什么不仅要考评管理人员的贡献，还要考评其能力？你认为一个人的能力和贡献有何关系？

（3）实施绩效报酬的注意事项有哪些？

（4）简述控制的过程。

（5）控制职能与其他管理职能之间的关系如何？试简要说明。

项目九

管理创新

任务一　创新

任务目标

素质目标：通过知识学习（互动问题）、能力分析（善恶研判）、能力应用与训练（价值引领）等教学活动，培养同学们创新的意识和创新的积极性。

知识目标：通过学习，能够清晰地描述创新的概念、特征、内容等知识。

能力目标：通过能力分析和能力应用与训练，培养同学们在学习生活中创造性地分析问题和解决问题的能力。

能力评估

创新认知能力评估见表9-1。

表9-1　创新认知能力评估表

序号	评估内容	评估等级				
		非常不同意	比较不同意	一般同意	比较同意	非常同意
1	与大多数人相比，我更关注那些令我感兴趣的事情					
2	我能坚持处理时间跨度很长的、困难的问题					
3	“白日做梦”为我的很多重要项目提供了动力					
4	我的审美敏锐性很高					
5	自尊比尊重他人更重要					

注：能力评估采用五等级量表，选项越靠近“非常同意”项，说明你对创新的相关知识了解越多。

知识学习

创新是人类特有的认识能力和实践能力，是人类主观能动性的高级表现形式，是推动民族进步和社会发展的不竭动力。在激烈的国际竞争中，唯创新者进，唯创新者强，唯创新者胜。

中国政府推动大众创业、万众创新，是充分激发群众智慧和创造力的重大改革举措，是实现国家强盛、人民富裕的重要途径。提高自主创新能力、建设创新型国家，是我国发展战略的核心，是提高我国综合国力的关键。

一、创新

创新是指人们在改造自然和改造社会的实践中，以新的思想为指导，创造出不同于过去的新事物、新方法、新手段，并用其实现预期目标的过程。对企业而言，创新则是创造新产品、新技术、新材料、新市场、新管理制度和方法等的实践活动。

最早提出“创新”概念的是美籍奥地利经济学家约瑟夫·熊彼特（Joseph Alois Schumpeter）。他认为，创新就是建立一种新的生产函数，即将一种从来没有过的生产要素和生产条件进行新的组合并引入生产体系。他同时列举了创新的5种存在形式：

（1）引入一种新产品或提供一种产品的新质量。

（2）采用新技术、新生产方法。

（3）开辟新的市场。

（4）获得原材料或半成品的新供应源。

（5）实行新的企业组织形式。

二、创新的必要性

1.组织外部环境的变化

组织是一个开放的系统，它要与外部环境不断发生物质的、能量的、信息的交换。一方面，组织要想生存和发展，首先要得到社会的承认。社会之所以承认组织，是因为组织不断为社会做出贡献，如企业生产产品。另一方面，组织要想为社会做出贡献，就必须从社会取得所需要的资源，并加以组合利用。组织越是能提供社会需要的产品，这些产品的价值越是大于从社会获取资源的价值，组织的生命力就越强，组织就越具有生机和活力。在现实生活中，随着各种影响因素的变化（如技术、经济、法律、政治、人口、生态和文化等因素的变化），国内外市场竞争的加剧，社会需要组织做出的贡献和为其提供的资源也不断发生变化，特别是市场需求的变化、科学技术的进步、政府政策的调整等。组织如果不能迅速做出反应，及时调整和变革自身活动的目标、内容和方式，必将迅速萎缩甚至被淘汰。

2.组织内部条件的变化

组织内部各种要素和条件的变化，特别是人这一因素（如领导和职工的价值观念、行为方式、工作态度、知识素质、业务能力等）的变化，不仅会影响组织对外部环境的认知能力、适应能力，而且会影响组织的资源利用能力以及最终贡献能力。例如，职工士气和情绪的变化有可能导致组织的兴旺或衰败，从而缩小或扩大组织与社会之间的距离。组织应根据内部各种要素和条件的变化进行调整和变革。

适应外部环境和内部条件变化的创新能增强组织的适应能力、竞争能力、生存能力、发展能力，从而使组织具有更高的效率、做出更大的贡献，这不仅能推动组织自身的发展，而且能推动社会的发展和进步。

三、创新的特征

（一）创造性

创新是创造性的思想观念及实践活动，创新活动的成果是创造性劳动的结晶。创新者应解放思想、开拓进取，勇于变革和革新，勇于从事创造性的实践活动。

（二）高风险性

创新活动的创造性决定了它具有风险性。实践证明，创新能否成功以及在多大程度上获得成功，具有高度的不确定性，因而创新具有高风险性。从总体上讲，获得成功并收到预期效果的创新是少数的，甚至是极少数的。创新一旦失败，不仅创新过程的大量投入无法收回，而且会使组织错过发展机会，削弱组织的竞争能力。当然，创新具有高风险性并不是说它比保守的风险还大，因循守旧、故步自封会使组织面临萎缩甚至被淘汰的风险。因此，只有创新，组织才有希望，才有生机和活力。

（三）高效益性

创新一旦成功，组织就能获得极高的甚至意想不到的效益。因此，创新的风险大，但效益更高。从总体上讲，创新获得的效益（经济效益、社会效益、生态效益）要大于创新的投入和风险造成的损失。

（四）系统性

创新的系统性主要表现在以下方面：从创新的过程来看，创新是涉及战略、市场调查、预测、决策、研发、设计、安装、调试、生产、管理、营销等一系列过程的系统活动，这项系统活动是一个完整的链条，其中任何一个环节出现失误，都会影响组织的创新效果。从创新的影响因素来看，创新活动受技术、经济、社会等诸多外部因素的影响；在组织内部，与经营过程息息相关的经营思想、管理体制、组织结构状况也会影响组织的创新效果。从创新的参与人员来看，创新是许多人共同努力的结果，创新需要众多部门和人员相互协调和相互作用，产生系统的协同效应，这样才能达到预期目的。

（五）动态性

事物是不断发展变化的，不仅组织的外部环境和内部条件在不断发生变化，而且组织的创新能力也在不断积累、不断提高，决定创新能力的创新要素也在不断动态调整。从不同组织之间的竞争来看，随着创新的扩散，组织的竞争优势将会消失，这就需要组织不断推动新一轮的创新，不断确立组织的竞争优势。因此，创新不是静止的，而是动态的。创新活动的不断开展和创新水平的不断提高是推动组织发展的动力。

（六）时机性

创新的时机性是指创新的机会往往存在于一定的时间范围内。只有人们正确认识客观存在的时机，抓住并充分利用时机，才有可能获得创新的成功。同时，由于创新成果的确认和保护与时间密切相关，因此人们只承认和保护那些在第一时间获得确认并以专利形式表现出来的创新成果。

四、创新的内容

创新的内容极为广泛，既涉及目标、手段和方法，也涉及技术、制度和管理。

（一）战略创新

经营战略是对组织长远发展的全局性谋划。组织的经营战略大体可分为3个层次：总体战略、经营单位战略和职能部门战略。组织应培养战略创新思维，通过战略分析、战略制定、战略选择、战略实施等步骤，采用SWOT分析法，对组织的经营效益、风险、利益相关者的反应、市场前景等做出评价，并领导、组织、管理好战略创新的过程。

（二）产品创新

产品是劳动者借助劳动手段并作用于劳动对象而创造出来的成果，是组织对社会做出的贡献。产品创新就是根据市场需求的变化和科学技术的进步，从完整产品概念的诸方面构成要素来改造老产品、开发新产品的过程。目前，产品创新的主要趋势是多能化、小型化、简易化、多样化、美观化、公益化、节能化等。

（三）生产技术创新

1.设备、工具创新

设备、工具创新对开发新产品、提高产品质量、增加产品产量、降低各种消耗、获得更高效率和效益，具有极为重要的意义。

2.工艺创新

工艺创新包括工艺过程创新、材料配方创新、工艺参数创新等内容。

3.材料、能源创新

新型材料和能源的开发利用，既表明人类对自然界依赖程度的降低，又表明人类对自然界改造能力的增强。新材料和新能源在很大程度上影响产品的种类和质量，影响机器设备的效能和生产效率，是当今技术革命的重要内容之一。材料、能源创新的主要内容有：开辟新的能源，保证生产发展的需要；采用量大、价廉的普通材料替代量小、价高的稀缺材料；开发利用性能优异的各种新型材料，推动产品品种发展和产品质量提高。

（四）市场创新

市场创新即市场开发，是指组织通过自身努力去刺激需求、引导需求，推动消费者消费行为的实现，不断拓展现有产品市场，开辟新的产品市场。市场创新的主要内容有：在数量、质量、时间、空间方面继续拓展现有产品市场；开辟新的产品市场，创造新的需求，刺激需求结构的变化。

（五）管理创新

管理创新是指在一定的市场技术条件下，为了使组织资源得到更加合理、有效的利用，组织系统的运行更加和谐、高效，生产能力得到更加充分、有效的发挥而进行的有关组织发展战略、管理体制、组织结构、运作方式以及具体的管理方法和技术、文化氛围等方面的创新。实际上，管理创新就是创造一种新型的、效率更高的资源整合范式，它既可以是有效整合资源从而达到组织目标全过程管理的创新，也可以是某个具体方面的细节管理的创新。具体来说，管理创新包括以下几方面的内容：

1.管理理念创新

管理理念创新就是管理思想观念方面的创新，它是一切创新活动的先导，是管理创新的根源。管理理念创新就是要改变人们对某种事物原有的、过时的或不利于实践活动的既定看法和思维模式，换位思考，得出一个新的结论或形成一个新的观点，从而采取新的态度和方法的行为过程。管理理念创新是组织生存和发展的先决条件。对现代企业来说，管理理念创新主要包括：新的经营思想、新的经营理念、新的经营思路及其在推行中形成的新的经营方针、新的经营战略、新的经营策略等。

管理理念创新要求管理者必须运用新的观念、新的思维方式去研究组织中的一切现实问题，进而找到解决问题的新途径、新方法，创造出新的成果。

2.组织结构创新

组织结构创新即组织的整合、变革与调整，是组织的管理者及成员为了使组织系统适应外部环境变化或满足自身成长需要，对内部各子系统及其相互作用机制或组织与外部环境的相互作用机制的创造性调整、变革与完善的过程。组织结构创新有3种途径：

（1）以组织结构调整为重点的变革和创新，如重新划分或合并部门、改造工作流程、改变工作岗位与职责、调整管理幅度等。

（2）以人为本的变革和创新，如改变员工的观念和态度，知识变革、个人行为乃至群体行为的变革。

（3）以任务和技术为重点，重新组合、分配任务，更新设备，进行技术创新，从而达到组织创新的目的。

互动问题 9-1

有人说，在新时代企业必须不断创新。面对这样的社会环境，你认为应该怎样培养自己的创新意识和提高创新能力？

实例9-1　　创新是企业持续发展的动力

创新是引领发展的第一动力。企业创新主体的地位也体现在企业扮演科技创新出题人、答题人和阅卷人的角色——由其发布更多任务、担当研发主体。因此，只有进一步加大企业创新激励力度，落实好各类创新激励政策，才能真正促进企业加大研发投入，培育壮大新动能，从而为全面实施创新驱动、实现高质量发展打下坚实基础。

为激励企业加大研发投入，提高自主创新能力，我国不断提高企业所得税研发费用加计扣除的比例，以真金白银支持科技创新。2021年我国实施“将制造业企业研发费用加计扣除比例提高到100%”，2022年此项政策进一步扩大到“科技型中小企业”。2021年前三季度企业享受研发费用的减免税额为3 300亿元，接近2019年全年水平。这样实实在在支持创新的举措，自然会让企业愿投、敢投，也会越来越倾向于在创新上大手笔投入。

2022年激励企业创新的力度进一步加大，有着明确的指向，就是要更加充分地发挥企业创新主体的效能。审视2022年的发展任务，无论是“巩固壮大实体经济根基”，还是“促进产业优化升级，突破供给约束堵点，依靠创新提高发展质量”，都离不开企业创新主体的作用。

资料来源　余建斌.让企业创新“底子”厚“底气”足［N］.人民日报，2022-03-21.

思考：为什么国家特别重视企业创新？结合你学习的相关创新知识和新时代社会经济发展环境等因素分析说明。

3.管理模式创新

管理模式创新是指对组织总体资源进行有效配置的过程。一般来讲，不同的组织有不同的管理模式，同一组织在不同时期也有不同的管理模式。随着环境的变化，组织结合实际，研究、设计、创造出新的管理模式，实质上就是管理模式创新。管理模式创新是基于一种新的管理思想、管理原则和管理方法，来改变组织的管理流程、业务运作流程及组织形式等的过程。

4.管理制度创新

管理制度创新是指组织在现有的生产条件与经营环境下，通过创造新的、更能有效激励人们行为的制度，来实现组织及社会的持续发展和变革的过程。所有创新活动都有赖于制度创新的积淀和持续的激励，制度创新是创新活动的基础。

互动问题9-2

习近平总书记2013年10月21日在欧美同学会成立100周年庆祝大会上的讲话指出：创新是一个民族进步的灵魂，是一个国家兴旺发达的不竭动力，也是中华民族最深沉的民族禀赋。在激烈的国际竞争中，唯创新者进，唯创新者强，唯创新者胜。谈谈你的感想。

5.管理方法创新

管理方法是组织进行资源整合所使用的工具，它直接影响资源的有效配置。在现代管理理论中，许多现代管理方法，如线性规划、目标管理、全面质量管理、网络计划技术、库存管理、看板管理等都是在管理实践中被证实为行之有效的管理方法。管理方法创新可以是单一性的管理方法的创新，也可以是多种管理方法的综合性创新。管理方法创新可以更好地提高生产效率，协调并改善人际关系，有效激励组织员工，最终实现组织资源有效整合的目的。

（六）组织文化创新

经济竞争的最深层次是文化竞争，而文化具有传承性，即由旧文化转型为新文化。一方面，组织必须对旧文化进行重新整合，赋予旧文化以新的内涵；另一方面，组织必须紧紧盯住世界组织文化创新的趋势。对我国企业来说，组织文化创新的关键是把中华传统文化的精髓与西方现代管理科学有机融合起来，培养符合企业实际的新型组织文化。

能力分析

1.小组讨论

资料1：2017年10月18日，习近平总书记在中国共产党第十九次全国代表大会上的报告中指出：深入挖掘中华优秀传统文化蕴含的思想观念、人文精神、道德规范，结合时代要求继承创新，让中华传统文化展现出永久魅力和时代风采。

资料2：2017年10月18日，习近平总书记在中国共产党第十九次全国代表大会上的报告中指出：世界每时每刻都在发生变化，中国也每时每刻都在发生变化，我们必须在理论上跟上时代，不断认识规律，不断推进理论创新、实践创新、制度创新、文化创新以及其他各方面创新。

资料3：2018年3月7日，习近平总书记在参加十三届全国人大一次会议广东代表团的审议时指出：发展是第一要务，人才是第一资源，创新是第一动力。中国如果不走创新驱动道路，新旧动能不能顺利转换，是不可能真正强大起来的，只会大而不强。

资料4：2019年3月10日，习近平总书记在参加十三届全国人大二次会议福建代表团的审议时指出：高质量发展是创新成为第一动力的发展，是创业兴业蔚然成风的发展，是创造活力竞相迸发的发展。

问题：认真学习上述习近平总书记关于创新的论述，谈谈你们的学习体会。

分析要求：小组讨论，每5～6人分为一个小组进行讨论，详细总结你们的体会；班级交流，各小组选派代表在班级陈述本组的学习体会；教师对各组陈述的学习体会进行点评；把经过修改附有教师点评的各小组学习体会展示在班级本课程平台上。

2.善恶研判

背景与情境：一天中午，北京，晴，郝新军教授和赖伟明教授在北京大学资源大厦一楼的上岛咖啡厅论道。席间，赖教授感叹："最近承担的教学任务太重，很难有时间进行课题研究，更难有时间深入企业进行实地调研。"郝教授说："同感！无法一一解答全国学员的学习疑问和管理问题，甚憾！"郝教授进而设想："我们的学员以企业高管居多，数量近10万，怎样才能有效服务近10万的学员呢？"

资料来源 作者根据相关资料整理而成。

问题：1.本案例中对全国学员的学习疑问和管理问题的服务存在哪些道德伦理问题？

2.试对上述问题做出你的道德研判。

3.对照教材和网络搜集的资料，说明你的道德研判所依据的管理道德规范。

分析要求：每个学生结合善恶研判案例问题，拟出分析提纲；小组讨论，形成小组善恶研判案例分析提纲；班级交流，各小组选派代表在班级陈述本组善恶研判案例分析提纲观点；教师对各组陈述的观点进行点评；各小组把经过修改附有教师点评的善恶研判案例分析报告展示在班级本课程平台上。

能力应用与训练

1.价值引领

背景与情境：华为从2万元起家，用了25年时间，从名不见经传的民营科技企业，发展成为世界500强和全球最大的通信设备制造商，创造了中国乃至世界企业发展史上的奇迹。华为成功的秘诀就是创新。创新无疑是提升企业竞争力的法宝，同时它也是一条充满了风险和挑战的成长之路。尤其在高新技术产业领域，创新被称为一个企业的生存之本和一个品牌的价值核心。

问题：同学们对华为公司非常熟悉了，请你们通过网络或图书资料收集华为公司的创新实例，在小组与大家共享。

讨论分析：

个人：每位同学根据问题要求，收集整理实例，准备与同学们交流。

小组：5~6名同学为一组，组内交流各自收集的实例，小组成员共同讨论，选出小组推荐的实例，说明推荐理由。

全班：各组推荐1名同学，在全班介绍本组推荐的实例，并陈述推荐理由。

老师：结合各组同学推荐的实例进行点评。

2.能力训练

● 训练内容：结合你们班级管理中存在的2个问题，提出你的解决方案。

● 训练目标：

素质目标：通过针对班级管理问题提出解决方案的活动，培养同学们随时发现问题、分析问题的素养。

知识目标：通过针对班级管理问题提出解决方案的活动，了解发现问题、解决问题的陈述性知识。

能力目标：通过针对班级管理问题提出解决方案的活动，培养同学们解决问题的能力。

●训练过程：

（1）走访任课老师和班级学生，了解班级管理中存在的问题。

（2）从了解的班级管理问题中，选定2个问题，提出你的解决方案，方案要切实可行。

（3）解决方案中要有自己独特的思路，要体现创新的内容。

●训练成果：每位同学撰写一份解决班级管理问题的报告。

●成果评价：解决班级管理问题活动评价见表9-2。

表9-2　解决班级管理问题活动评价表

项目（分值）	评价标准	个人自评（30%）	小组互评（30%）	教师评分（40%）	得分小计（100%）
素养培养（30分）	参与本次训练的积极性较高				
	与同学沟通良好，选取问题认真				
	针对问题提出的解决方案中有一些创新点				
能力提升（20分）	选定的问题有一定的价值				
	提出的解决方案可行性较高				
知识应用（20分）	对创新内容的理解准确				
	对撰写报告的相关知识了解清楚				
项目成果展示（30分）	报告展现形式符合规范				
	排版规范、展示有新意				
	报告无雷同内容				
合计（100分）					

任务二　创新的过程和方法

任务目标

素质目标：通过知识学习（互动问题）、能力分析（善恶研判）、能力应用与训练（价值引领）等教学活动，培养同学们依据创新规律和方法参加创新活动的基本素质。

知识目标：通过学习，能够清晰地描述创新要素、创新原则、创新的过程和方法等相关知识。

能力目标：通过能力分析和能力应用与训练，培养同学们在学习和生活中用创新的方法分析和观察问题，并用创新的方法解决一些实际问题的能力。

能力评估

创新的过程和方法认知能力评估见表9-3。

表 9-3　创新的过程和方法认知能力评估表

序号	评估内容	评估等级				
		非常不同意	比较不同意	一般同意	比较同意	非常同意
1	当我和大家一起工作时，除了日常的工作安排，我还为大家安排了其他机会，以活跃他们的思维					
2	在每一个复杂问题的解决情境中，我总是确保不同的观点得到阐述和表述					
3	在工作中，我有时会提出惹人生气的建议，以激励人们找出解决问题的新方法					
4	我有时会在问题解决的过程中参考外来人员（如客户或专家）的意见					
5	在工作中，为了追求创造性的解决方案，我鼓励非正式的、打破常规的方法					

注：能力评估采用五等级量表，选项越靠近“非常同意”项，说明你对创新的过程和方法的相关知识了解越多。

知识学习

创新是一项风险性较高的工作，为了降低创新中的风险，增加创新的成效，创新活动必须严格遵守成效程序。

一、创新的要素

创新的要素是指创新活动赖以开展的要素。对创新要素的识别、获取、筛选和运用能力，决定了组织的创新能力。创新的要素主要包括：

（一）资金

资金是影响创新的基本要素，它反映了组织创新的经济实力，直接影响创新的规模和强度。创新的资金既包括研究开发活动所需的资金，也包括生产经营活动所需的资金。有研究认为，研发、开发（中试）、生产3个环节的资金投入比例大体为1∶10∶100。企业在研究开发上投入的经费占销售收入的比重越大，企业的创新能力就越强。

（二）人员

人是创新的决定性因素，人员的素质和结构决定了创新能力的强弱及创新水平的高低。

1.创新参与者

组织的每个成员都可能而且应该成为创新机会的发现者和创新活动的参与者，组织中的各类人员，如普通员工、专业技术人员、经营管理人员等，对创新活动的有关方面都有直接影响。例如，工作在一线的普通技术人员在发现创新机会、提出创新建议、从事创新实践、运用和扩大创新成果等方面，具有重要作用。同时，组织中人员结构的状况决定了人员的整体素质和创新能力。

2.创新组织者

创新活动的组织者是指组织中进行创新活动的专门机构的负责人，也指各创新活动小组的负责人。创新活动的组织者负有促使创新活动有效运行并取得成功的责任，他们的素质应该更高，他们应该具有多种才能，如较强的创新意识、丰富的专业知识、较强的创新思维能力和组织协调能力。

3.创新领导者

领导者是创新活动的核心，是创新团队的带头人。领导者应具有开拓进取的精神、洞察和把握创新机会的能力、果断决策的魄力、坚忍不拔的毅力、极强的组织协调能力等。

（三）科技成果

科技成果既是科研活动的产出，也是技术创新中研究开发活动的投入，因为对科技成果的产业化开发也是创新。创新的科技成果包括应用性科技论文、技术专利、技术诀窍、图纸资料、样品样机等。科技成果的来源包括内部来源和外部来源。也就是说，科技成果既可以来自组织内部，又可以来自国内大学、科研机构及其他组织等；既可以来自国内，又可以来自国外。组织获得科技成果的数量、种类、水平，以及组织选择科技成果的能力，都影响组织的创新能力。

（四）技术基础水平

对于生产企业来讲，技术基础水平包括物质技术水平和管理技术水平，它们都是影响创新能力的重要因素。

物质技术水平越高，则企业创新的水平越高，创新的进程越短。生产装备越优良，越能有效吸收和转化科技成果，进而迅速实现创新后的规模生产。

管理技术水平越高，则企业越能缩短创新过程、提高创新水平、增强创新产出的市场实现能力。

（五）信息资源

信息是创新的资源和成果，创新的过程就是信息运动的过程。作为资源的信息，部分来自组织外部，部分来自组织内部。掌握的外部信息越多、内部信息沟通越及时，则组织的创新能力越强。

1.外部信息掌握

组织创新所需的外部信息主要是社会需要、市场需求和市场竞争信息，科技进步和其他新知识的信息，经济、社会发展信息，政府政策法令和计划的信息等。外部信息掌握包括对外部信息的收集整理、分析研究、消化吸收。

2.内部信息沟通

随着创新的实施，内部信息的影响力也逐步增强。组织要通过各种沟通方式，加强内部信息的沟通，确保信息成为组织的共享资源，有效增强创新活动各环节的相互联系和整体协调，从而取得创新的最佳效果。

微课 9-1

大数据与企业管理创新

（六）组织管理

组织管理也是创新的一个要素，其作用在于把创新的动力因素和资源要素并入创新过程，使各种动力因素有序化、协同化，使资源要素的配置达到最佳，从而促进创新活动的顺利进行，实现创新的合理化、高效化。

二、创新的原则

为了推动创新活动顺利进行，组织需要正确处理各方面的关系，并遵循一定的创新原则。创新的原则主要有：

（一）争做自主创新的主体，以市场为导向

企业是我国技术创新体系的主体，这是由企业自身的性质和地位决定的。企业是我国社会主义市场经济体制的主体，这就决定了企业应该是自主创新的主体。在创新方面，企业还比其他各类机构，如科研机构、高等院校等具有优势，因为它最贴近市场，最了解市场的现实需求和潜在需求，这会使企业的创新目标和规划更具有针对性，更能以市场为导向。同时，企业有能力将科技成果转化为商品，并从商品的销售收入中回收创新成本，获得自主创新的合法收益，这有利于促进企业持续创新，增强企业、地区乃至国家的市场竞争力。

企业争做自主创新的主体，需要发挥以下3个方面的作用：

（1）要像关注发展那样用心尽力，增加创新活动的投入。

（2）积极扩大合作范围，特别是与科研机构、高等院校的合作。

（3）依靠创新技术发展生产，持续不断地进行创新。

企业创新以市场为导向，是因为市场需求是技术创新的起点和落脚点，是技术创新的推动力量。以市场为导向，要求企业重视市场信息，关注市场变化，把握市场规律，以市场需求引领创新、驱动创新，努力协调研发、生产和市场的相互关系，实现企业创新链和产销链的有机结合，以创新求效益，以创新谋发展。

（二）创新与维持相协调

创新与维持既相互区别，又相互联系、相辅相成。维持是创新的基础，创新是对维持的发展；维持是为了实现创新的成果，创新为维持提供了更高的起点；维持使组织保持稳定性，创新使组织具有适应性。创新与维持都是组织生存和发展不可缺少的因素。然而，创新与维持有时也相互矛盾、相互冲突。正确处理二者的关系，寻求创新与维持的动态平衡和最优组合，是管理者的职责，也是创新应遵循的原则。在企业中，创新与维持的平衡和组合既是复杂的，也是多方面的，如创新目标、创新规模、创新顺序的选择要适当，新技术的引入和改造创新要紧密结合，创新组织与其他组织

之间要相互配合等。

互动问题 9-3

有人说：要创新必须有灵感，但灵感不是天生的，灵感来自长期的积累与全身心的投入。没有积累就不会有创新。

你同意这种说法吗？结合你熟悉行业的创新事例进行说明。

（三）开拓进取，求实稳健

开拓进取就是要不断向新的领域、新的高度进发，没有开拓进取，便没有创新。组织应以极大的热情鼓励、支持和组织创新活动，要创造促进创新的组织氛围，重塑企业文化，激励员工奋发向上、开拓进取。

任何成功的创新都是科学的，容不得半点虚假，因此开拓精神必须同求实态度相结合。求实稳健并非安于现状、墨守成规，而是面向社会、面向市场，从实际出发，实事求是，量力而行，这是创新成功和稳步发展的重要保证。

（四）计划性和灵活性相结合

创新应该是有目的、有计划的，需要在全面分析创新机会、多方面掌握各种信息的基础上，确定创新的目标和行动计划，集中力量从具体的事情做起，协调好各方面的相互关系。

但是，创新本身又具有偶然性或机遇性，并不都在计划之中。同时，多数创新者酷爱做自己幻想的事。因此，创新的组织应具有灵活性，要放松对员工的控制，使计划具有弹性。例如，允许创新者自己确定题目和选择主管部门或人员；允许使用部分工作时间去探索新的设想，提供一定的创新资金、物质条件和实验场所；允许创新者自己选择合作伙伴等。这样既有利于充分调动创新者的积极性，又有利于及时捕捉创新机会。

（五）奖励创新，允许失败

创新的创造性、风险性、效益性决定了组织应对创新者的劳动及成果进行公正评价和合理奖励。对于所有的创新建议，组织都要实施正向的激励政策；创新成果确有重大价值并得到采用的，要在物质上给予创新者重奖，如奖金、股权、股票期权等，或者在职称、职务上予以破格晋升，使奖励与创新的风险和贡献相一致。同时，创新者的创新动因中还包括对个人成就感和自我实现的满足感的追求，因此创新的精神奖励不仅是必需的，而且是重要的。此外，组织不仅要对创新者的创新成果进行精神上和物质上的奖励，而且要在创新的全过程中给予创新者更多的理解、尊重和支持，为创新者提供放手施展抱负和才能的条件。

创新是一个不断探索尝试、经受挫折又努力改进提高的过程，允许失败是对创新者积极性、创造性的保护和支持。组织领导者要宽容待人，帮助创新者总结和吸取失败的教训，鼓励创新者坚持不懈，继续进行大胆探索和实验，直到取得成功。

（六）加强对知识产权的积累和保护

知识产权是创新者对创新成果所享有的权利，它既是企业的无形资产，也是衡量企业乃至国家综合竞争力的一个主要指标。知识产权制度的确立，有利于鼓励发明创造，保护技术创新成果，创造公平有序的法律环境。企业对知识产权的创造、积累、利用和保护，是推动企业持续发展的重要保证，能使企业获得巨大的经济效益。企业积累知识产权的途径有两条：一是自主创新，创造专利技术；二是从外部，包括从我国和外国公司获取专利技术。

（七）积极利用和整合国内外的创新资源，积极参与国内外行业标准的制定

企业作为自主创新的主体，必须在开放的条件下从事技术创新，针对自己资源不足的现状，实施借脑开发、合作开发，充分利用和整合社会资源，加快创新速度，提高创新效率，实现科技成果的商业化。利用和整合创新资源的途径有两条：一是国内产学研密切合作，建立企业与科研院所、高等院校优势互补、风险共担、利益共享、共同发展的合作机制；二是通过多种方式积极利用国际创新资源，实施全球化研发战略。

互动问题9-4

每个人工作内容不同，能力也有强弱之分，只要有心，都可以在自己的工作中找到创新的机会和需要不断创新的内容。你同意这种说法吗？为什么？

三、创新的过程

创新是创新过程的最终成果，创新的过程主要包括以下阶段：

（一）寻找并发现创新机会

组织中存在一些不协调因素，这些不协调因素对组织的发展或者提供了有利的机会，或者造成了某种不利的影响甚至威胁。正是因为存在这些不协调因素，才使组织有机会进行创新活动。一般来说，成功的创新都是有意识、有目的地探索和追寻的结果。创新的机会可能来自组织外部，也可能来自组织内部。

具体来说，在组织内部，创新的机会包括：

（1）突发事件，如政治因素给工厂造成的损失。

（2）不和谐因素，如发生兼并之后应重新考虑企业的策略。

（3）运营需求，如需要为新的系列产品开辟独立的经销渠道。

（4）企业急需进行新技术、新工艺改造。

在组织外部，创新的机会包括：

（1）人口统计数据的变化，如消费者对休闲活动的需求状况与人口年龄的增长直接相关。

（2）观念的变化，如强化企业的品牌价值。

（3）新知识，如可以将生产成本降低一半的新技术的出现。

（4）对新产品或新服务项目的需求。

实例9-2 视频会议

从1964年世界上最早的模拟技术可视电话诞生算起，视频会议这个行业已经走过了50多年。

协作与沟通是视频会议不变的“本心”，云和AI技术的成熟应用，灵活简单的云架构、天然易用的人机交互、准确高效的智能识别，这些技术可以将员工从烦琐的动作中解放出来，全身心地投入创新中，为企业创造价值。

2020年后，新冠肺炎疫情的影响让“在线”成为一种常态，视频会议再次成为了高效协作时代的关键。

疫情总能推动“在线”需求。2003年的非典疫情，推动了电子商务等互联网经济的萌芽，创造了互联网的黄金十年。同时，2003年被称为视频协作的元年，因为当时的非典疫情，企事业单位要求在家办公，由此推动了视频协作的市场发展。

数据显示，2020年全球网络会议市场规模约为125.8亿美元，而到2025年这一数字或达190.2亿美元。伴随市场规模的飞速增长，视频会议解决方案也逐渐朝着专业化、多元化以及一体化的方向发展。

首先，5G、云计算、人工智能、高清编解码技术等新兴技术的快速发展让人机交互逐渐打破空间和时间的界限，可以实现随时随地协作，随时随地办公，因而促使更多的用户选择视频会议。

其次，随着企业数字化进程的加速，协作和沟通在业务流程中的重要性不断增强，但在企业当中，视频会议的渗透率还远远不够，而企业对创新的沟通方式、高效的协同模式一直都有长期需求。这也让我们对视频会议的前景充满期待。

与此同时，视频会议市场也呈现了智能化、高清化的发展趋势。

资料来源 作者依据网络资料整理。

思考：本实例对你最大的启发是什么？试用3句话来说明。

（二）发散性思考，提出构想与方案

人们在进行创新活动时，通常会运用发散性思维和收敛性思维两种不同的思维方式。其中，发散性思维主要是指在解决问题的过程中，不受既定的方式、方法、规则或范围等的约束，不拘于一点或一条线索，而是从扩散或者辐射式的思考中求得多种不同的解决方法，衍生出不同的结果。人们在创新活动中，当观察到前述某种不协调的现象产生后，就会通过这种发散性思维去研究其原因，预测其未来的变化趋势及可能产生的后果，并利用此机会，提出多种解决问题的构想与方案。

（三）集中思考，筛选方案并迅速行动

创新活动伊始，创新者提出的构想与方案很多，并且可能还很不完善。因此，创新者必须按照一定的目的，有意识地进行初步筛选，然后马上付诸行动；否则，这种构思再好，都会失去存在的意义，也就失去了创新的机会。

（四）持之以恒，坚持不懈地努力

创新构思要经过尝试才能不断成熟，但尝试的过程是有风险的，也许会成功，也许会失败。创新的过程就是不断尝试、不断失败、不断提高的过程。创新也是永无止境的，创新者开始行动后，为了获得成功，必须要有持之以恒的精神，并坚持不懈地努力，绝对不能因失败受挫而放弃尝试。创新者还要有必胜的自信和坚强的毅力，能正确面对失败。

四、创新的方法

（一）学习创新能力

人人都有创新的潜力，学习创新能力是人们通过学习并运用新颖独特的方法解决问题的能力。学习创新能力主要包括认知能力、发散思维能力和创造性个性。

认知能力是指人在解决问题时，需要一系列能力的相互作用与结合。发散思维能力是一种能够产生多种正确答案的思维能力。创造性个性包括独立性、冒险性、自信心和表达欲等方面。

（二）培养创新思维

1.培养创新思维的方法

（1）破除思维、权威、从众、唯经验论、唯书本论等定式。

（2）接受创新教育。

（3）接受创造力开发训练。

2.培养创新思维的注意事项

（1）撇开“常识”。

（2）撇开过去的“经验”。

（3）撇开妨碍创新的因素，冲出固定的模式。

（4）学习开发创造力的方法，如设问法、形态分析法等。

能力分析

1.小组讨论

微课 9-2

创新有方法

2018年9月28日，习近平总书记在全国组织工作会议上强调指出：青年干部要努力培养创新能力。“不革其旧，安能从新”。创新是青年干部成长的加速器，实现中华民族伟大复兴的中国梦，不仅要紧跟时代潮流，而且要走在前列。青年干部要充分发挥思维敏捷、接受能力强的优势，不断更新知识体系，提升工作技能，在工作过程中，要注重理论联系实际，善于从群众中汲取智慧力量，并根据自身情况活学活用，不断尝试新的工作方法；要善于学习，借鉴其他地区的先进经验和先进做法，去粗取精，挪为己用；要敢于并善于走前人没走过的路，做前人没做过的事，不畏首畏尾、瞻前顾后。

问题：学习习近平总书记的讲话精神，谈谈你们的学习体会。

分析要求：小组讨论，每5～6人分为一个小组进行讨论，形成小组学习体会；班级交流，各小组选派代表在班级陈述本组学习体会；教师对各组陈述的学习体会进行点评；把经过修改附有教师点评的各小组学习体会报告展示在班级本课程平台上。

2.善恶研判

背景与情境：用理性的语言给国美模式进行总结就是“以低价打市场（以包销、勤进快销、薄利多销为支撑）；以管理服务稳市场（三级管理体系、奖惩分明、严密细致的管理制度），推行全方位本土化策略（管理人员本土化、业务本土化）”，国美的经营之道，在于观念新、业态新。

1.业态模式

（1）连锁经营。2009年，国美在北京、天津、上海、成都、青岛等地拥有70余家商场，年销售额超过100亿元。每个地区的每个门店在经营管理上都保留了自己的特色，真正形成了连锁模式。

（2）专业特色。国美的营业员从售前的电话咨询、售中的专业讲解，到售后服务，在产品的种类、型号规格、价位、性能等方面都能够做到如数家珍。

（3）超市运作。国美一方面让样机、货品堆积在店内，方便顾客体验筛选；另一方面依靠自己雄厚的资金实力包销某些品牌或型号，让利于消费者，同时将资金及时付给厂家。

2.组织结构

国美的连锁店均采用“正规连锁”或“加盟连锁”的经营形态，它们都由国美总部或分部全资经营。国美电器连锁系统的组织结构纵向设立，可分为3个层次：

（1）总部：负责统一管理，实行经营方针、经营规划、工作计划、人事、培训、采购、财务、保险、法律事务、店铺选择、设计及装修、商品配置与陈列、服务、调控和发展等各项职能。

（2）地区分部：依照总部制定的各项经营管理制度和规定，对该地区的各门店实行二级业务经营及行政管理，并实施对所属门店的监督、指导、服务、沟通等，接受并服从总部各职能部门的职能管理。

（3）门店：接受并服从总部及地区分部的领导和职能管理，依照总部制定的各项经营管理制度和规定，对本门店实施日常经营管理。基本职能是商品销售、进货及存货管理、绩效评估。

资料来源 佚名．国美经营模式［EB/OL］．［2009-07-27］．https://wenku.baidu.com/view/2616b6fcbaf3f90f76c66137ee06eff9aef8496e.html.

问题：1.本案例中存在哪些道德伦理问题？

2.试对上述问题做出你的道德研判。

3.对照教材和网络搜集的资料，说明你的道德研判所依据的管理道德规范。

分析要求：每个学生结合善恶研判案例问题，拟出分析提纲；小组讨论，形成小组善恶研判案例分析提纲；班级交流，各小组选派代表在班级陈述本组善恶研判案例分析提纲观点；教师对各组陈述的观点进行点评；各小组把经过修改附有教师点评的善恶研判案例分析报告展示在班级本课程平台上。

能力应用与训练

1.价值引领

背景与情境：创新需要长期投入、精心管理。创新不能靠单打独斗，任何创新都需要在一个系统组织中进行，形成功能互补、良性互动、开放共享的创新格局。

创新需要战略勇气，而有效创新更需要系统支撑。过去电信行业的3家中央企业（中国电信、中国移动、中国联通）在每一个通信节点，每家都建一个信号塔，信号塔都互相挨着，何必呢？后来新组建的铁塔公司把3家的信号塔统一起来集中管理，3家各出资30%，大家共用，不但节省了巨额投资，还聚集了很多资源。这就是组织、企业之间应该合作和协同创新的实例。

问题：结合你学习的创新过程和方法等知识，提出一些目前在企业经营管理活动中急需通过技术和管理创新解决的问题，并说明问题解决的思路。

讨论分析：

个人：每位同学仔细阅读背景与情境资料，查找相关资料，观察分析社会或企业目前通过创新可以解决的实际问题，明确问题，提出问题解决方案。

小组：5～6名同学为一组，组内交流各自提出的问题和解决方案，小组成员共同讨论，提出小组同意的问题和解决方案。

全班：各组推荐1名同学，在班级陈述本组提出的问题和解决方案。

老师：结合各组同学的陈述进行点评。

2.能力训练

● 训练内容：搜集企业创新实例。

● 训练目标：

素质目标：通过搜集企业创新实例训练，激发同学们创新的积极性。

知识目标：通过搜集企业创新实例训练，加深同学们对创新相关知识的理解。

能力目标：通过搜集企业创新实例训练，理清创新思路，学习他人的创新方法。

● 训练过程：

（1）认真学习创新的相关知识。

（2）广泛搜集企业的创新实例（包括管理理念、组织机构、产品管理制度、管理方法等方面）。

（3）按下面的典型案例规范，编写企业创新实例分析报告。

典型案例：健康元药业在博客网开通了博客，重点向外界宣传健康元的业务，介绍其主导产品，通过文字的形式对产品的成分、价格进行说明，同时进行推介与评述。健康元药业还通过播放短片等形式进行业务推广。这种营销与产品推广的方式与传统的产品说明书等相比，显得更加灵活生动。

点评：博客营销只有与适合的企业和营销行为结合起来，才能如虎添翼。当前，博客营销在国内的成功案例较少，博客营销更多是对传统营销方式的补充甚至点缀。原因在于：博客的相关统计数据不足；博客的影响力及营销效果评估、博客营销的付费方式及标准等问题，还无明确标准。因此，要想使博客营销成为一种非常有效的营销方式，还有待时日。

●训练成果：每位同学撰写一份某企业创新实例报告。

●成果评价：收集企业创新实例训练评价见表9-4。

表9-4　收集企业创新实例训练评价表

项目（分值）	评价标准	个人自评（30%）	小组互评（30%）	教师评分（40%）	得分小计（100%）
素养培养（30分）	参与本次训练的积极性较高				
	创新实例收集认真				
	对创新实例的创新点捕捉准确，实例描述与点评的关系处理恰当				
能力提升（20分）	创新实例选取有价值				
	对实例的点评针对性强，点评公正客观				
知识应用（20分）	对创新过程和方法的知识理解准确				
	对报告的体例规范了解清楚				
项目成果展示（30分）	报告的形式符合规范要求、语言通顺				
	排版规范，展示有新意				
	收集的企业创新实例无内容雷同现象				
合计（100分）					

任务三　技术创新

任务目标

●素质目标：通过知识学习和能力训练等活动，培养同学们对技术创新的兴趣，提升同学们进行技术创新的积极性。

●知识目标：通过知识学习，能够清晰地描述技术创新的内容、方式、过程和风险防范等内容。

●能力目标：通过能力分析和能力应用与训练，培养同学们在工作中正确认识和评价技术创新的价值，并提出建议的能力。

能力评估

技术创新认知能力评估见表9-5。

表 9-5 技术创新认知能力评估表

序号	评估内容	评估等级				
		非常不同意	比较不同意	一般同意	比较同意	非常同意
1	面对模糊或复杂的问题时，我设法以几种不同的方式找出问题，我不会把自己局限在单一方式里					
2	当遇到复杂问题时，我会尽量灵活一些，并不总是依赖常规的方法或过去的经验					
3	当遇到模糊问题时，我设法通过询问很多这个问题本质的东西来激发我的思路					
4	当遇到复杂问题时，我有时会推翻最初对问题的界定					
5	面对复杂问题，我经常先把问题分解为很小的部分，再单独分析每一部分					

注：能力评估采用五等级量表，选项越靠近"非常同意"项，说明你对技术创新的相关知识了解越多。

知识学习

技术创新既是组织创新活动的主要内容，也是组织实现技术进步，从而维持组织竞争优势和实现可持续发展的主要手段。如果一个组织没有技术创新，它就将失去自身的市场竞争力，进而不断走向衰退，甚至破产倒闭。在经济全球化、市场产品同质化的环境下，技术创新显得尤其重要。

一、技术创新的含义

技术创新是指企业应用创新的知识和新技术、新工艺，采用新的生产方式和经营管理模式，提高产品质量，开发、生产新的产品，提供新的服务，占领市场并实现产品市场价值的过程。

技术创新源自新产品、新工艺、新管理的市场需求，这些市场需求诱发创新设想的产生。因此，在技术创新的过程中，市场需求是先导、诱因，企业是创新的主体，市场化是最终的结果。

互动问题 9-5

有人认为：技术创新，就是以用户为中心，置身于用户应用环境，通过研发人员与用户的互动挖掘需求，通过用户参与创意提出到技术研发与验证的全过程，发现用户的现实与潜在需求，通过各种创新的技术与产品，推动科技创新。应用创新要求建立畅通高效的创新服务体系，为技术与产品研发提供最贴近市场和用户需求的信息，推动应用创新，并进一步提供技术进步的动力。你同意这种说法吗？为什么？

二、技术创新的内容

（一）产品创新

产品是企业存在的根本，任何企业都是通过生产产品并投放市场获得利润而生存的，产品在市场上被接受和受欢迎的程度决定了企业产品的市场占有率及竞争力。产品创新是为市场提供新产品或新服务，创造一种产品或服务的新质量，以实现其商业价值的过程。如果企业推出的新产品不能为企业带来利润和商业价值，就算不上真正的产品创新。企业产品创新包括新产品开发和老产品改进。

1.新产品开发

所谓新产品，是指在一定的地域内，第一次生产和销售的，在原理、用途、性能、结构、材料和技术指标等某一方面或某几个方面比老产品有显著改进、提高的产品。新产品除了具有一般产品的特征之外，还具有创新性、先进性、继承性、模糊性和相对性。

对于新产品的开发，企业可根据自身的特点和环境条件选择不同的开发方式。一般而言，可供企业选择的开发方式有5种，即独立研制方式、联合研制方式、技术引进方式、自行研制与技术引进相结合的方式、仿制方式。

2.老产品改进

老产品改进即对原产品的性能、规格、款式、品种等在设计上做进一步的完善，而在产品的生产原料、技术水平和结构方面无突破性的改变。企业对老产品不断改进，可以促进产品更新换代，以适应市场需求的变化。

（二）工艺创新

工艺创新是指引入新的生产工艺条件、工艺流程、工艺设备和工艺方法等，具体包括生产工艺的改革和操作方法的改进两个方面的内容。生产工艺是指企业制造产品的总体流程和方法，包括工艺流程、工艺参数和工艺配方等；操作方法是指劳动者利用生产设备在具体生产环节对原材料、零部件或半成品的加工方法。企业要进行生产工艺和操作方法的创新，必须先进行工艺设备、机具的创新，在此基础上实现产品制造工艺、生产过程与方法的创新。

（三）服务创新

随着商品经济向服务经济转变，客户对服务的认识以及对服务的需求正在发生着根本性的变化，企业之间的竞争由产品竞争转向服务竞争。因此，服务创新已成为企业产品创新不可缺少的一部分。服务创新包括为客户提供附加值服务和个性化服务等。如果产品创新是企业获取潜在利润的基础，那么服务创新则是企业获取潜在利润的保证。

三、技术创新的模式

（一）自主创新

自主创新是指创新主体通过拥有自主知识产权的独特的核心技术实现新产品价值的过程。自主创新包括原始创新、集成创新和引进技术再创新。自主创新成果一般体现为新的科学发现及拥有自主知识产权的技术、产品、品牌等。自主创新是企业创新的主要模式。

（二）模仿创新

模仿创新是指创新主体通过学习模仿率先创新者的方法，引进、购买或破译率先创新者的核心技术和技术秘密，并以此为基础进行改进的做法。模仿创新是各国企业普遍采用的创新行为。模仿创新并非简单抄袭，而是站在他人的肩膀上，投入一定的研发资源，进行进一步的完善和开发，特别是工艺和市场化研究开发。

实例9-3 跟进创新

自从乐百氏败走中国饮料市场以后，在中国能与娃哈哈较量的国内企业，只剩下农夫山泉了。在矿泉水大战中，农夫山泉惜败于娃哈哈。在果汁饮料方面，农夫山泉一直潜心研究，终于推出了极具创意的“农夫果园”。在相当长的时间里，果汁饮料中只含有一种水果，在推广的过程中也特别强调产品的纯正。而“农夫果园”是由三种不同水果混合而成的饮料，它的创新之处在于突破了消费者对果汁饮料的传统认识。

对于一个具有全新概念的产品，消费者会有一个逐步接受的过程。这个时间是创新中必须面临的风险。“农夫果园”这次非常幸运，在新奇的“农夫果园，喝前摇一摇”的广告配合下，经过三个月的广告宣传，农夫山泉就享受到了创新带来的滚滚财源。

当农夫山泉正准备为自己的不俗业绩庆功的时候，其宿敌娃哈哈推出了“娃哈哈果奶”！“娃哈哈果奶”在“农夫果园”三种水果的基础上，不但增加了蔬菜汁，还添加了“钙”元素，并在推广的过程中特别强调了这些不同。

其实，“娃哈哈果奶”属于典型的跟进创新，它只不过是在“农夫果园”的基础上多增加了一些混合物而已。至于加钙，只是“娃哈哈钙奶”的外延而已，这早已被娃哈哈用得很熟练了。“娃哈哈果奶”一投入市场，就凭借着自己巨大的销售网络优势，取得了不俗的战绩。

资料来源 佚名. 跟进创新［EB/OL］.［2013-01-27］. http://www.docin.com/p-591287712.html.

思考：本实例对你最大的启发是什么？试用3句话来说明。

（三）合作创新

合作创新是指企业间或企业与科研机构、高等院校之间联合开展创新的做法。合作创新一般集中在新兴技术领域和高科技领域，以合作研究开发为主要特征。随着全球技术创新的加快和技术竞争的日趋激烈，企业技术问题的复杂性、综合性和系统性日益突出，依靠单个企业的力量进行创新已越来越困难。因此，利用外部力量和创新资源，实现优势互补、成果共享，成为技术创新的主要趋势。

实例 9-4　　商业网点布局

近几年来，各种商业机构对客户的争夺越来越激烈，银行、零售连锁店都在通过不断增加营业网点和门店数量来争取更多的客户。可是，这些商业网点怎么开、在哪里开、开多大、怎样布局最合理，一直都是困扰这些商业机构经营者的主要问题。针对这些问题，IBM研究院的研究员们运用来自各方面的专业知识和先进技术，将地理信息、人口和经济数据、运营成本信息、物流和交通信息等各个领域的信息相结合，与 IBM 商业咨询部门的人员共同设计出了 Branch Reconfiguration 的网点转型解决方案，帮助这些商业机构有效解决了网点布局问题。

资料来源　作者根据相关资料整理而成。

思考：针对上述实例，如果让你问 2 个问题，你会问什么？

四、技术创新的过程

技术创新是一个在市场需求和技术发展的推动下，将发明的新设想通过研究开发和生产，演变成具有商业价值的新产品、新技术的过程，也是一个以新技术思想为起点、以新技术思想首次商业化为终点的过程。技术创新的过程从逻辑上看包括以下阶段：

（一）分析市场，确认机会

企业进行技术创新的首要工作，就是正确分析市场，弄清未来市场的需求情况，根据本企业的技术、经济和市场需求，敏感地捕捉各种技术机会和市场机会。

互动问题 9-6

有人说：每个人一生中至少有三次比较大的机会，可是绝大多数人都不能把握那些本属于自己的机会。有些机会，错过了都不知道；有些机会，则是在多年后都会感到遗憾。什么是真正的机会？机会是稀少的、偶然的、短暂的，能让我们超常（更早、更快、更大）发挥自我价值的机遇。这种说法有道理吗？

（二）形成构思

形成构思就是把市场需求与技术可行性相结合，形成创新构思，制订创新计划。

（三）研究开发

创新构思产生后，企业需要投入人、财、物等资源，对形成构思阶段的计划进行修正。研究开发阶段的基本工作就是创造新技术，研制开发出可供利用的新产品和新工艺。如果企业在本阶段创造的新技术属于自身发明创造的，则可申请发明专利；如果是利用他人的发明或已有的技术，则属于模仿。

（四）小型与中型实验

小型实验是在不同规模上评估技术设计和工艺设计的可行性，解决生产中可能出现的技术和工艺问题。中型实验根据小型实验的结果继续进行实验，中型实验成功以后，基本上就可以进行生产了。中型实验阶段的主要任务是解决从技术开发到试生产的全部技术问题，以满足生产需要。

（五）批量生产

该阶段的任务是把中型实验阶段的成果变为现实的生产力，生产出新产品，并解决批量生产的技术工艺问题和降低成本、满足生产需求。

（六）市场营销

技术创新成果的实现程度还取决于市场的认可程度。该阶段的主要任务是实现新技术形成的价值和使用价值，具体包括试销和正式营销两个阶段。试销阶段主要探索市场的可能接受程度，进一步考验技术的完善性，并将信息反馈到以上各阶段，不断进行改进。正式营销阶段实现了技术创新所追求的经济效益，是技术创新过程中质的飞跃。

（七）技术创新成果的扩散

技术创新成果的扩散是指企业通过一定的渠道和方式，将技术创新成果传播给潜在使用者的过程。这一阶段又包括提供技术创新成果、技术创新成果提供者和潜在使用者进行交流、采用技术创新成果3个阶段。

五、技术创新的风险及其防范

技术创新是一项高风险的工作，这种风险主要表现在创新过程的高度不确定性。企业必须高度重视技术创新的风险，加强风险研究，采用科学可行的方法进行技术创新风险管理。

（一）技术创新的风险

技术创新的风险是指企业作为创新主体，在创新的过程中由于技术和市场环境的不确定性、创新项目本身的难度以及企业自身能力的制约，导致技术创新不能取得预期成果或失败而造成各种损失的可能性。其中，技术的不确定性主要包括技术本身不成熟、缺少辅助技术、技术发展太快以及市场竞争激烈等。市场环境的不确定性主要表现为市场需求变化出人意料、市场预测不准确、存在模仿的可能、技术引进的冲击等。此外，还有一些其他方面的不确定性因素，如政策法规的变动、项目投资的改变、人才的流动等。

（二）技术创新风险的防范

技术创新风险的防范包括对技术创新风险的回避、转移、分散和控制等。

1.技术创新风险的回避

技术创新风险的回避是指企业在技术创新决策中对高风险的技术创新领域、项目和方案进行回避。技术创新风险的回避主要从两个方面着手：一是建立技术创新风险预警系统，提前识别、预测和评估风险，根据风险的性质和程度适时发出不同级别的警报，提醒企业管理者以及相关人员注意；二是在此基础上做好风险防范工作。

2.技术创新风险的转移

技术创新风险的转移是指企业将技术创新的部分或全部风险转移到其他企业或组织中。技术创新风险的转移一般有两种形式：一是技术创新风险的财务转移，即通过参与科技保险或项目保险，甚至在技术创新项目中吸收风险投资等方式，将风险损失转移给其他企业或组织；二是技术创新风险的客体转移，即将技术创新活动的部分或全部风险转移给其他企业或组织，这种转移方式包括技术转让、委托开发和联合创新等。

技术创新风险的转移一般伴随着收益的转移。在技术创新活动中，是否转移风险以及采用何种方式转移风险，企业需要进行认真仔细的权衡和决策。

3.技术创新风险的分散

技术创新风险的分散是指企业通过选择合适的技术创新项目组合，进行组合开发创新，以达到降低整体项目风险的目的。企业通过技术创新项目组合来分散技术创新风险时，一方面应当允许项目之间存在一定的相关性，另一方面要注意高风险项目与低风险项目的搭配要适当，项目组合的数量要适当。

4.技术创新风险的控制

技术创新风险的控制是指企业在对导致技术创新风险的各种因素进行充分辨识和分析的基础上，对技术创新风险进行预测和预控，以降低风险发生的可能性或风险发生后的损失程度。对于可控制的风险因素，企业可以通过计划、组织、协调等方式，对其加以防范和控制；对于不可控制的风险因素，企业可采用风险回避、风险转移、风险分散等方式来处理。

能力分析

1.小组讨论

创新的机会是稀少的、偶然的、短暂的，那么如何才能创造创新机会、识别创新机会、把握创新机会呢？

创造创新机会靠动、靠交流、靠碰撞、靠时刻留意。创新机会可能就是特定场合的一句话。

怎么识别创新机会？首先要对自己的现状有清醒的认识，要有对现状不满、改进现状的欲望，要知道别人缺什么、想要什么。如果对方需要的是你可以提供的，创新机会就被你找到了。机会可能主动来敲你的门，但它绝对不会从睡梦中把你唤醒。没有创新欲望的人、没有创新热情的人、没有创新需求的人，对创新机会永远是麻木的。

如何才能把握住创新机会？把握创新机会的能力要靠以往的积累，靠你的知识、技巧、资金、人脉。能把握住多少机会就看你自己准备得如何了。

问题：请分析自己创造创新机会、识别创新机会、把握创新机会的能力如何，讨论撰写一份提高创造创新机会、识别创新机会、把握创新机会的能力的规划书。

分析要求：小组讨论，每5～6人分为一个小组进行讨论，详细分析自己创造创新机会、识别创新机会、把握创新机会的能力方面存在的问题，讨论提高自己创造创新机会、识别创新机会、把握创新机会的能力的办法，撰写提高自己创造创新机会、识别创新机会、把握创新机会的能力的规划书；班级交流，各小组选派代表在班级陈述本组规划书内容；教师对各组陈述的规划书内容进行点评；把经过修改附有教师点评的各小组的规划书展示在班级本课程平台上。

2.善恶研判

背景与情境：在产品创新方面，有人模仿别人的产品包装设计，有人模仿别人的产品样式，有人假冒别人的产品。而家居企业博洛尼认为，橱柜行业跟时装、电子产品等时尚产品一样，也有自己独特的风向标，博洛尼从意大利高薪聘请了首席设计师，从而让博洛尼展现出了纯粹的意大利风格，博洛尼的品牌效应凸显，迅速占据了整体厨房行业的龙头地位。

问题：1.本案例中存在哪些道德伦理问题？

2.试对上述问题做出你的道德研判。

3.对照教材和网络搜集的资料，说明你的道德研判所依据的管理道德规范。

分析要求：每个学生结合善恶研判案例问题，拟出分析提纲；小组讨论，形成小组善恶研判案例分析提纲；班级交流，各小组选派代表在班级陈述本组善恶研判案例分析提纲观点；教师对各组陈述的观点进行点评；各小组把经过修改附有教师点评的善恶研判案例分析报告展示在班级本课程平台上。

能力应用与训练

1.价值引领

背景与情境：请你们到市场上选择一种产品并认真了解，就该产品的某一方面提出改进意见，并说明改进理由。

问题：每组同学按“问题分析”“改进意见”“改进理由”3部分内容，撰写一份产品改进建议书。

讨论分析：

个人：每位同学仔细阅读背景与情境资料要求，认真选择一种产品。查找相关资料，拿出自己对该产品的改进意见，说明改进理由。

小组：5~6名同学为一组，组内交流各自选择的产品的方案，小组成员共享信息，形成小组方案，每个小组提出2个以上的问题解决方案（并对方案排序）。

全班：各组推荐1名同学，在全班陈述本组的方案。

老师：结合各组同学的方案进行点评。

2.能力训练

● 训练内容：我国政府提出了“大众创业、万众创新”的口号，让创业和创新成了时代的潮流。请结合自己的实际，谈谈自己对创业和创新的打算。

● 训练目标：

素质目标：通过谈自己对创业和创新的打算，认识到自己肩上创业和创新的责任，做好创业和创新的规划。

知识目标：通过谈自己对创业和创新的打算，掌握创业和创新的相关知识，了解创业和创新的规划以及其程序性知识。

能力目标：通过谈自己对创业和创新的打算，认识到自己肩上创业和创新的责任，做创业和创新的参与者。

● 训练过程：

（1）认真学习有关创业和创新的最新知识，了解创业和创新的最新动态，提升对创业和创新必要性的认识。

（2）结合自己的实际，对创业和创新做出规划。

（3）按规范撰写创业和创新规划书。

● 训练成果：每人撰写一份创业和创新规划书。

● 成果评价：创业和创新规划能力训练评价见表9-6。

表9-6　创业和创新规划能力训练评价表

项目（分值）	评价标准	个人自评（30%）	小组互评（30%）	教师评分（40%）	得分小计（100%）
素养培养（30分）	参与本次训练的积极性较高				
	对创业和创新报告的撰写思考认真，考虑问题全面、客观				
	创业和创新报告中有一个以上创新点				
能力提升（20分）	创业和创新的目标明确，创业和创新的内容符合自己的实际情况				
	创业和创新报告对其他同学创业和创新有借鉴价值				
知识应用（20分）	对创业和创新相关知识理解准确				
	对撰写创业和创新报告的相关知识了解清楚				
项目成果展示（30分）	报告展现形式符合规范				
	排版规范，展示有新意				
	规划书无内容雷同现象				
合计（100分）					

项目九

扫码答题

思考与训练

1.选择题

□单项选择题

（1）创新的必要性取决于（　　）两个方面。

A.组织外部环境的变化和社会经济的发展

B.组织内部条件的变化和组织运行机制的变化

C.组织外部环境的变化和组织内部条件的变化

D.组织外部环境的变化和组织内部管理机制的变化

（2）产品创新包括（　　）。

A.工艺改造和新工具开发　　B.工艺改造和新材料开发

C.老产品改造和新产品开发　　D.老产品改造和新材料开发

（3）组织结构的创新是指对组织的（　　）。

A.调整、变革与完善　　B.整合、变革与调整

C.调整、变革与创新　　D.整合、创新与调整

（4）对生产企业来讲，现有技术基础水平包括（　　）。

A.生产装备水平和管理技术水平　　B.生产装备水平和创新水平

C.物质技术水平和管理技术水平　　D.物质技术水平和创新水平

（5）企业对知识产权的（　　），是推动企业持续发展的重要保证。

A.购买、使用和保护　　B.发明、积累、利用和保护

C.创新、使用和保护　　D.创造、积累、利用和保护

□多项选择题

（1）对企业而言，创新是创造（　　）等的实践活动。

A.新产品　　B.新技术

C.新的制度和方法　　D.新市场

（2）中国政府推动大众创业、万众创新，是（　　）。

A.充分激发亿万群众智慧和创造力的重大改革举措

B.经济振兴的良方

C.产业升级的必要举措

D.实现国家强盛、人民富裕的重要途径

（3）创新获得的效率和效益要大于创新的投入和风险造成的损失，创新获得的效率和效益包括（　　）。

A.经济效益　　B.个人效益

C.社会效益　　D.生态效益

（4）创新的过程就是信息的运动过程，作为资源的信息来源于（　　）。

A.组织外部　　B.市场信息

C.组织内部　　D.经济社会发展信息

（5）技术创新的内容包括（　　）。

A.产品创新　　　　　　　　　　B.工艺创新

C.市场创新　　　　　　　　　　D.服务创新

（6）人是创新的决定性因素，创新人员的素质和结构决定了创新能力的强弱及创新水平的高低，这里创新人员包括（　　）。

A.创新参与者　　　　　　　　　B.创新组织者

C.创新领导者　　　　　　　　　D.创新评估者

2.判断题

（1）创新一般是指人们在工作实践中，创造出不同于过去的新产品、新方法的过程。（　　）

（2）以人为本的变革和创新包括改变员工的观念和态度、个人行为乃至群体行为的变革。（　　）

（3）市场需求是企业技术创新的起点和推动力量。（　　）

（4）在解决问题的过程中，不受既定的方式、方法、规则或范围等的约束是基本的创新思维。（　　）

（5）如果说产品创新是企业获取潜在利润的基础，那么服务创新是企业获取潜在利润的保证。（　　）

（6）管理创新就是创造一种新型的、具有更高效率的资源整合的范式。（　　）

3.思考题

（1）什么是创新？如何理解创新这一概念？

（2）创新的内容有哪些？管理创新包括哪些内容？

（3）结合工商企业的管理实际，分析创新有哪些作用，如果你是一位基层管理者，你将如何创新？

（4）自主创新是企业创新的主要模式，你是如何理解企业自主创新的？

（5）为什么说企业利用外部力量和创新资源实现协同创新，已成为技术创新的趋势？

主要参考文献

[1] 郑立梅. 管理学基础［M］. 北京：清华大学出版社，2006.

[2] 张振学. 制度高于一切［M］. 北京：中国商业出版社，2006.

[3] 胡建波. 管理学［M］. 成都：西南财经大学出版社，2007.

[4] 张友苏，陈昭玖. 管理学［M］. 广州：暨南大学出版社，2007.

[5] 陈传明，周小虎. 管理学原理［M］. 北京：机械工业出版社，2007.

[6] 赵国忻. 管理学基础［M］. 北京：科学出版社，2008.

[7] 曾琢. 现代企业管理［M］. 北京：科学出版社，2008.

[8] 单凤儒. 管理学基础［M］. 7版.北京：高等教育出版社，2021.

[9] 周鸿. 激励能力培训全案［M］. 北京：人民邮电出版社，2008.

[10] 权锡哲. 领导能力培训全案［M］. 北京：人民邮电出版社，2008.

[11] 杜明汉. 管理学原理［M］. 2版.北京：电子工业出版社，2016.

[12] 李海峰，张莹. 简明管理学教程［M］. 2版. 北京：科学出版社，2009.

[13] 王慧娟，彭傲天. 管理学［M］. 北京：北京大学出版社. 2012.

[14] 鲁，拜厄斯. 管理学：技能与应用［M］. 刘松柏，译. 13版. 北京：北京大学出版社，2013.

[15] 李建峰，王社民，董媛. 管理学基础［M］. 2版.北京：中国财政经济出版社，2013.

[16] 古拉蒂，梅奥，诺里亚. 管理学［M］. 杨斌，等译. 北京：机械工业出版社，2014.

[17] 惠顿，卡梅伦. 管理技能开发［M］. 庄孟升，等译. 9版. 北京：清华大学出版社，2016.

[18] 毛蕴诗. 管理学原理［M］. 北京：高等教育出版社，2014.

[19] 刘绍怀，姚建文，余虹. 管理伦理学［M］. 2版. 北京：高等教育出版社，2016.

[20] 邢以群. 管理学［M］. 3版.北京：高等教育出版社，2017.

[21] 焦叔斌. 质量管理学［M］. 北京：中国人民大学出版社，2018.

[22] 周三多. 管理学——原理与方法［M］. 7版. 上海：复旦大学出版社，2019.